Das Verkaufsnavi für Medienberater

Ricky McKenna

Das Verkaufsnavi für Medienberater

Der Fahrplan zu mehr Umsatz im Verkauf von Werbemitteln

Ricky McKenna
Buxtehude, Deutschland

ISBN 978-3-658-37703-8   ISBN 978-3-658-37704-5   (eBook)
https://doi.org/10.1007/978-3-658-37704-5

Die Deutsche Nationalbibliothek verzeichnet diese Publikation in der Deutschen Nationalbibliografie; detaillierte bibliografische Daten sind im Internet über http://dnb.d-nb.de abrufbar.

Coverbild: istockphoto/Rost-9D

Planung/Lektorat: Imke Sander
Springer Gabler ist ein Imprint der eingetragenen Gesellschaft Springer Fachmedien Wiesbaden GmbH und ist ein Teil von Springer Nature.
Die Anschrift der Gesellschaft ist: Abraham-Lincoln-Str. 46, 65189 Wiesbaden, Germany

PS: Aufgrund der besseren Lesbarkeit verwende ich in diesem Werk das generische Maskulinum. Selbstverständlich sind alle Geschlechter angesprochen.

Vorwort

Es gibt wahrscheinlich kein Fettnäpfchen, das ich beim Start meiner Karriere im Verkauf ausgelassen habe.

Hier einige Fauxpas, die mir beachtlich beim Verständnis der Verkaufswissenschaft weiterhalfen. Ich gehe davon aus, Sie kennen diese zur Genüge:

- Ich gehe zum Termin, erzähle den Entscheidern von der neuen spannenden Sonderwerbeform im Radio und entwickle für das Verkaufsteam Werbekampagnen, die sowohl Neu- als auch Bestandskunden mit einem tollen Rabatt anzubieten sind.

  Der Kunde findet das Gewinnspiel wahnsinnig spannend und wird meine Verkaufsunterlagen mit seiner Marketingabteilung besprechen und mir Bescheid geben.

  Das war für mich anfangs ein echtes Glücksgefühl. Tolles Meeting mit Kunden und sogar mit einem Gesprächsergebnis: Der Kunde bespricht intern und meldet sich. Mein Chef wird begeistert sein. (Dass sich der Kunde in aller Regel nicht meldet, brauche ich Ihnen nicht zu erwähnen.)

oder

- Die halbjährigen Reichweitenergebnisse, quasi die Bibel für Medienunternehmen, die dem Verkaufsteam in Form wunderschöner Power-
  point-Präsentationen für Kundengespräche an die Hand gegeben
  wurden.
  „Wir benötigen so viele Termine wie möglich bei unseren Kunden.
  Schaut Euch die neuen Reichweitenergebnisse an. Wenn wir mit
  diesen Zahlen nicht Umsatz machen, dann weiß ich wirklich nicht,
  was wir sonst noch machen sollen."

oder

- „Leute, wir brauchen Termine, Termine, Termine. Wie wollen wir
  unser Umsatzziel erreichen, wenn wir nicht draußen beim Kunden
  sind?"

oder

- „Leute, in den kommenden drei Monaten liegt unser Schwer-
  punkt im Neukundengeschäft. Ich habe hier Listen mit potenziellen
  Kunden für Euch vorbereitet. Und es gibt einen Extra-Bonus für diejenigen, die die meisten Termine vereinbaren und mindestens x.xxx €
  Umsatz dabei generieren."

Diese Liste lässt sich um ein Vielfaches erweitern und viele Verkaufsanstrengungen führten zu mageren Umsatzerfolgen. Viele Leser werden
mir diese Hamsterrad-Frustration bestätigen.
    Bei all diesen Zielsetzungen vergaß ich anfangs einfach die ent-
scheidende Bedeutung der Kommunikationsleitfäden in den Verkaufsprozessen.

- Was sage ich dem Kaufentscheider beim Gesprächseinstieg, damit er
  den persönlichen Nutzen in einem gemeinsamen Termin erkennt?
- Wie bleibe ich bei Kundeneinwänden tiefenentspannt und behandele
  diese mit Power und Erfolg?
- Wie entgegne ich Kaufsignalen des Entscheiders und wie kann ich
  dadurch eine Abkürzung zum Verkaufsabschluss nehmen?

Wäre es nicht schön, wenn es einen roten Faden gäbe, der wie eine Blaupause die einzelnen Verkaufsprozesse abbildet und erklärt sowie den Verkäufer Schritt für Schritt zur nachhaltigen Umsatzsteigerung führt?

Gibt es einen Fahrplan, der auch in Zeiten der wirtschaftlichen Unsicherheit den Erfolg im Verkauf unterstützt?

Nach über 20 Jahren aktiver Verkaufstätigkeit im Mediengeschäft entwickelte ich im Laufe der Zeit „meinen" roten Faden. Durch die wiederkehrende Systematik im Verkaufswesen lassen sich die einzelnen Verkaufsprozesse mit einer „Wenn-Dann-Sonst"-Formel in Excel durchlaufen.

Wie komme ich also von einer Verkaufsstufe zur nächsten und was mache ich, wenn die Folgeaktivitäten durch Widerstand ausgebremst werden?

Prozesse gibt es viele im Verkauf:

- Die Selektion geeigneter Potenzialkunden
- Das Erstgespräch
- Die Bedarfsermittlung
- Die Einwandbehandlung
- Den Verkaufsabschluss
- Den Kundenservice
- Kundenbegeisterungsmaßnahmen
- …

Die Idee, diesen roten Faden in Form eines **Navi-Routenplans** zu beschreiben kam mir tatsächlich beim Autofahren. Auf dem Weg zu einem Kundentermin verfuhr ich mich auf dem Weg zu einem Kundentermin und wurde durch den Befehl aus meinem Navi – „Verlassen Sie die Autobahn an der nächsten Ausfahrt und biegen Sie links ab." – auf meinen Fehler aufmerksam gemacht.

Für mich war diese Navi-Ansage insofern beeindruckend, weil ich gerade ein Hörbuch zu spannenden Verkaufsabschlusstechniken hörte und ich die Navi-Ansage mit den Abläufen der Verkaufsprozesse in Verbindung bringen konnte.

Der Weg zum Ziel ist entscheidend. Erfolgreiche Verkaufstechniken verfolgen ein klares Ziel. In einer perfekten Welt kommen wir natürlich auf gerader Linie zum Verkaufsabschluss. In der Realität müssen wir bei Verkaufsgesprächen oftmals Umwege in Kauf nehmen, haben aber auch die Möglichkeit zum Abkürzen des Verkaufsweges.

Der Vergleich der einzelnen Verkaufsprozesse mit dem Routenverlauf des Navis zeigt vor allem eines:

Ich muss zuallererst diese eine Straße nehmen, um dann die nächste Straße zu erreichen. Es gibt sicherlich auch Baustellen und Umleitungen, die meinem Navi unbekannt sind, und so berechnet es automatisch die neue Route, wenn ich vom vermeintlichen Weg abkomme.

Und zwar mit Tipps zum Umfahren von Baustellen (Einwandbehandlungen) und mit der ständigen Suche nach einer geeigneten Abkürzung (Kaufsignale erkennen bzw. provozieren).

Genauso habe ich dieses Buch aufgebaut und ich führe Sie von Straße zu Straße zum Verkaufsabschluss. Immer mit der Suche nach möglichen Baustellen und Abkürzungen.

- „Kehren Sie wenn möglich um und dann biegen Sie rechts ab."
- „Nach 20 Kilometern bleiben Sie links und fahren weiter auf der A 61 Richtung Mainz."
- „Biegen Sie links ab, dann scharf rechts."
- „Sie haben Ihr Ziel erreicht."

Oder in Verkaufssprache ausgedrückt:

- „Ermitteln Sie telefonisch den Bedarf und biegen Sie rechts ab, um Ihren Termin zu vereinbaren."
- „In 2 km kommt ein Einwand. Halten Sie sich links."
- „Achtung: Kaufsignal. Nehmen Sie die die nächste Abfahrt und folgen Sie der Abkürzung zum Ziel."

Warum sollten Sie dieses Buch lesen?
Dieses Buch konzentriert sich auf den B-to-B-Verkauf mit persönlichem Kontakt zwischen Verkäufer und Kaufentscheider im Mediengeschäft. Also Phone-to-Phone und Face-to-Face.

Es führt Sie mit praxiserprobten Gesprächsleitfäden Schritt für Schritt vom Bestimmen der geeigneten Kundenpotenziale über den Erstkontakt zum Verkaufsabschluss.

Der im Navi eingegebene Straßenverlauf beginnt immer mit der Startstraße.

Die Reihenfolge der Kapitel in diesem Buch stellt gleichzeitig den typischen Verlauf vieler tausender selbst erlebter Verkaufsgespräche dar, die ich mit Beispielen aus der Praxis und mit der notwendigen Portion Theorie beschreibe.

In diesem Buch stelle ich Ihnen unterschiedliche Leitfäden vor, die ich in meinem persönlichen Sprachgebrauch ausformuliert habe. Wohlgemerkt: in **meinen** Worten.

Ein Leitfaden ist kein Skript, dass Sie identisch wiedergeben müssen. Denn dann leidet Ihre Glaubwürdigkeit beim Kunden schneller als Sie denken.

Aus diesem Grund finden Sie auf der Webseite https://sales-farm.de/ Buch-Sales-Navi/Leitfaeden/ die entsprechenden leeren Dokumente, um den jeweiligen Gesprächsleitfaden in Ihren eigenen Worten niederzuschreiben.

Zusätzlich möchte ich einige selbst erlebte Verkaufssituationen mit Ihnen teilen, die sich für mich als wahre Augenöffner erwiesen und in einigen Fällen sogar Prozesse in der Geschäftsanbahnung deutlich verkürzt haben.

Wie Sie dieses Buch nutzen sollen

Arbeiten Sie sich vom Start bis zum Ziel Schritt für Schritt durch das Buch. Sie werden erkennen, dass die Verkaufsprozesse und Straßen aufeinander aufbauen. Die Philosophie des lösungsorientierten Verkaufs könnte verwässert werden, wenn Sie „Kapitel-Hopping" betreiben und z. B. mit der achten Straße beginnen und dann zur zweiten Straße wechseln.

Lassen Sie also sämtliche Prozesse in ihrer Reihenfolge auf sich einwirken, um das ganzheitliche Prinzip „von Straße zu Straße" wahrzunehmen.

Natürlich werden Sie auf Ihrer Verkaufsroute auch Abkürzungen nehmen können, die im Routenplan nicht vorgesehen sind. Wie im richtigen Leben lassen sich Staus und Umfahrungen erst dann im Navi abbilden, wenn sie tatsächlich auftreten und gemeldet werden.

Übersicht

Seien Sie offen für neue Herangehensweisen und Verkaufstechniken.

Schreiben Sie anhand der Beispiel-Leitfäden Ihren persönlichen Gesprächsleitfaden.

Nutzen Sie die beschriebenen Verkaufstechniken für mindestens zwei Monate in Ihrem Tagesgeschäft. Durch kontinuierliches Üben werden Sie unmittelbare Quotensteigerungen bei Terminvereinbarung und Verkaufsabschluss erkennen.

Schnallen Sie sich nun an und legen Sie den ersten Gang ein.

Ich wünsche Ihnen viel Spaß und vor allem viel Erfolg auf Ihrer Fahrt zum Kaufabschluss.

im Mai 2022   Ricky McKenna

Danksagung

Ich werde den Teufel tun und mich bei Corona bedanken. Soweit kommt es noch. Dachte ich anfangs, doch kann nicht anders.

Wie viele andere Einzelunternehmer in der Dienstleistungsbranche bin ich aufgrund der Auswirkungen der Pandemie mit meinem Geschäftsmodell frontal gegen die Wand gefahren. Von 100 auf 0 von jetzt auf gleich ist erst mal zu verdauen. Die Idee zum Verkaufs-Navi hatte ich im Jahr 2020 und konnte diese Idee während der Pandemie in ein neues 3-Tages-Verkaufstraining weiterentwickeln.

Mein spezieller Dank ist an Andreas Rohde, Verkaufsdirektor MORE Marketing, gerichtet, der mir die Bühne gab, meinen neuen Verkaufsansatz in mehreren Verkaufstrainings einem Lackmustest zu unterziehen. Das war der eigentliche Trigger zum Verfassen dieses Buchs.

Ich danke auch Udo Peilicke, Peilicke Managementberatung TTC, Berlin, ganz besonders für seine Expertise im Telefonverkauf, die er in Form eines Interviews für dieses Buch mit mir teilte. Wie kein Zweiter kann Udo Peilicke die Kraft und die Verwendung vokaler Kommunikationselemente anschaulich und mit großem Praxisbezug erklären, wie das Telefon zu einem Werkzeug des Verkaufserfolgs eingesetzt wird.

Inhaltsverzeichnis

Über den Autor

Der Autor, Ricky McKenna, ist autodidaktischer Verkaufstrainer, der mit Begeisterung den Staub des Straßenverkaufs im regionalen Werbeverkauf inhaliert und durch seine langjährige Verkaufserfahrung weiß, was einen erfolgreichen Verkäufer ausmacht. Und wie man ihn formt.

Ricky McKenna entwickelte in 2006 gemeinsam mit der neuseeländischen Vermarktungsgesellschaft DMS Umsatzmaximierungsprogramme für regionale Werbemedien in den DACH-Regionen.

Seit 2009 führte er unter anderem die Geschäfte und Geschicke der Firma Media Sales Association GmbH, die neben der erfolgreichen

Umsatzmaximierung den Fokus auf Neukundengewinnung und die Stärkung der Kundenbindung im Media Sales setzt.

Seit 2019 erweiterte er mit seiner Firma McKENNA'S SALESFARM die Umsatzmaximierungsprogramme unter Einbeziehung punktgenauer Verkaufstrainings zur nachhaltigen Erfolgssteigerung dieser Programme.

Der Hobbymusiker spielt seit seinem 10. Lebensjahr begeistert Geige und tritt mit mehreren Countrybands in Norddeutschland auf. Er lebt gemeinsam mit seiner Frau und seinen beiden Kindern in der Märchenstadt Buxtehude.

1

Folgen Sie dem Straßenverlauf – Die Vorbereitungs- und Rechercheallee

Zusammenfassung Vorbereitung schafft Sicherheit und spart Zeit. Eine scheinbar selbstverständliche Weisheit, die jeder Verkäufer im Tagesgeschäft beherzigen sollte. Je mehr Informationen Sie im Vorfeld über Ihren Kunden in Erfahrung bringen, umso zeiteffizienter und erfolgreicher gestaltet sich die spätere Kommunikation mit ihm. Dieses Kapitel dient der Vorstellung von einfachen Routinen zur Definition der geeigneten Kundenpotenziale, die Ihre Verkaufsaufmerksamkeit tatsächlich verdienen. Die Suche nach Neukunden ist eine hochstrategische Aufgabe, bei der die Faktoren „Zufall" und „Hoffnung" nichts verloren haben. Vielmehr müssen wichtige Voraussetzungen erfüllt sein, um die Aktivitäten rund um die Kundensuche zur erfolgreichen Umsatzerreichung zu führen.

Ein kurzer Blick auf die Firmenwebseite, das Googeln des Entscheidernamens, ein kurzes Telefonat und dann ab zum Termin. Reicht das? Keinesfalls.

Verkauf ist eine im höchsten Maße durchstrukturierte Abfolge von Prozessen, die für den erfolgreichen Verkaufsabschluss abzufahren sind.

© Der/die Autor(en), exklusiv lizenziert an Springer Fachmedien Wiesbaden GmbH, ein Teil von Springer Nature 2022
R. McKenna, *Das Verkaufsnavi für Medienberater,*
https://doi.org/10.1007/978-3-658-37704-5_1

Wie beim Autonavi beginnen Sie am Startpunkt – im Verkauf starten Sie mit Vorbereitung und Recherche.

Im Business-to-Business-Geschäft (B-to-B) sind sachbezogene Vorabinformationen bei der Vorbereitung des Erstgesprächs mit dem Entscheidungsträger ein entscheidender Schlüssel für den erfolgreichen Erstkontakt.

Der Unterschied zum Business-to-Consumer-Verkauf (B-to-C) liegt im persönlichen Kontakt mit den Entscheidungsträgern, weil jedes Unternehmen unterschiedliche Ziele und Problemstellungen hat, die somit einer individuellen Lösung bedürfen. Ganz im Gegensatz zu B-to-C-Konsumenten, die meist standardisierte Produkte kaufen.

Aufgrund des zum Teil sehr hohen Wettbewerbs sind Firmen gezwungen, Investitionen zu tätigen, um im Markt zu bestehen und die Mitbewerber eine Armlänge auf Abstand zu halten.

Da es sich häufig um kostenintensive Investitionen handelt, sind mehrere Kontakte mit den Firmenentscheidern bis zur Auftragserteilung notwendig.

- Erstkontakt mit Bedarfsanalyse
- Vorstellung des Angebots
- Ggf. Angebotsoptimierung
- Auftragserteilung

Auch der Verkauf von Kommunikationslösungen gehört zum B-to-B-Geschäft und unterliegt häufig der gleichen Kontakthäufigkeit mit den Entscheidungsträgern, bis es zu einem Vertragsabschluss kommt.

Je nach Größe der Firma sind mehrere Personen und Abteilungen an den Entscheidungsprozessen involviert. Es ist unerlässlich, dass sämtliche Entscheider der Firma in sämtliche Verkaufsgespräche involviert werden. Deshalb müssen Sie beim Erstkontakt nach den mitverantwortlichen Personen und nach den Entscheidungsprozessen fragen, um alle Entscheider in den Verkaufsphasen einzubinden.

Bei kleineren regionalen Firmen verhält es sich ähnlich. Sehr häufig entscheidet der Geschäftsführer oder Inhaber nicht alleine über den Einkauf der Werbelösungen. So kann der Ehepartner, ein weiteres

Familienmitglied oder auch der Steuerberater in die Entscheidungs-findung involviert sein. Somit sind sämtliche Entscheider in die Ver-kaufsgespräche einzubinden.

Sie kennen bestimmt die Situation in der Angebotsvorstellung, wo der Kunde Ihnen mitteilt, dass er aktuell keine alleinige Entscheidung treffen kann. Er müsse sich noch mit einem Familienmitglied oder anderen Personen beraten.

Und Sie denken sich: Warum habe ich im Erstgespräch nicht nach den Entscheidungsprozessen und weiteren Entscheidern gefragt?

Die Problematik besteht nun darin, dass der alleinige anwesende Entscheider die anderen Personen über das Angebot informieren muss. Diese kennen den Nutzen der Werbelösung womöglich nicht, weil der anwesende Entscheider ihn ungenau kommuniziert, und somit wird der Kauf einzig über den Preis entschieden. Auch den Preis können die anderen Entscheider aufgrund der fehlenden Nutzenkenntnis nicht bewerten und sämtliche Ihrer Verkaufsanstrengungen sind mit einer teuren Leerfahrt eines LKW vergleichbar.

1.1 Halten Sie Ihren Verkaufstrichter gut gefüllt

Der Verkaufstrichter (s. Abb. 1.1) bildet sich aus den einzelnen Ver-kaufsprozessen bzw. Kundenkontakten und beschreibt die Route des potenziellen Kunden bis hin zum tatsächlich zahlenden Kunden.

Sie benötigen einen ständigen Strom an neuen Potenzialkunden in ihrem Verkaufstrichter, die Sie auf ihre Eignung für weitere Verkaufs-aktivitäten qualifizieren müssen. Einige dieser Potenziale werden Sie sofort für den nächsten Prozess der Kontaktaufnahme disqualifizieren bzw. aussieben. Je weiter Sie in Ihren Verkaufsprozessen voranschreiten, umso weniger Firmen qualifizieren sich, bis Sie am Schluss von 100 Potenzialkunden womöglich nur fünf Abschlüsse erzielen.

Wenn Sie keine weiteren Potenzialkunden in den Verkaufstrichter aufnehmen, dann gerät die Neukundengewinnung ins Stocken. Anders ausgedrückt: wenn oben nichts reinkommt, dann kommt unten auch

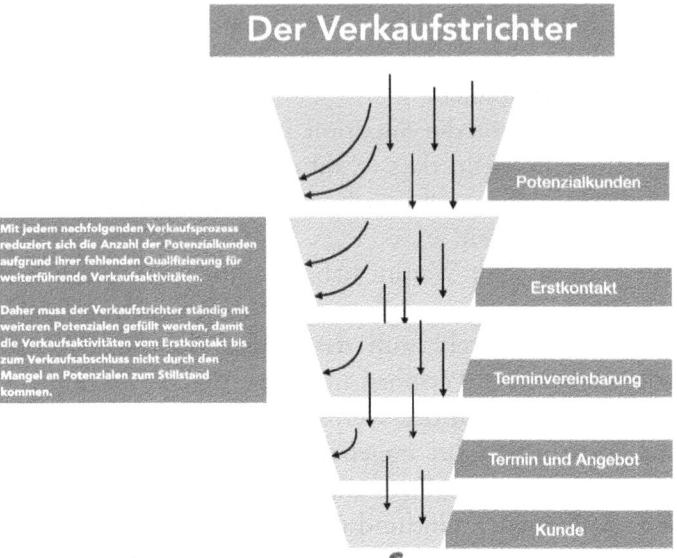

Abb. 1.1 Der Verkaufstrichter

nichts raus. Der Verkaufstrichter ist kein statisches Gebilde, sondern er lebt durch den ständigen Wechsel an Potenzialen.

Durch den Verkaufstrichter können Sie Ihre Performance in den einzelnen Trichterphasen messen und Ihre Erfolgsquoten berechnen. Das Thema der Quotenberechnungen werde ich im weiteren Verlauf dieses Buches behandeln.

Ich werde häufig gefragt, ob es eine optimale Trichtergröße gibt. Optimal bedeutet, dass man die Potenziale je nach ihrer Bedeutung mehrfach pro Jahr kontaktieren kann. Ist der Verkaufstrichter zu groß, bleiben viele und womöglich wichtige Leads unbearbeitet und generieren keinen Umsatz. Ist der Trichter zu klein, dann haben Sie womöglich die gleichen Leads zu häufig in Ihrer Kontakt-Wiedervorlage und lassen wichtige Potenziale unbearbeitet, da Sie diese nicht im Fokus haben.

Die Kontaktqualität stellt den entscheidenden Kern bei der Bearbeitung des Verkaufstrichters dar. Die Art und Weise der Kommunikation entscheidet über die erfolgreiche Potenzialbearbeitung. Und nicht die alleinige Größe der Datenbank, wie in nachfolgenden Beispielen dargestellt:

Beispiel 1 (s. Abb. 1.2)

- Verkäufer A hat 500 Leads in seinem Verkaufstrichter.
- Davon kontaktiert er 250 Firmen, also 50 % aller Leads.
- Von den 250 Firmen vereinbart er mit 63 Firmen einen Termin, also mit 25 % aller kontaktierten Firmen.
- Von den 63 Firmen legt der Verkäufer bei 35 Firmen ein Angebot vor. Dies entspricht 55 % von allen terminierten Firmen.
- 14 Firmen kaufen das Angebot. Dies entspricht 40 % aller Firmen, die ein Angebot erhielten.
- Wenn wir die 14 Kunden in Relation zu den 500 Gesamtleads setzen, dann erhalten wir eine Erfolgsquote von 2,8 %, also 2,8 % der Leads wurden zu Kunden.

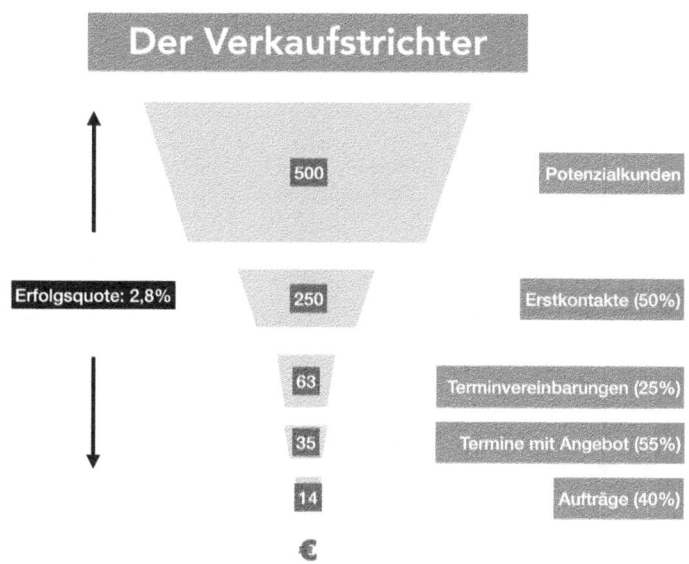

Abb. 1.2 Quoten im Verkaufstrichter Beispiel 1

> **Beispiel 1.2 (s. Abb. 1.3)**
> - In diesem Beispiel werden 80 % der Potenzialkunden kontaktiert.
> - Bei gleichbleibender Terminquote (25 %) hätten Sie nun 100 Termine vereinbart.
> - **Während die Steigerung der Kontaktquote einer Optimierung des Zeitmanagements bedarf, so ist die Steigerung der Terminquote von 25 % auf 35 % in der Optimierung des Gesprächsverlaufs begründet.** Somit ist die regelmäßige Prüfung Ihres bestehenden Gesprächsleitfadens sinnvoll, um dem Kunden noch stärker zu vermitteln, wie er von einem Treffen mit Ihnen profitiert.

Der Verkäufer kann an mehreren Stellschrauben drehen, um die Quoten der einzelnen Bearbeitungsphasen zu optimieren und die Conversions der Leads zu Kunden zu erhöhen.

1. Die Qualität der Vorauswahl verbessern

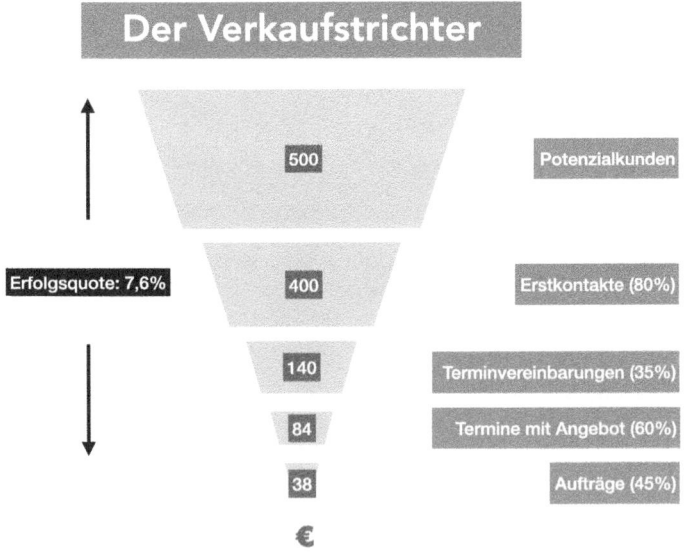

Der Verkaufstrichter

500	Potenzialkunden
Erfolgsquote: 7,6% 400	Erstkontakte (80%)
140	Terminvereinbarungen (35%)
84	Termine mit Angebot (60%)
38	Aufträge (45%)

€

Abb. 1.3 Quoten im Verkaufstrichter Beispiel 2

Im ersten Schritt der Quotenoptimierung ist die Datenbank der Leads zu analysieren. Sie möchten nur Firmen in Ihren Trichter aufnehmen, die Ihre Verkaufsaufmerksamkeit auch wirklich verdienen, weil sie eine hohe Erfolgswahrscheinlichkeit für einen Verkaufsabschluss vorweisen:

- Beispielsweise wirbt das Unternehmen für seine Produkte oder Dienstleistung bei einem Konkurrenzmedium.
- Die Nutzer Ihres Mediums entsprechen der Zielgruppe des Unternehmens.
- Das Unternehmen expandiert und muss seine neue Niederlassung bekannt machen.
- Sie verfügen bereits über Kunden aus der gleichen Branche Ihrer Potenzialkunden, deren Ziele mit Ihrer Kommunikationslösung erfolgreich erreicht wurden.
  (Siehe hierzu auch Abschn. 1.2 „Qualifizieren und Disqualifizieren")

Leads werden in kalte, warme und heiße Leads unterschieden:

Kalte Leads sind Firmen, die noch nie mit Ihnen in Kontakt getreten sind und von denen Sie bis auf generelle Informationen aus dem Internet über keine weitere Kenntnis verfügen.

Bei warmen Leads gab es bereits einen – wenn auch unpersönlichen – Kontakt. Möglicherweise wurde Ihr Social Media-Profil besucht, vielleicht sogar Ihr Newsletter abonniert. Es besteht zwar nach wie vor ein persönlicher Kontakt zu den Firmenentscheidern, jedoch sind diese Leads vorrangig zu bearbeiten, da der Grund des ersten Kontakts mit Ihnen in der Suche nach neuen Werbelösungen liegen kann.

Heiße Leads sind Ihr wichtigstes Potenzial und qualifizieren sich zur sofortigen bzw. weiteren Kontaktaufnahme. Sie stehen bereits mit dieser Firmenkategorie in Verbindung und haben Kenntnis über deren vergangene Werbeaktivitäten und ihre Unternehmensziele. Sie wissen, dass Werbebedarf besteht und wer die Marketingentscheidungen trifft.

Sollte Ihr Unternehmen digitale Tools zur Leadgenerierung, wie z. B. E-Mail- oder Social-Media-Marketing, einsetzen, so ersetzen diese keinesfalls die persönliche Kontaktaufnahme mit ihnen. Vielmehr unterstützt die Technik den persönlichen Kontakt zu den Leads und verbessert die Qualität Ihrer Datenbank erheblich.

2. Die Anzahl und Qualität der Akquisetelefonate verbessern

In Beispiel 1 wurden 50 % der Potenzialkunden kontaktiert und mit 25 % der kontaktierten Firmen wurde ein Termin vereinbart. Alleine die Steigerung der Kontaktquote bei gleichbleibender Terminquote würde die Anzahl der Termine automatisch erhöhen.

Die nachfolgenden Kapitel beschreiben Ihnen wirksame Techniken zur nachhaltigen Steigerung der Gesprächsqualität und somit zur Erhöhung Ihrer Kundenquoten.

3. Die Anzahl der Angebote steigern

Mit der Optimierung Ihres Gesprächsleitfadens sowie einer perfekt ausgerichteten Argumentationskette lässt sich die Anzahl Ihrer Angebote sehr schnell steigern. Während im Beispiel 1 aus insgesamt 63 Terminvereinbarungen 35 Angebote vorgelegt wurden, werden im Beispiel 2 insgesamt 84 Angebote vorgelegt, auch wenn die Angebotsquote nur um 5 % (60 % zu 55 %) erhöht wurde. Die vorangegangenen Quotenerhöhungen spielen hier die maßgebliche Rolle. Dieses Buch zeigt Ihnen in weiterer Folge unterschiedliche Methoden und Techniken zur Steigerung Ihrer Angebotsmenge im Markt.

4. Die Steigerung Ihrer Abschlussquote:

Stellen Sie sich vor, Sie steigern Ihre Abschlussquote durch die Verfeinerung Ihrer Argumentation und durch die Nutzung neuer Abschlusstechniken von 40 % auf 45 %, wie in Beispiel 2 dargestellt, dann haben Sie Ihre Abschlüsse mit sämtlichen vorangegangenen Quotenverbesserungen fast verdreifacht.

OK, denken Sie jetzt vielleicht, das ist ja nur ein realitätsfremdes Zahlenbeispiel. Auch wenn Sie viele Verkaufstechniken bereits kennen und einsetzen, so verspreche ich Ihnen, dass auch Sie Ihre

Abschlüsse signifikant steigern werden, wenn Sie alleine die Anzahl der Akquisetelefonate bei gleichbleibenden Quoten steigern.

1.2 Qualifizieren und disqualifizieren

Das wichtigste Ziel vor der ersten Kontaktaufnahme ist die Prüfung, ob der jeweilige Kunde überhaupt Ihre Verkaufsaufmerksamkeit verdient oder nicht. Lohnt sich der Aufwand, den Kunden zu kontaktieren? Oder gibt es andere Firmen, die ein deutlich größeres Potenzial aufweisen?

Im Mediengeschäft möchten wir nicht nur Firmen qualifizieren, die über ein Werbebudget verfügen oder die in der Vergangenheit bereits für ihre Angebote vielleicht bei einem Mitbewerber geworben haben. Jedoch gehört dieses Potenzial zum wichtigsten Marktsegment, da sie die Bedeutung und Notwendigkeit der Kommunikation und Werbung zur Erreichung ihrer Ziele bereits verstehen und ihre Kommunikationsmaßnahmen als Investition für die Zukunft betrachten. Somit ist dieses Segment aufgrund seines vorherrschenden Werbe-Know-hows deutlich einfacher zu kontaktieren und in Kunden umzuwandeln als Firmen, denen dieses Wissen fehlt und die erst über die Werbewirkung aufgeklärt werden müssen.

Vor der Kontaktaufnahme mit Potenzialkunden beginnt Ihre eigentliche Aufgabe.

Sie müssen Ihre kostbare Zeit in Kontakte mit hohen Erfolgswahrscheinlichkeiten stecken und nicht eine halbe Stunde in ein Ein-Person-Nagelstudio investieren, das noch nie geworben hat und das Werbung als einen einzigen Kostenfaktor ansieht. Und genau darum geht es bei der Qualifizierung bzw. Disqualifizierung: Die besten Potenziale für Ihre Verkaufsaktivitäten im ersten Schritt in den Verkaufstrichter aufzunehmen und in den folgenden Verkaufsprozessen zu Kunden umzuwandeln.

Sie müssen sicherstellen, dass die Leser/Hörer/Seher/User Ihres Mediums sich zum großen Teil mit der Zielgruppe Ihrer Wunschkunden decken.

1.2.1 Passt die Nutzerschaft Ihres Mediums zur Zielgruppe des Kunden?

Die demografischen und psychografischen Merkmale der Mediennutzer entscheiden letztendlich darüber, inwieweit sich eine Firma für einen Werbeauftritt im jeweiligen Medium eignet. Ein 3-Sterne-Restaurant wird sicher nicht in einer Gegend mit hoher Arbeitslosigkeit werben.

Sämtliche Werbemedien verfügen über präzise demografische und soziografische Beschreibungen ihrer Nutzer, die die Vorauswahl der zu kontaktierenden Firmen erheblich erleichtern.

Zu den wichtigsten **demografischen Nutzermerkmalen** gehören Alter, Familienstand und Geschlecht.

Die am häufigsten genutzten **soziografischen Merkmale** sind Bildung, Beruf, Einkommen und Wohnort.

Natürlich sind auch die **psychografischen Nutzermerkmale** wie Einstellung, Werte und Statusbewusstsein hervorragend geeignet für die Suche nach Gleichnissen mit den Zielkunden der Firmen.

Weicht die Nutzerschaft des Mediums stark von der Zielgruppe des Werbekunden ab, so reden wir von **Streuverlust.** Hier werden zu viele Menschen außerhalb der Zielgruppe des Werbekunden mit der Werbung angesprochen. Das verringert die Erfolgswahrscheinlichkeit der Zielerreichung des Werbekunden zum Teil erheblich, was die Chancen auf ein Folgegeschäft mit dem Kunden in gleichem Maße verringert.

Deshalb müssen Sie im ersten Schritt die Vorauswahl der Firmen über die Faktoren Werbe- und Zielgruppenaffinität treffen und im ersten Telefonkontakt mittels der Bedarfsanalyse und weiterführender Fragen für die nächsten Verkaufsprozesse qualifizieren. Oder eben disqualifizieren.

1.2.2 Der Blick auf Ihre Bestandskundenlisten

Neben der klassischen Neukundenakquise müssen Sie die Entwicklung Ihrer Bestandskunden analysieren.

Sie verfügen bei der Analyse der Kundenumsätze der vergangenen drei oder vier Jahre über einen wahren Schatz an Informationen, den Sie in bare Münze umwandeln können.

Die Entwicklung Ihrer Bestandskunden zeigt, welche Kundenumsätze beispielsweise rückläufig sind und welche Firmen im Vergleich zu den Vorjahren inaktiv sind und ihre Werbeleistung komplett bei Ihnen eingestellt haben.

Praxistipp

Sortieren Sie Ihre Bestandskundenlisten absteigend nach ihrer Umsatzbedeutung des vergangenen Jahres und vergleichen Sie die Umsatzentwicklung im Zeitverlauf. Um den Buchungsstand vergleichbar zu machen, müssen Sie zusätzlich den jeweiligen Stichtagsvergleich (s. Abb. 1.4) analysieren.

Wenn Sie also am 10. Februar 2022 die Buchungsumsätze analysieren, müssen auch Buchungsstände der Vorjahre vom 10. Februar ausgewiesen werden. So sehen Sie auf einen Blick, welche Umsätze Ihrer Bestandskunden am jeweiligen 10. Februar bei Ihnen eingebucht waren.

Während einige Kunden bereits zu Anfang des Jahres ihre Gesamtbuchung für das laufende Jahr tätigen, so bucht der Großteil der Kunden mehrfach kleine Kampagnen punktuell nach dem aktuellen Werbebedarf.

Kontaktieren Sie die Firmen mit rückläufigen Umsätzen IM STICHTAGSVERGLEICH und erfahren Sie die Gründe für die Reduktion des Umsatzes. Es kommt häufiger vor als Sie denken, dass der Umsatzrückgang die Folge von mangelnden Servicekontakten ist. Gerade im wettbewerbsintensiven Werbemarkt führt der fehlende Kontakt und Service sehr schnell zum Wechsel des betroffenen Kunden zu einem Konkurrenzmedium.

1.3   Wo finden Sie neues Kundenpotenzial?

Es gibt eine Fülle an Quellen, die für die regionale Neukundensuche geeignet sind.

Stichtagsvergleich 10.02.2022 vs. Vorjahre

Kunde	10.02.19	Gesamtjahr 2019	10.02.20	Gesamtjahr 2020	2020 vs. 2019 Stichtagsvergleich	10.02.21	Gesamtjahr 2021	2021 vs. 2020 Stichtagsvergleich	10.02.22	2022 vs. 2021 Stichtagsvergleich
Stadtmarketing Webel	22.700	30.000	18.500	22.000	- 4.200,00 €	16.555	19.000	- 5.445,00 €	12.000	- 4.555,00 €
Winzergenossenschaft Allergut eG	12.000	13.000	15.435	17.600	3.435,00 €	16.404	19.800	- 1.196,00 €	13.500	- 2.904,00 €
Raumgestaltung Ebers GmbH	12.300	25.000	15.700	19.800	3.400,00 €	15.900	19.900	3.900,00 €	13.400	- 2.500,00 €
Einrichtungshaus Münsterfeld GmbH	15.000	17.000	21.600	22.000	6.600,00 €	17.142	21.500	- 4.858,00 €	17.139	- 3,00 €
Elektro Weber GmbH	23.427	30.000	20.200	25.000	- 3.227,00 €	15.345	17.800	9.655,00 €	18.800	3.455,00 €

Erläuterungen / To do:

Stadtmarketing Webel reduziert Budget seit 2020 wg. Pandemie

Winzergenossenschaft Allergut eG verschiebt Kampagne in Mai 2022, Gesamtjahresergebnis von Vorjahr zugesagt.

Raumgestaltung Ebers kontaktieren und Folgekampagne besprechen.

Abb. 1.4 Stichtagsvergleich

- Neueröffnungen
  - Denkanstoß: Besteht das Firmenziel in Bekanntheitsaufbau und Neukundengewinnung? Gibt es Best-Practice-Beispiele von bestechend guten Kampagnen für Neueröffnungen?
- Stellenanzeigen
  - Denkanstoß: Sucht die Firma aus Expansionsgründen und besteht das Firmenziel in der Neukundengewinnung? Kann Ihr Medium die Firma bei der Personalsuche unterstützen? Wie? Haben Sie erfolgreiche Referenzbeispiele?
- Gewerbe- bzw. Handelsbaustellen
  - Denkanstoß: Besteht das Firmenziel in Bekanntheitsaufbau und Neukundengewinnung? Haben Sie eine zündende Kampagnenidee?
- Bandenwerbung Sportvereine
  - Denkanstoß: Erreichen Sie die Zielgruppe der Bandenwerbung-Kunden? Welche Werbeziele verfolgen die Firmen, die Sie in eine individuelle Kampagnenlösung umsetzen können?
- Persönliches Networking
  - Denkanstoß: Kennen Sie Firmenentscheider persönlich, die Sie hinsichtlich Ihrer Kommunikationslösung ansprechen können? Kennen Sie Firmenentscheider persönlich, die Ihnen bei der Kontaktaufnahme bei Drittfirmen unterstützen können? Haben Sie Zugang zu Business-Treffs, um neue Kontakte mit Entscheidern zu knüpfen?
- Messeveranstaltungen
  - Denkanstoß: Können Sie bei den Messen Kontakte knüpfen und mit den Entscheidern Termine vereinbaren?
- Regionalteil Tageszeitungen
  - Denkanstoß: Über welche Firmen wird im Lokal- und Regionalteil sowie in PR-Inseraten berichtet? Wird über zukünftige Geschäftsvorhaben berichtet? Können Firmenziele aus den Berichten abgeleitet werden, die in einer Kampagne umgesetzt werden können?
- Medienbeobachtung Werbung

- Denkanstoß: Welches Ziel verfolgt die Werbung in den Wettbewerbsmedien?
  Haben Sie eine zündende kreative Idee, wie Sie die Werbebotschaft besser in Szene setzen können?
- Empfehlungen
  - Denkanstoß: Welche Bestandskunden können Sie um eine Weiterempfehlung bitten?
    s. Empfehlungsmarketing

Suchen Sie kreative Möglichkeiten, wie sie Neukunden werblich in Szene setzen können.

1.4 Geschnitten oder am Stück? Telefonieren Sie am Stück!

Die Neukundenakquise gehört zu den strategischen Aufgaben des Verkaufs und hat einen hohen Stellenwert bei der Gestaltung Ihrer Arbeitszeit.

Je häufiger Sie Potenzialkunden telefonisch kontaktieren, umso besser und flüssiger verlaufen die Gespräche. Die Voraussetzung ist natürlich, dass Sie viele Telefonate hintereinanderführen. Jeder Mensch erfährt Routinen, wenn er Tätigkeiten mehrfach wiederholt. Für Telefonate mit Potenzialkunden sollten Sie ein Zeitfenster definieren, in dem Sie sich ausschließlich auf diese Tätigkeit konzentrieren.

Denn auch beim Telefonieren müssen Sie sich erst einmal warmlaufen, damit Sie Gespräche bei optimaler Betriebstemperatur führen können. Wie ein Topsportler oder Konzertmusiker, der sich erst einmal aufwärmt und täglich stundenlang übt, damit er seine Performance verbessern kann. Die Aufwärmung bedeutet in diesem Fall die Vorbereitung auf die Neukundengespräche.

- Halten Sie für eine Telefonaktion die Kontaktdaten von mindestens 20 Firmen und Entscheidern samt Kontaktdaten bereit, damit Sie diese Liste ohne Pause durcharbeiten können.

- Lesen Sie sich Ihren persönlichen Gesprächsleitfaden für das Erstgespräch vor Ihrer Telefonaktion noch einmal durch, um sich die Logik des Gesprächsablaufs zu vergegenwärtigen.
- Starten Sie Ihre morgendliche Telefonsession mit einem bekannten Bestandskunden, um in den Gesprächsflow zu kommen.

Ich empfehle Ihnen für eine Telefonsession ein Zeitfenster von jeweils 2–3 h an zwei Tagen pro Woche. Wählen Sie einen Vormittag und einen Nachmittag, da Sie Ansprechpartner aus manchen Branchen eher am Nachmittag und andere eher am Vormittag oder Frühmorgens erreichen.

Ein Entscheider eines Bauunternehmers wird häufig erst am späten Nachmittag oder gar abends erreichbar sein, weil er bereits am frühen Morgen auf Baustellen arbeitet.

Starten Sie Ihren Telefontag auch einmal mit einer Frühschicht um 7 Uhr oder 8 Uhr.

In vielen Fällen ist der Entscheider noch alleine im Büro und beantwortet selbst das Telefonat, da seine Assistenz noch nicht im Haus ist, um Ihren Anruf entgegenzunehmen.

Halten Sie sich strikt an Ihr Telefon-Zeitfenster und lassen Sie sich nicht durch andere Tätigkeiten ablenken. Sollte ein Kunde Sie kontaktieren, informieren Sie ihn, dass Sie gerade im Termin sind und sofort zurückrufen.

Beim Anruf eines Kunden lassen viele Verkäufer alles stehen und liegen und kümmern sich um deren Anliegen. Während Ihrer Telefonsession sollten Sie sich einzig auf Ihre aktuelle Aufgabe kümmern und keine Anrufe direkt entgegennehmen. Ich empfehle Ihnen eine Rufumleitung zur Teamassistenz oder zu einem Kollegen, damit Sie ungestört Ihren Rhythmus beibehalten und wie in einem Callcenter Ihre Anrufe durchtakten.

Ganz ehrlich, wie häufig hat Ihnen ein Kunde mitgeteilt, dass Sie bitte später wieder anrufen sollen, weil er gerade keine Zeit hat? Das fanden Sie vermutlich nachvollziehbar. Auch Ihre Kunden verübeln es Ihnen nicht, wenn Sie gerade in einem Meeting sind und erst später ganz Ohr für sie da sind.

1.5   Berechnen Sie Ihre Quoten

Vor Ihnen liegt ein großer Berg Sand, in dem 20 Diamanten versteckt sind. Es ist Ihre Aufgabe, den Sand mit einer Schaufel abzutragen und die Diamanten zu finden.

Jede abgetragene Schaufel voller Sand wird Ihnen ein Glücksgefühl bereiten, denn Sie wissen, dass Sie nun eine weitere Schaufel näher an einem Diamanten sind.

Genauso wie bei den Diamanten verhält es sich auch mit den Telefonaten. Wenn Sie wissen, dass Sie im Durchschnitt zum Beispiel 25 % der Telefonate in einen Termin umwandeln, dann werden Sie bei 20 Telefonaten fünf Termine vereinbaren können.

Auch wenn Sie einen sogenannten Hänger haben und einige Absagen hintereinander zu verkraften haben, dann denken Sie immer an Ihre bisherige Quote, die Sie ermittelt haben.

Genauso wie eine Schwalbe noch keinen Frühling macht, können Sie keine gesicherte Quote aufgrund einer einzelnen Telefonaktion ermitteln. Gemäß dem Gesetz der großen Zahl können Sie Ihre gesicherte Quote nur aufgrund einer Vielzahl von Telefonaten berechnen. Die Schwankungsbreite Ihrer Quote verringert sich mit der steigenden Anzahl der Telefonate.

- Wie häufig müssen Sie eine Nummer wählen, bevor Sie ein qualifiziertes Gespräch mit der Firma führen können?
- Wie viele Gespräche müssen Sie führen, bevor Sie einen Termin vereinbaren?
- Wissen Sie, wie viele Angebotstermine Sie im Schnitt benötigen, bevor Sie einen Auftrag abschließen?
- Wie viele Telefonate mit Firmen müssen Sie in einem Jahr führen, damit Sie Ihr Umsatzziel erreichen?

Quoten berechnen mehr als nur Erfolgswahrscheinlichkeiten von Verkaufshandlungen. Sie helfen Ihnen auch, persönliche Schwachpunkte zu definieren und zu beheben.

Die meisten Verkäufer kennen ihre Quoten nicht und messen diesen Kennziffern keinerlei Bedeutung zu. Warum auch? Die meisten mir bekannten Verkaufsleiter erkennen nicht den Nutzen in der Quotenberechnung, was sich auch in der Nutzung zahlreicher CRM-Systeme widerspiegelt. Sie wird einfach nicht ausgewiesen, obwohl sie die wichtigsten Kennziffern des Verkäufers im Tagesgeschäft darstellen. Nehmen Sie sich bei Ihrer nächsten Telefonsession ein Blatt Papier und berechnen Sie Ihre Quoten anhand von Strichlisten.

Die Tab. 1.1 veranschaulicht unterschiedliche Quoten im Zeitraum von vier Wochen.

Anzahl Telefonate:

- Erfahrungsgemäß müssen Sie 3–5-mal eine Rufnummer wählen, um die von Ihnen gewünschte Person zu sprechen.
- In der Monatsanalyse in Tab. 1.1 führten 47 % der Anrufe zu einem qualifizierten Gespräch.
- Von den 112 Gesprächen wurden 42 Termine vereinbart. Hier beträgt die Terminquote also 38 %.
- Von den 42 Terminen kam es zu 16 Abschlüssen, also zu einer Abschlussquote von 38 %.

Wie viele Telefonate benötigen Sie bei einem Umsatzplan von 800.000 €?

Ich gestehe, dass ich ein sehr quotenhöriger Mensch bin und aus diesem Grund in Excel einen Quotenkalkulator (s. Abb. 1.2) entwickelt habe, der die Anzahl der benötigten Telefonate bei vorgegebenem Jahresumsatzziel berechnet. Die Kenntnis von den persönlichen Quoten im Verkauf unterteilt eine scheinbare Mammutaufgabe, in diesem Fall ist es das Jahresumsatzziel, in leicht verdauliche Teilaufgaben. Hier ist es die Anzahl der benötigten Telefonate, die in Zeiteinheiten dargestellt werden.

Frage: Wie isst man einen Elefanten? Antwort: Gabel für Gabel.

Für die Berechnung der Telefonate sind drei weitere Kennziffern notwendig.

Tab. 1.1 Unterschiedliche Quoten im Zeitraum von vier Wochen

	KW 2 2022	Quoten	KW 3 2022	Quoten	KW 4 2022	Quoten	KW 5	Quoten	KW 2-5	Quoten
Anzahl Telefonate	25		60		75		80		240	
Anzahl qualifizierter Gespräche	11	44 % Gesprächsquote	25	42 % GQ	36	48 % GQ	40	50 % GQ	112	47 %
Anzahl Terminvereinbarungen	5	45 % Terminquote	8	32 %	12	33 %	17	42 %	42	38 %
Anzahl Aufträge	2	40 % Abschlussquote	3	38 %	4	33 %	7	41 %	16	38 %

1. Ein Teil des Jahresumsatzes wird generiert, OHNE dass der Medienberater etwas dafür tun muss. Die Kundenbuchungen erfolgen automatisch. Im unteren Schaubild beläuft sich dieses automatische Buchungsvolumen auf 300.000 €.
2. Die Anzahl der Arbeitstage wurde mit 235 festgelegt. Die berechnet sich nach Abzug von Wochenenden, Feiertagen und 20 Urlaubstagen.
3. Das durchschnittliche Umsatzvolumen ist in diesem Beispiel 5600 €, den jeder Kunde im vergangenen Jahr für seine Werbeaktivitäten gezahlt hat. Natürlich haben Sie mit vielen Kunden deutlich weniger Umsatz generiert, bei anderen Kunden lag der Umsatz vielleicht bei 20.000 €. Teilen Sie einfach Ihren generierten Vorjahresumsatz durch die Gesamtanzahl Ihrer Kunden.

Wenn Ihre Terminquote 25 % beträgt und Ihre Abschlussquote sich auf 20 % beläuft, dann müssen Sie entsprechend des nachfolgenden Beispiels insgesamt 1786 qualifizierte Telefonate führen.

Teilen Sie die Gesamtanzahl der benötigten Telefonate durch die Anzahl der Arbeitstage (235). Somit müssen Sie im Durchschnitt 8 Telefonate am Tag tätigen.

Von diesen 1786 Telefonaten vereinbaren Sie mit 447 Firmen (25 %) einen Termin.

Von den 447 Terminen erteilen Ihnen 89 Firmen (20 %) einen Auftrag.

Bei einem Durchschnittsumsatz von 5600 € erreichen Sie ein Auftragsvolumen in Höhe von 500.000 €.

Mit dem erwarteten Umsatz OHNE aktive Kontaktaufnahme in Höhe von 300.000 € erreichen Sie Ihr Umsatzziel von 800.000 € (Abb. 1.5).

Nun haben Sie mit diesen Quoten einige sehr wichtige Stellschrauben, um Ihren Umsatz weiter zu erhöhen:

1. Sie können die Anzahl der Telefonate pro Woche erhöhen. Bei gleichbleibenden Gesprächs-, Termin- und Abschlussquoten erhöhen Sie automatisch Ihren Umsatz.

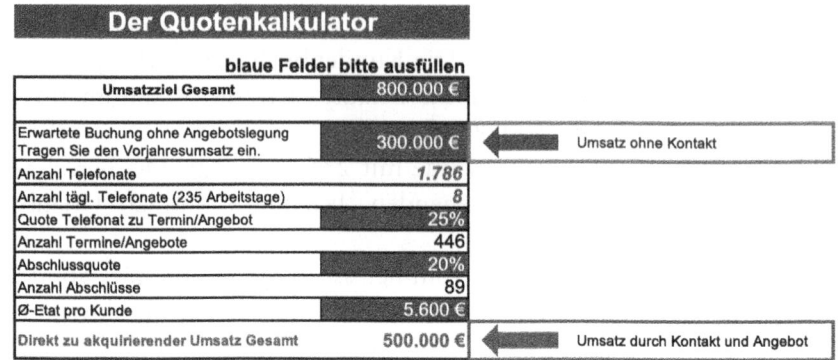

Abb. 1.5 Quotenkalkulator

2. Sie können den Fokus auf die Erhöhung der Terminvereinbarungen legen und einen (neuen) Leitfaden zur Verbesserung Ihrer
   Argumentation entwickeln. Mehr Termine mit konstanter Abschlussquote bedeuten automatisch mehr Umsatz.
3. Sie können Ihre Abschlussquote verbessern. Auch in diesem Fall
   ist Ihre Performance im Abschlussgespräch mit neuen und nutzen-
   bezogenen Argumenten zu verbessern, um mehr Angebote zum Auftrag zu führen.

Leitfäden zur Steigerung Ihrer Terminquote und Abschlusstechniken
zur Auftragssteigerung stelle ich Ihnen in den folgenden Kapiteln vor.

1.6 Die Bedeutung von Vertrauen und wie es entsteht

Wenn Sie einen Neukunden gewinnen möchten, dann müssen Sie
zuerst den Menschen für sich gewinnen. Der Weg zum Geschäft läuft
über den Menschen.

Sie gewinnen den Menschen, wenn dieser ein Grundvertrauen zu
Ihnen aufbaut und sich auf eine Beziehung mit Ihnen einlässt.

Wir orientieren uns stets an Menschen, die uns ähneln: People like me, like me!

Leute, die Gemeinsamkeiten mit mir aufweisen, mögen mich. Und ich sie. Genauso verhält es sich im Business.

Im Verkauf müssen wir uns auf eine Vielzahl von unterschiedlichen Kundencharakteren einstellen. Wenn ich z. B. einen Termin mit einem sachlichen und zurückhaltenden Gesprächspartner habe, dann werde ich sicherlich nicht bei ihm punkten, wenn ich morgens einen Clown gefrühstückt habe. Ich stelle mich also auf ihn bzw. sie ein. Sie kennen garantiert den Spruch, dass sich jemand von „der besten Seite" gezeigt hat. Diese „beste Seite" wird von den unterschiedlichen Charakteren natürlich auch unterschiedlich bewertet. Denn diese „beste Seite" gleicht im Allgemeinen der Seite des jeweiligen Gesprächspartners. Mittels Sprache und Körpersprache können wir uns darauf einstellen.

Wenn wir einen Termin mit einem Gesprächspartner haben, der sich stark von uns unterscheidet, dann ist das „auf diese Person einstellen" vor allem insofern sinnvoll, weil sich der Gesprächspartner automatisch wohler fühlt. Wir spiegeln sozusagen unseren Gesprächspartner. Sei es in Wortauswahl, Lautstärke, Redefluss, Redepausen, Gestik, Mimik oder Körperhaltung. Spiegeln ist eine Methode aus dem NLP, die einen raschen positiven Beziehungsaufbau ermöglicht, indem man sich den Verhaltensweisen anpasst.

NLP definiert sich lt. Wikipedia: „Das Neuro-Linguistische Programmieren (kurz NLP) eine Sammlung von Methoden und Kommunikationstechniken, welche psychische Abläufe im Menschen beeinflussen sollen." (Wikipedia, 2022).

„Ja Moment", denken Sie vielleicht, „das ist doch nichts anderes als Manipulation". Stimmt genau. Aber hier ein kleines Geheimnis: Wir manipulieren alle und wir manipulieren immer. Mit der Kleidung, dem Lachen, Weinen, dem Lob und dem Geschenk, ja auch mit unserer Gestik und Mimik. Sowohl im Privaten als auch im Geschäftsleben.

Überlegen Sie einmal, wie wir uns von der besten Seite zeigen, wenn wir jemanden mögen oder lieben.

Vertrauen ist die Lebensader für jede gute Beziehung. Erst das Vertrauen schweißt die Beziehung zusammen. Sie führt zu Stabilität und Sicherheit.

Stellen Sie sich vor, Sie haben gerade die Person Ihrer Träume gesehen. Sie kennen sich nicht, und das möchten Sie jetzt sofort ändern. Vielleicht haben Sie gemeinsame Bekannte, die Ihnen vermeintlich wichtige Informationen zu dieser Person geben können. Also fragen Sie den gemeinsamen Bekannten nach dem Beziehungsstatus der Angebeteten, den Hobbys, wo diese Person gerne einen Kaffee trinkt oder in welchen Club sie hauptsächlich ausgeht. Sie erfahren, dass diese Person Single ist, dass sie gerne ins Kino und ins Theater geht und sogar Rotwein mag.

Damit machen Sie sich das erste Bild über diesen Traummenschen und möchten ihn unbedingt näher kennenlernen.

Hey, denken Sie sich, ich trinke doch auch gerne Rotwein und gehe gerne ins Kino. Wie cool ist das denn?

Was Sie jetzt gerade denken ist genau das, was alle Menschen tun: Sie suchen aktiv nach Gleichnissen.

Nehmen wir an, Sie kommen mit dieser Person ins Gespräch und merken, dass diese Person auch noch einen tollen Humor hat. Und wieder ein Punkt auf die Gemeinsamkeitsliste. Dann noch das gleiche Alter. Cool. Und die Liebe zu Actionfilmen mit Bruce Willis. Wahnsinn.

Die Person ist also 25 Jahre alt, liebt Actionfilme und Rotwein, geht 2 × im Jahr ins Theater und sieht auch noch klasse aus.

Der Mensch kultiviert Gleichnisse und klammert den Rest aus, der gerade nicht wichtig ist. Kämen Sie vielleicht auf den Gedanken, dass diese Person womöglich ein Serienmörder ist, der nachts durch die engen Gassen am Hafen nach neuen Opfern Ausschau hält? Oder kämen Sie auf den Gedanken, dass diese Person womöglich ein Messie ist? Oder wegen Finanzbetrug von Interpol weltweit gesucht wird? Selbstverständlich nicht.

Sie sagen sich: „Also, wenn sie wie ich gerne Rotwein trinkt, so und so angezogen ist, gerne die gleichen Filme wie ich anschaut, dann wird das alles schon stimmig und gut sein."

Also nichts anderes als gekauft. Und dieser Gedankengang vollzieht sich in den meisten Fällen im Unterbewusstsein.

Ich gehe nicht davon aus, dass Sie bei der Suche Ihres Partners fürs Leben einen 20-seitigen Fragekatalog mit sich führen und während des Gesprächs Notizen machen und Haken setzen. Und noch weniger gehe ich davon aus, dass Sie dann sämtliche Antworten mit den Antworten der 150 anderen Dates vergleichen und per Pivottabelle in Excel den für Sie geeigneten Partner ermitteln.

Dafür haben wir doch gar keine Zeit. Wir müssten unser Leben lang Forschungsarbeit zum Finden unseres zukünftigen Lebenspartners betreiben und hätten keine Zeit für etwas anderes. Ergo: Wenn wichtige Eigenschaften passen, dann sind wir bereit, das Gesamtpaket mit vielen unbekannten Faktoren zu kaufen.

1.7   Kennen Sie ihre Kunden

Noch sind Sie erst einen kleinen Teil Ihres Straßenverlaufs gefolgt, aber Sie sind schon ein wichtiges Stück vorangekommen. Der Rückspiegel ist eingestellt, es ist genügend Sprit im Tank und Sie haben Ihr Ziel vor Augen: den Abschluss.

Neben dem Blick auf die Firmenwebseite ist es ungemein nützlich, Informationen über den Entscheider zu erlangen. Social-Media-Plattformen wie Xing, LinkedIn, Facebook oder Twitter eröffnen Ihnen ungeahnte Einblicke in deren Innenleben. Hobbies, „Freunde", Meinungen und andere Posts geben sehr häufig erste und gute Eindrücke des Entscheiders. Zusätzlich – die Welt ist ein Dorf – haben wir vielleicht gemeinsame Freunde oder Bekannte. Wir sind also stets auf der Suche nach Gleichnissen.

Richten Sie zudem ein kostenfreies Google-Alerts-Konto ein. Google Alerts gibt Ihnen die Möglichkeit, Seiten mit Ihren vordefinierten Suchwörtern zu finden, indem Sie vom Dienst durch eine E-Mail kontaktiert werden. Diese Funktion ist insofern besonders hilfreich, weil Ihnen selbst die Mühe des manuellen Suchens erspart bleibt. Geben Sie neben dem Firmennamen auch den Namen des Entscheiders als Schlüsselwort an.

Übersicht

In 2018 hatte ich einen Termin mit dem Anzeigenleiter eines Verlagshauses vereinbart.

Bei der Recherche in 2018 über den Anzeigenleiter erfuhr ich über seine Seiten auf Xing, LinkedIn und Facebook, dass dieser

- Familienvater von zwei Kindern ist,
- liebend gerne Golf im Ausland spielt,
- mit seiner Familie häufig in Kärnten und in der Steiermark Urlaub macht,
- seine Frau regelmäßig am Yogaunterricht teilnimmt.

Ich wusste nicht, welche Trumpfkarte ich beim Erstgespräch legen sollte: Ein großer Teil meiner Familie spielt Golf. Ich lebte 12 Jahre in Österreich und liebe die Berge. Meine Frau ist seit über 15 Jahren Yogalehrerin.

Am Ende unseres Termins erzählte ich ihm, dass ich bei meiner Terminvorbereitung immer auch die LinkedIn- und XING-Seiten des Ansprechpartners besuche. Bei ihm fiel mir auf, dass er Golf spielt und ich sei der Einzige in meiner Familie, der nicht Golf spielt. Für meinen Vater spiele ich aber häufig den Caddy, wenn ich meine Eltern besuche.

Ich fragte ihn, ob er schon in Schottland, dem Ursprungsland von Golf, gespielt habe. Er hatte nicht in Schottland, aber schon mal in Irland Golf gespielt. (Cool. Ich habe irische Vorfahren, habe dort ein Jahr studiert, stehe auf Irish Folk und Irish Pubs. Das werde ich gleich thematisieren.)

Ich möchte das Gespräch nicht weiter ausführen, aber die Vorabinformationen aus meiner Recherche zu den jeweiligen Ansprechpartnern waren häufig sehr hilfreich für das Meeting, weil sie einen Gesprächsfluss zum Beziehungsaufbau erlaubten.

Diese Gleichnisse zwischen Entscheidern und mir sind prädestiniert, um im Erstgespräch eine positive Beziehung aufzubauen. Hintergrundinformationen zum Entscheider führten mich zu einer tieferen Gesprächsebene, in der wir uns über Dinge austauschen konnten, die den Aufbau der Beziehung zueinander erleichterten.

In den folgenden Kapiteln werde ich Ihnen einige Leitfäden vorstellen, die Sie in nachvollziehbarer Weise Schritt für Schritt zum gewünschten Prozesserfolg führen. Sei es der Gesprächseinstieg mit Assistenz und Entscheider, sei es die Terminvereinbarung, die Angebotsvorstellung oder der Verkaufsabschluss. Leitfäden bilden das Kernstück zur Routenbeschreibung in den Verkaufsprozessen, da sie zumeist den optimalen Weg zum Ziel vorschlagen. Natürlich gibt es immer wieder unvorhergesehene Baustellen und Umleitungen, die Ihrer perfekten Route im Wege stehen und auf die mit einer Routenänderung reagieren müssen.

Wenn Ihnen beim Wort „Leitfaden" die Haare zu Berge stehen, dann möchte ich Sie an dieser Stelle beruhigen. Ein Leitfaden ist kein Skript, das Sie auswendig lernen müssen. Er ist eine Empfehlung zur Handlungs- und Vorgehensweise, um Ihnen eine Orientierung zu geben, wie Sie mit bestimmten Gesprächssituationen umgehen sollen.

Ich gehe davon aus, dass Sie Kundentelefonate geführt haben und dann nicht wussten, was Sie als nächstes sagen sollten. Der Grund liegt ganz einfach im Fehlen dieses Leitfadens, welcher Ihnen Richtungen zu unterschiedlichen Situationen vorgibt.

Stellen Sie sich vor, Ihr Kunde fragt Sie, ob Sie bei Ihrem gemeinsamen Termin seinen neuen Mitarbeitern einen kurzen Vortrag über die Werbewirkung Ihres Mediums halten können. Wie würden Sie sich vorbereiten? Würden Sie sich vorher einige kurze Notizen und dann beim Termin mit dem Zettel in der Hand hoffen, dass die Erleuchtung Ihnen klare Sätze auf die Zunge legt? Oder würden Sie es ausformulieren und ein paar Mal durchlesen, damit die Dramaturgie sitzt?

Ich hoffe, Sie wählen die zweite Option. Jedes Telefonat mit einem neuen Kundenpotenzial muss genauso intensiv vorbereitet werden, damit Sie Ihr Ziel, zum Beispiel eine Terminvereinbarung, erreichen.

Ganz anders verhält es sich bei Schauspielern. Sie bekommen ein Skript in die Hand gedrückt, lernen dieses auswendig, performen auf der Bühne und die Zuschauer merken nicht, dass sie das Skript Wort für Wort im Kopf haben. Das Gespräch ist flüssig und natürlich. Auch wenn die Schauspieler dieses Skript nicht geschrieben haben. Es wurde ihnen zum Auswendiglernen vorgelegt. Kein Zuschauer merkt das, weil der Schauspieler diesen Text zigmal durchgelesen hat und sich auf seine Rolle vorbereitet hat.

Wenn ich in meinen Verkaufstrainings meine Leitfäden vorstelle, dann höre ich unisono von den Teilnehmern: „Ricky, das kann man in unserer Region nicht so sagen. Das kann bei uns nicht funktionieren."

Natürlich empfinden vielleicht Tiroler meinen norddeutschen Schnack als sehr direkt, vielleicht auch fordernd und ich wäre verstört, wenn ein Medienberater meinen persönlichen Leitfaden Wort für Wort auswendig lernen würde.

Es geht mir bei der Vorstellung meiner Leitfäden vielmehr darum, **dass die Reihenfolge der Gesprächsphasen in ihrer Logik verstanden und vor allem eingehalten wird.** Dass sie mit den eigenen Worten der jeweiligen Verkäufer vorgetragen werden, das ist sogar hocherwünscht. Immerhin sollen Sie sich mit diesen Leitfäden auch wohlfühlen.

Der Wohlfühlfaktor durch die Nutzung der eigenen Worte ist jedoch kritisch zu betrachten, wenn die gewünschte Aussagekraft und Wirkung der Argumente geschwächt werden. Vergleichen Sie die beiden nachfolgenden Aussagen miteinander.

1. Ursprungsversion: „Das sagen Sie doch nur, weil Sie das Telefonat mit mir beenden möchten, ist es nicht so?"
2. Verwässerung: „Ich habe das Gefühl, dass ich Sie zum falschen Zeitpunkt anrufe."

Während die Ursprungsversion forsch formuliert ist und den Kunden durch die Frage „Ist es nicht so?" aus der Reserve locken soll, gleicht die verwässerte Version eher einem zahnlosen Rückzugsmanöver. Achten Sie daher bei der Umformulierung auf die gewünschte Wirkung der Ursprungsversion.

Meine Leitfäden sind tausendfach erprobt und geben Ihnen eine Orientierung bei unterschiedlichen Gesprächssituationen – ganz wie ein Navi Ihnen Orientierung bietet und den Weg weist. Das Geheimnis ihres erfolgreichen Einsatzes liegt einzig in der Übung und ihrer regelmäßigen Anwendung.

Bevor ich persönlich Kaltakquise betreibe, lese ich mir meinen Leitfaden noch einmal durch, um mich auf die zu erwartenden Gesprächsphasen einzustimmen.

Literatur

Wikipedia. (2022). Stichwort Neuro-Linguistisches Programmieren. https://de.wikipedia.org/wiki/Neuro-Linguistisches_Programmieren. Zugegriffen: 7. Apr. 2022.

2

Rechts abbiegen – Gesprächseinstieg mit Musterunterbrechung

Zusammenfassung Während meiner Schulzeit war ich den wenigsten Lehrern egal. Immer – auch zu unpassenden Zeiten – zu Späßen aufgelegt, war ich bei vielen Lehrern eine Art Mahnung dessen, was ihre eigenen Kinder nicht sein sollten. Für andere Lehrkörper war meine Art eher erfrischend und positiv. Als mein Neffe, Adrian, über 30 Jahre später dieselbe Schule besuchte und im Unterricht schwatzte, wurde dieser von meinem alten Lehrer mit den Worten ermahnt: „Richard, sei endlich still!" Auch wenn dies ein Negativbeispiel für meine Erinnerungswürdigkeit ist, so leite ich hieraus die These für das Verkaufsbusiness ab: Sei anders als die anderen! Im Geschäftsleben führt die Stromlinienform oftmals nicht zum gewünschten Erfolg. Wenn Sie sich anhören, wie alle anderen, dann laufen Sie Gefahr, zu einer beliebigen Nummer zu werden. Eignen Sie sich Ecken und Kanten an, die Sie *merk*würdig machen und somit aufmerksamkeitsstark sind. Unterbrechen Sie gängige und erahnbare Muster.

Da fahren Sie auf Ihrer vorgegebenen Route und werden auf das Geräusch vom plötzlich wechselnden Straßenbelag aufmerksam. So soll

© Der/die Autor(en), exklusiv lizenziert an Springer Fachmedien Wiesbaden GmbH, ein Teil von Springer Nature 2022
R. McKenna, *Das Verkaufsnavi für Medienberater,*
https://doi.org/10.1007/978-3-658-37704-5_2

es auch Ihrem Gesprächspartner ergehen: Er soll direkt beim Gesprächseinstieg seine volle Aufmerksamkeit auf Sie richten.

Wenn Sie sich beim Gesprächseinstieg von meisten Verkäufern unterscheiden wollen, dann sollten Sie das gängige Muster in der Wahrnehmung des Kunden durchbrechen. So erhalten Sie automatisch hohe Aufmerksamkeit.

Der Grund für die sofortige Wahrnehmung von Neuem bzw. Außergewöhnlichem liegt in der Funktion unseres Gehirns.

Das Reptilienhirn, auch als Stammhirn bekannt, ist der älteste Teil unseres Gehirns und hat sich vor hunderten von Millionen Jahren entwickelt. Es verfolgt lediglich ein einziges Ziel: Überleben.

Sie können das Reptilienhirn mit einem Hund in Ihrem Kopf vergleichen, das ständig und immer in Bewegung ist und aufpasst, schnuppert, knurrt. Immer in höchster Alarmbereitschaft und ohne, dass wir aktiv davon etwas mitbekommen. Vollkommen unbewusst.

Es prüft sämtliche Außenreize nach Gefahr, nach Außergewöhnlichem und nach Neuem. Und wenn etwas außergewöhnlich ist, dann gibt es Alarm im Hirn.

Jeder kennt die Situation, in der man aus einer Handlung durch einen Außenreiz förmlich rausgerissen wurde und sich sofort einer neuen Situation zugewendet hat. Hier ein Beispiel:

Sie unterhalten sich beim Autofahren mit Ihrem Beifahrer und das Radio läuft ganz leise im Hintergrund. Während des anregenden Gesprächs mit dem Beifahrer hören Sie auf einmal zwei Worte aus dem sehr leisen Radio: *„Atomkraftwerk"* und *„Krise"*.

Und was machen Sie? Sie stoppen das Gespräch und drehen die Lautstärke des Radios hoch.

Was ist hier gerade passiert? Das Reptilienhirn stellt sich ständig die Frage, ob etwas neu, außergewöhnlich oder gefährlich ist. Von diesem Treiben im Hirn bekommen wir nichts mit. Es passiert im Unterbewusstsein. Und dann „weckt" es uns in Millisekunden auf, damit wir uns mit der Situation auseinandersetzen können. Und zwar mit vollem Bewusstsein. In diesem Beispiel hat Ihr Reptilienhirn die beiden Worte Atomkraftwerk und Krise wahrgenommen und Ihnen die Order gegeben, sich sofort mit diesem Außergewöhnlichem BEWUSST auseinanderzusetzen.

Der geneigte Leser mit erweiterten Biologie- und Hirnkenntnissen möge mir bitte die Einfachheit meiner obigen Darstellung der Funktionsweise des Reptilienhirns verzeihen. Der Grund für diese Abhandlung zum Hirn ist ein ganz bestimmter: **Wenn Sie ein Gespräch mit einem Kunden führen, dann ist es wichtig, dass Sie bereits beim Gesprächseinstieg den Alarmknopf im Kopf des Kunden drücken.**

Hört sich der Verkäufer bzw. die Verkäuferin an, wie sich alle aus der gleichen Zunft anhören, dann reagiert das Reptilienhirn einfach nicht. Es ist ja nichts Neues, nichts Außergewöhnliches, dem es sich zuwenden muss.

Noch einmal: Das Reptilienhirn liebt die grellen Farben und ignoriert das Grau. Hören Sie sich also an wie alle anderen, dann sind Sie automatisch im Kundenkopf graugefärbt und verdienen **keine** volle Aufmerksamkeit. Es erfolgt ein Automatismus beim Kunden, in dem er sagt: „Sorry, ich habe keine Zeit." Oder: „Sorry, ich habe kein Interesse."

Und aus diesem Grund ist es so wichtig, dass ich vom Kunden als knalliges Rot oder Blau angesehen werde. Nur so ist mir die volle Aufmerksamkeit und sogar Neugierde beim Kunden sicher.

In meinen Verkaufstrainings führe ich mit den Teilnehmern ein Rollenspiel durch. Wir sitzen jeweils mit dem Rücken zueinander gewandt und wir simulieren ein Telefonat, bei der die Teilnehmer das Gespräch eröffnen. In der Regel hören sie sich folgendermaßen an:

Schema F:
Guten Tag, Herr McKenna, mein Name ist Petra Müller vom Medienunternehmen XYZ. Schön, dass ich Sie am Telefon habe.
Ich wollte fragen, ob ich einen Termin mit Ihnen vereinbaren kann, weil wir eine neue Werbelösung zur Bekanntheitssteigerung entwickelt haben.

Oder:
Guten Tag, Herr McKenna, mein Name ist Petra Müller vom Medienunternehmen XYZ. Schön, dass ich Sie am Telefon habe.
Ich bin Medienberater und für die Kfz-Branche verantwortlich.
Wir haben eine neue Werbeform im Radio zur Bekanntheitssteigerung entwickelt…

Oder:

*Guten Tag, Herr McKenna, mein Name ist Petra Müller vom Medien-
unternehmen XYZ. Schön, dass ich Sie am Telefon habe.*

*Sie haben im letzten Jahr drei Anzeigen in unserem Special über Gesund-
heit geschaltet und wir werden in drei Wochen wieder eine fünfseitige
Berichterstattung zum Thema Gesundheit und Ernährung veröffentlichen.
Ich wollte fragen, ob Sie wieder mit Anzeigenschaltungen dabei sind…*

Oder:

*Guten Tag, Herr McKenna, mein Name ist Petra Müller vom Medien-
unternehmen XYZ. Wir hatten vor einem halben Jahr telefoniert und vereinbart, dass ich mich in diesem Monat wieder bei Ihnen melden soll.*

Sind diese Gesprächseinstiege knallige Farben für das Reptilienhirn oder
eher grau?

Natürlich sind sie eher grau und laden nicht gerade zu einem
spannenden Dialog ein. Sie sind typische Gesprächseinstiege, die
Kunden häufig hören und die Aufmerksamkeit nicht wachkitzeln.

Und als Automatismus kommen dann häufig vom Kunden diese Antworten:

- „Nein, wir haben kein Budget mehr."
- „Nein, wir haben kein Interesse."
- „Bitte entschuldigen Sie, aber ich habe gerade keine Zeit für dieses
  Thema."

Unabhängig davon, wen Sie in der Leitung haben, sei es die Zentrale,
die Assistenz oder den Entscheidungsträger, sollte die Begrüßung sich
auf Ihren Namen und Firma beschränken. Mehr nicht.

*Guten Tag, Herr McKenna, mein Name ist Petra Müller vom Medien-
unternehmen XYZ.*

Fragen Sie nicht, wie es dem Gesprächspartner geht, sagen Sie nicht,
dass es schön ist, ihn am Telefon zu erreichen. Wir befinden uns in der
Kaltakquise und die Frage, wie es ihm geht, ist eine persönliche Frage.
Sie setzt voraus, dass Sie sich kennen.

Wenn Sie die Telefonnummer bzw. den Namen Ihres Ansprechpartners nicht kennen, dann richten Sie sich in aller Regel an die Zentrale.

Nachfolgend stelle ich Ihnen unterschiedliche Gesprächseinstiege vor, die mit dem verbalen Alltagsgrau aufräumen und die Konversation in einem knalligen und aufmerksamkeitsstarken Farbton erscheinen lässt.

2.1 Das Telefonat mit der Zentrale

Wenn Sie den Ansprechpartner kennen, dann geht es ganz einfach:
Guten Tag, Herr Müller, mein Name ist Petra Müller von Firma XYZ.
Können Sie mich bitte zu Herrn McKenna durchstellen.
Herr Müllers Aufgabe besteht darin, Menschen zu anderen Menschen durchzustellen. Es ist nicht seine Aufgabe, zu fragen, um was es geht. Aus diesem Grund ist das Durchstellen für die Zentrale selbstverständlich.

Wenn Sie den Ansprechpartner nicht kennen, dann fragen Sie nach dem Leiter der gewünschten Fachabteilung. *Verkäufer: „Herr Müller, vielleicht können Sie mir helfen. Wer ist zuständig für das Marketing in Ihrem Haus?"*

Nennt Herr Müller nur den Nachnamen, fragen Sie aktiv nach dem Vornamen.

Verkäufer: *„Vielen Dank. Können Sie mir bitte noch seinen Vornamen verraten?"*

Vergessen Sie nicht, nach der Durchwahl des Ansprechpartners zu fragen und einen Grund dafür zu nennen.

Verkäufer: *„Wie kann ich Herrn… direkt erreichen, sollte er/sie gerade nicht da sein? Haben Sie seine E-Mailadresse und seine Durchwahl?"*

Einige Firmen sind sehr restriktiv mit Telefonnummern: In einigen Fällen werden Sie die Durchwahl nicht erhalten, in anderen Fällen schon.

Verkäufer: *„Vielen Dank. Können Sie mich bitte zu ihm durch-stellen?"*

2.2 Das Telefonat mit der Assistenz

In einer perfekten Welt ist der Ansprechpartner am Arbeitsplatz und nimmt das Telefonat entgegen.

In der realen Welt werden Sie sehr häufig mit der Assistenz des Entscheiders reden, die das Telefonat je nach Wichtigkeit für den Entscheider entweder abblockt oder Sie an den Chef weiterleitet.

Eine wichtige Assistenzaufgabe ist es, eingehende Telefonate und Informationen nach der aktuellen Wichtigkeit für den Vorgesetzten herauszufiltern.

Übersicht

Es gibt eine Vielzahl von Namen für Assistenzen, die unter den Verkäufern kursieren. Gatekeeper gehört für mich zu den wohl nettesten und die Bezeichnung beschreibt deren Tätigkeit auf den Punkt.

Aus dem englischen Wikipedia übersetzt: Ein Gatekeeper ist eine Person, die den Zugriff auf etwas kontrolliert, beispielsweise über ein Stadttor oder einen Türsteher, oder abstrakter kontrolliert, wer Zugriff auf eine Kategorie oder einen Status erhält.

Warum viele Verkäufer die Assistenzen mit den Begriffen Pitbull oder Vorzimmerdrache verunglimpfen, ist mir persönlich schleierhaft. Sie machen ihren Job – wir machen unseren Job.

Und es ist ihre Aufgabe, dem Vorgesetzten den Rücken freizuhalten, Dringlichem und Wichtigem den Vorrang zu geben und Termine zu verwalten.

Und genau, weil sie ihren Job gut machen möchten und müssen, ist es unsere Aufgabe als Verkäufer, unseren Job noch besser zu machen, damit wir von ihnen bereitwillig zum Entscheider durchgestellt werden.

Die Internetplattform sekretaria.de, eine Webseite für Sekretärinnen, befasst sich neben Karriereinformationen, Büroorganisation oder Tipps zur Chefentlastung auch mit Tipps zu lästigen Anrufern, die zum Chef durchgestellt werden möchten. Assistenzen und Sekretärinnen vernetzen sich in Foren und teilen neue Techniken von Verkäufern, die partout nicht sagen möchten, warum sie den Vorgesetzten sprechen möchten. Auch sie kennen die unterschiedlichen Techniken, wie Verkäufer sie zum Durchstellen zum Chef bewegen möchten.

Der Klassiker im Telefonat ist die Frage der Assistenz:
Um was geht's denn?
Häufig folgt eine Schockstarre bei vielen Verkäufern, die sonst gerne beweisen möchten, sie seien nicht auf den Mund gefallen. Hier aber schon.

Schauen wir uns doch mal den klassischen Gesprächsverlauf zwischen Verkauf und Assistenz an:

Verkäufer: *„Guten Tag, Frau Assistentin, mein Name ist Ricky McKenna von Media XYZ. Können Sie mich bitte zu Frau Chefin durchstellen?"*
Assistenz: *„Um was geht es denn?"*

Es gibt eine Reihe von sehr guten Techniken, wie Sie diese Frage beantworten können und die Ihnen die Chance auf das Durchstellen zur Chefin stark verbessern.

2.2.1 Die Technik der Gegenfrage

Assistenz: *„Um was geht's denn?"*
Verkäufer: *„Wann ist sie zum Thema Abverkaufssteigerung in schwierigen wirtschaftlichen Zeiten für mich am besten für fünf Minuten zu sprechen?"*

Mit der Technik der Gegenfrage beantworten wir zum einen die Frage mit einem Nutzen für das Unternehmen (Abverkaufssteigerung, also mehr Umsatz) und möchten gleichzeitig wissen, wann der geeignete Zeitpunkt für das Gespräch mit der Chefin ist.

Gleichzeitig teilen wir die kurze Dauer – fünf Minuten – des Gesprächs mit. Hier zeigen wir der Assistenz, dass wir keine Zeit verschwenden möchten.

2.2.2 Die Expertentechnik I

Assistenz: *„Um was geht's denn?"*
Verkäufe: *„Es geht um die Marktreife DAB+. Und da möchte ich noch ihre Meinung zur Kommunikationstauglichkeit haben. Können Sie mich bitte durchstellen? Vielen Dank. Danke."*

Wer hört hier nicht einen Experten am anderen Ende von der Leitung? Möglicher Gedankengang der Assistenz: Marktreife DAB+? Das muss auf jeden Fall ein Spezialist sein.

Also, wenn dieser Gesprächspartner schon so redet wie meine Chefin, dann ist er/sie auch Entscheiderin. Das muss wohl wichtig sein. „Da möchte ich noch ihre Meinung..." kann implizieren, dass sie sich bereits zu diesem Thema ausgetauscht haben.

Und dann dieses doppelte Dankeschön am Ende. Das doppelte Dankeschön ist wie eine Tür, die jetzt doppelt abgeschlossen wird – eine weitere Konversation ist unerwünscht. Sie wird im Sprachgebrauch hauptsächlich von Führungskräften genutzt. Und auch hier der mögliche Gedankengang der Assistenz: *Chef will mit Chefin reden. Muss wohl wichtig sein.*

2.2.3 Die Expertentechnik II

Assistenz: *„Um was geht's denn?"*
Verkäufer: *„Es geht um den gesteigerten Return on Investment bei konstanten Ad-Spendings. Können Sie mich bitte durchstellen? Vielen Dank. Danke."*

Wenn ich den Satz in Deutsch übersetze, dann heißt es nichts anders als:

„Es geht darum, mehr Umsatz bei gleichem Werbebudget zu erzielen." Diese Übersetzung würde das Reptilienhirn mit einer großen Wahrscheinlichkeit schlafen lassen. Alles grau.

Und dann käme der Automatismus: „Dafür haben wir gerade keinen Bedarf."

Deshalb führt manchmal die Nutzung von „Fachchinesisch" automatisch zu einer unbewussten Hochwertung des Senders. Auch hier der unterbewusste Gedankengang des Empfängers: *Diese Person ist Spezialist/Entscheider und das hört sich schon sehr wichtig an ...*

2.2.4 Die Methodik der universell übertragbaren Aussagen

Unser Vertrauen gehört vor allem den Menschen, die die gleichen Gedankengänge, Ideen, Wünsche haben wie wir. Der Vertrauensaufbau gehört für mich zur wichtigsten Aufgabe des Gesprächseinstiegs mit Kunden und potenziellen Kunden.

Vertrauen öffnet Menschen. Sie geben bereitwillig Informationen und sind offen für neue Informationen, Produkte oder Lösungen.

Universell übertragbare Aussagen sind Äußerungen, die mit hoher Wahrscheinlichkeit auf eine Person zutreffen bzw. von ihr eine Bestätigung erhalten. Die Nutzung dieser Methodik verfolgt das Ziel, Gleichnisse aufzuzeigen und Bestätigungen zu provozieren.

Universell übertragbare Aussagen, auch Glaubenssätze oder unbestreitbare Wirklichkeiten genannt, kennt jeder.

- Ohne Fleiß kein Preis
- Mit leerem Magen kann man nicht arbeiten
- Ordnung ist das halbe Leben
- Hochmut kommt vor dem Fall

Keiner zweifelt diese Aussagen an, und wir alle nutzen sie in unserer Kommunikation.

Die Nutzung der universell übertragbaren Aussagen ist hervorragend im Gespräch mit der Assistenz geeignet.

Hier zwei Beispiele, die ich nachfolgend näher erläutere:

1. **Verkäufer:** *„Guten Tag Frau Assistenz. Mein Name ist Petra Müller von Media XYZ. Ist Maria Schulze wieder von der Mittagspause zurück?"*
2. **Verkäufer:** *„Guten Tag Frau Assistenz. Mein Name ist Petra Müller von Media XYZ. Ich gehe davon aus, dass Maria Schulze wieder in einem Meeting ist. Oder liege ich falsch und sie ist für mich zu sprechen?"*

Bei diesen beiden Einstiegen arbeite ich mit dem psychologischen Element der universell übertragbaren Aussage, also mit einer Tatsache, die zu 100 % auf den gewünschten Ansprechpartner zutreffen kann.

Schauen wir uns den ersten Einstieg genauer an:
„Ist Maria Schulze wieder von der Mittagspause wieder zurück?"

1. Essen muss jeder, Pausen macht jeder – auch Maria Schulze.

Natürlich nutze ich diesen Einstieg nur am frühen Nachmittag und nicht um 11 Uhr morgens.

2. Ich stelle der Assistenz eine Frage, die eine Antwort provoziert.

Und somit führe ich eine Unterhaltung mit ihr. Egal, was sie sagt, ich kann darauf reagieren und das Gespräch positiv weiterführen.

Führen wir doch mal das Gespräch gedanklich weiter:

Verkäufer:	*„Ist Maria Schulze wieder von der Mittagspause wieder zurück?"*
Assistenz:	*„Frau Schulze ist nicht im Haus. (kritisch fragend) Kennen Sie sie? Um was geht's?"*
Mögliche Antwort Verkäufer:	*„Ich kenne Frau Schulze nicht aber bin davon ausgegangen, dass sie wie andere auch, ihre wohlverdiente Mittagspause macht."*

Wann ist sie für mich zum Thema des gesteigerten Returns on Investment bei konstantem Ad-Spending zu sprechen?

Sollte also die Assistenz denken, sie riecht den Braten und der Verkäufer suggeriert nur, er kennt Frau Schulze, nehmen Sie ihr mit der universell übertragbaren Aussage – jeder braucht eine Mittagspause – den Wind aus den Segeln.

Beim zweiten Einstieg – *„Ich gehe davon aus, dass Maria Schulze wieder in einem Meeting ist"* – besteht die unbestreitbare Wirklichkeit darin, dass Führungskräfte sehr häufig in Meetings sind. Auch hier ist die Bestätigung quasi vorprogrammiert und führt zur positiven Weiterführung des Gesprächs.

2.2.5 Die Bitte-hilf-mir-Technik (Benjamin-Franklin-Effekt)

Wenn Sie jemanden um Hilfe bitten, dann bringen Sie den Gesprächspartner in eine Position der Überlegenheit. Sie geben ihm Macht in die Hand, das Selbstwertgefühl steigt und der Gesprächspartner dankt es Ihnen mit der gewünschten Hilfe. Und Sie werden sympathischer! Der Benjamin-Franklin-Effekt (Wikipedia, 2022) beschreibt das psychologische Merkmal, dass wir Menschen sympathischer empfinden, wenn wir ihnen einen persönlichen Gefallen tun und behilflich sind. In einem Experiment baten die Psychologen Jon Jecker und David Landy im Jahr 1969 (Jecker & Landy, 1969) Personen zu einem Wissensquiz, bei der es Geld zu gewinnen gab.

Einem Drittel der Gewinner wurde mitgeteilt, dass sie zwar gewonnen hätten, aber um einen großen Gefallen gebeten, auf das Geld zu verzichten, weil der Studienleiter den Gewinn aus der eigenen Tasche zahlen müsse. Ansonsten müsse die Studie aus finanziellen Gründen eingestellt werden. Ein weiteres Drittel wurde gefragt, ob sie den Gewinn einem Forschungsfond stiften könnten, da das Geld zur Neige geht. Das verbleibende Drittel wurde nicht gefragt, ob sie das Geld zurückgeben würden.

Diejenigen Probanden, die vom Versuchsleiter um den Gefallen gebeten wurden, und auf das Geld zu verzichten, bewerteten den Versuchsleiter deutlich sympathischer als die anderen beiden Gruppen.

Die Begründung liegt in der Annahme unseres Gehirns, dass wir nur solchen Menschen einen Gefallen tun, wenn sie sympathisch sind. Jetzt fragt ein Unbekannter nach einem Gefallen und wir helfen ihm. Dann denkt sich das Gehirn, dass dieser Mensch sympathisch sein muss. Ansonsten hätte man ja nicht geholfen.

Verkäufer:	*„Guten Tag, Frau Assistenz, mein Name ist Petra Müller von Media XYZ.*
	Frau Assistenz, ich brauche Ihre Hilfe."
Assistenz:	*„Was kann ich für Sie tun?"*
Verkäufer:	*„Ich benötige ein 5-min-Gespräch mit Frau Schulze zum Thema des Returns on Investment bei stabilem Ad-Spending. Wann, glauben Sie, ist sie für mich erreichbar?"*

Bei diesem Gesprächseinstieg ist alles drin. Name, Firma, Gesprächsthema und Zeitdauer. Somit kommen Sie sogar der Frage – um was geht's denn? – zuvor. Mit dem Gesprächsthema wird die Assistenz womöglich nichts anfangen können, jedoch hört sich das Thema auf jeden Fall nach Expertise an.

Assistenz:	*„Schicken Sie uns Unterlagen. Wir melden uns dann bei Ihnen!"*

Auch hier ein Klassiker aus der Abwimmel-Schatulle etlicher Assistenzen, die Sie sicher schon erlebt haben. Und mal ganz ehrlich, wie häufig haben Sie Unterlagen geschickt und dann einen Rückruf erhalten? Noch nie? Willkommen im Club.

In dieser Situation möchten viele Assistenzen einfach nur den Verkäufer aus der Leitung werfen und nutzen diesen Einwand, obwohl es kein Einwand ist. Es ist nicht mehr als eine Notlüge, diplomatisch ausgedrückt ist es ein Vorwand.

Sollten Sie das nächste Mal mit dieser Abwimmel-Aussage konfrontiert werden, versuchen Sie einfach die Rollentausch- oder die Verblüffungstechnik.

2.2.6 Die Rollentauschtechnik

Assistenz: „Schicken Sie uns bitte erst einmal Unterlagen zu. Wir melden uns dann bei Ihnen."

Verkäufer: „Frau Assistenz, viele meiner Kunden wünschen sich im Vorfeld Unterlagen, um sich vor einem Termin einzulesen. Kann ich gut verstehen. Damit wir auch punktgenau die Informationen liefern, die aktuell für Sie relevant sind, helfen Sie mir bitte. Zu welchem Thema würden Sie mir Unterlagen zukommen lassen, wenn Sie an meiner Stelle wären? Zu gesteigertem ROI bei stabilen Ad-Spendings? Oder eher zur Steigerung der Awareness? Das möchte ich kurz mit Frau Schulze klären."

Sie werten die Assistenz auf, indem Sie sie um Rat bitten bzw. nach ihrer Meinung fragen. In diesem Fall wird der Vorwand der Zusendung von Unterlagen häufig neutralisiert, da Sie sich mit der Auswahl der möglichen Antworten als Experte positionieren. Der wahrscheinliche Gedankengang lautet: Gesteigerter ROI bei stabilen Ad-Spendings... ich habe keine Ahnung, was damit gemeint ist, es hört sich aber wichtig an...

Sollte Ihnen die Assistenz keine Antwort geben, fragen Sie wieder, ob Sie zum Entscheider durchgestellt werden können. Immerhin möchten Sie ja vorher abklären, welche Unterlagen für ihn aktuell besonders wichtig sind.

2.2.7 Die Verblüffungstechnik

Die Verblüffungstechnik gehört zu meinen Lieblingstechniken, weil der Einwand in das wichtigste Entscheidungsargument umgewandelt wird.

Sie lässt sich für eine Vielzahl von Einwänden nutzen und funktioniert sehr gut, weil mein Gesprächspartner erst einmal total verdattert ist. Denken Sie an das Reptilienhirn. Verblüffung erzeugt höchste Aufmerksamkeit.

Assistenz:	*„Schicken Sie uns bitte erst einmal Unterlagen zu. Wir melden uns dann bei Ihnen.*
Verkäufer:	*„Frau Assistenz, das ist genau der Grund warum ich das Gespräch mit Frau Schulze suche. (Minipause) Gerade WEIL ich mit ihr abstimmen muss, zu welchen Themen sie weiterführende Informationen und Unterlagen aktuell benötigt"*

Hier ein anderes Beispiel:

Assistenz:	*„Frau Schulze hat nur sehr wenig Zeit in den nächsten Wochen. Versuchen Sie es bitte in der übernächsten Woche. Oder schicken Sie uns am besten erst einmal Unterlagen."*
Verkäufer:	*„Frau Assistenz, das ist doch genau der Grund warum ich mit ihr ein kurzes Gespräch führen möchte. WEIL sie keine Zeit hat."*

Die Assistenz denkt nun höchstwahrscheinlich: *Was ist das denn für eine Aussage? Jetzt bin ich aber gespannt, wie der Verkäufer das begründet.*

Verkäufer:	*„Gerade, weil wir unsere Unterlagen individuell nach den aktuellen Kundenwünschen gestalten, benötige ich ihre Meinung zu ihren Werbezielen. Können Sie mich für zwei Minuten durchstellen?"*

2.3   Das Telefonat mit dem Entscheider

Sie haben endlich den Entscheider. Aber ob Sie es glauben oder nicht: Sie stören. Sie stören den Entscheider bei seiner aktuellen Tätigkeit. Vielleicht beim Verfassen einer E-Mail, vielleicht bei einem Mitarbeiter- oder Lieferantengespräch. Vielleicht wollte die Person gerade jemanden anrufen oder zu einem Kundentermin fahren.

Und so läuft dann ein Automatismus in Form von drei Fragen im Entscheiderkopf ab, wenn das Telefon klingelt:

1. Wer stört mich?
2. Um was geht's?
3. Was ist für mich drin?

Diese drei Fragen müssen in den ersten Sätzen des Gesprächseinstiegs bedient und befriedigt werden. Nur dann erhalten wir vom Gesprächspartner eine Zustimmung, die sich in Form von mehr Zeit widerspiegelt.

Die beiden ersten Fragen: „Wer stört mich und um was geht's?" können sehr einfach beantwortet werden.

Die dritte Frage beschäftigt sich mit dem Nutzen des Gesprächs für den Entscheider. Es geht hier also um die Frage, wie die Person profitieren kann, wenn sie mit mir redet.

Vergleichen Sie den Gesprächsbeginn mit dem Treibstoffverbrauch einer Rakete zum Mond. Beim Raketenstart der Saturn V wird bis zu 23 % des Treibstoffs benötigt, um ca. 60 km Höhe zu erreichen und langsam der Erdanziehung zu entkommen.

Für die restlichen knapp 384.000 km wird im Vergleich zu den ersten 60 km nur noch ein Bruchteil an Treibstoff pro km benötigt.

Auch bei der Gesprächseröffnung müssen Sie die meiste (geistige) Energie investieren, damit der Gesprächspartner das Gespräch mit Ihnen auch weiterführen möchte.

Denken Sie immer an die grellen Farben, die das Reptilienhirn so mag. Wir müssen außergewöhnlich und kontrastreich klingen. Also alles außer gewöhnlich. Sind wir grau, werden wir sofort abgelehnt.

„Sorry, keine Zeit." „Sorry, wir haben einen festen Werbepartner." „Sorry, kein Budget."

Alles Aussagen, die wie eine Litanei runtergebetet werden, weil sie sich von der Farbe Grau angezogen fühlen.

Vermeiden Sie folgende Aussagen in Ihrem Gesprächseinstieg:

Verkäufer: *„Guten Tag Frau Schulze, mein Name ist Verkäufer von Media XYZ. Ich hoffe, ich störe Sie nicht gerade/bitte entschuldigen Sie mich, wenn ich Sie gerade störe."*

Verkäufer: *„Guten Tag Frau Schulze, mein Name ist Verkäufer von Media XYZ. Haben Sie drei Minuten Zeit für mich?"*

Übersicht

Was will denn der Verkäufer mit diesen Fragen aus dem Kunden rauskitzeln? Glaubt der Verkäufer, dass der Kunde sagt: „Ich warte seit einer Ewigkeit auf Ihren Anruf. Sie wollen nur drei Minuten meiner Zeit? Sie bekommen alle Zeit der Welt."

Diese grauen Gesprächseinstiege des Verkäufers sind nichts anderes als Floskeln, die überhaupt keinen Mehrwert transportieren und den Kunden zum Abwimmeln motivieren.

Ganz im Ernst: Sie haben den Entscheider das erste Mal am Telefon, stellen sich vor und fragen, ob Sie stören? Das Bild, dass Sie ihm vermitteln, ist nicht gerade ein Gespräch auf Augenhöhe.

Verkäufer: *„Guten Tag Frau Schulze, mein Name ist Verkäufer von Media XYZ. Ich wollte mich erkundigen, ob Sie meine E-Mail erhalten haben."*

Natürlich ist es zielführend, per E-Mail Ihr Telefonat anzukündigen. Die Frage transportiert aber keinen Mehrwert für den Kunden. Sie ist einfach nur eine Floskel.

Verkäufer: *„Guten Tag Frau Schulze, mein Name ist Verkäufer von Media XYZ. Wie geht's Ihnen?"*

Diese Frage ist für mich regelrecht gruselig. Sie ist reserviert für Freunde und Bekannte. Natürlich auch für Psychologen im Erstgespräch. Aber ich bin kein Patient und kein Bekannter. Wenn es um Glaubwürdigkeitsaufbau geht, dann sammelt diese Frage Minuspunkte.

Verkäufer: *„Guten Tag Frau Schulze, mein Name ist Verkäufer von Media XYZ. Wir haben eine neue Werbeform entwickelt und die würde ich Ihnen bei einem gemeinsamen Termin vorstellen. Wann passt es in der nächsten Woche bei Ihnen?"*

> Welchen Mehrwert hat dieses Gespräch für den Kunden? Was bringt ihm diese Info? Rein gar nichts. Dieser Einstieg erleichtert es dem Kunden, mit „Wir brauchen keine Werbung", „Wir sind bestens versorgt" zu antworten.

Es ist an der Zeit, anders als alle anderen zu klingen. Nachfolgend erkläre ich, wie der Kunde im Gespräch durch die Aneinanderreihung von logischen Argumenten Schritt für Schritt zu einer Terminvereinbarung geführt wird. Sie verfolgen zwei Ziele mit Ihrem Gesprächseinstieg:

1. Sie möchten eine positive Gesprächsatmosphäre für den Kunden herstellen, in der er sich wohl fühlt.
2. Sie möchten Ihren Kunden in die zweite Gesprächsphase führen, in der er Ihre Fragen zu seinen Zielen und Schmerzen detailliert beantwortet.

2.3.1 Schritt 1: Die Gesprächseröffnung mit der Vorwegname-Technik

Was wissen Sie vom Entscheider? Richtig:

- Dass Sie ihn gerade stören.
- Und dass er keine Zeit hat.
- Und natürlich seine Aversion gegen Grau.

Mit dem Vorwegnahme-Einstieg erhalten Sie garantiert die erste positive Zustimmung.

Verkäufer: „Guten Tag Frau Schulze, mein Name ist Verkäufer von Media XYZ."
Kunde: „Guten Tag."
Verkäufer: „Frau Schulze, wenn es für Sie in Ordnung ist, fasse ich mich kurz und steige sofort ins Thema ein. Ist das Ok für Sie?"

Sie biegen also nach rechts ab, um einer möglichen Baustelle, in diesem Fall einem möglichen Einwand, auszuweichen. Diese Abweichung vom Fahrplan erspart Ihnen somit wertvolle Zeit, und zusätzlich erhalten Sie in jedem Fall eine positive Rückmeldung vom Gesprächspartner. „Lieber Beifahrer, gleich kommt erfahrungsgemäß häufig eine Einwandbaustelle, die ich vermeiden kann, wenn ich hier rechts abbiege und ihr zuvorkomme. Das ist Ihnen doch auch recht, oder?"

> **Übersicht**
>
> Hiermit signalisieren Sie dem Kunden, dass Sie ihm keine Zeit stehlen möchten und der Einwand: „Ich habe keine Zeit!" wird der Kunde garantiert nicht nennen.
>
> Zusätzlich überlassen Sie dem Kunden die Entscheidung, indem Sie ihn fragen, ob das für ihn ok ist. In sämtlichen Telefonaten habe ich bei diesem Einstieg die Zustimmung des Kunden erhalten:
>
> „Schießen Sie los!"
>
> „Um was geht's?"
>
> „Ja, das geht in Ordnung."
>
> Mit diesen Bestätigungen haben Sie jetzt schon mal seine ungeteilte Aufmerksamkeit und einen entspannten Kunden, der weiß, dass das Telefonat nicht lange dauern wird.

2.3.2 Schritt 2: Vertrauensaufbau

Sympathie und Vertrauen stehen in einer starken Wechselwirkung zueinander.

Die Sympathie fördert das Vertrauen und verstärkt somit die Kraft, andere Menschen zu einer Handlung zu bewegen.

In seinem viel beachteten Bestseller-Buch „Die Psychologie des Überzeugens" beleuchtet der amerikanische Autor und Psychologe Robert B. Cialdini (Cialdini, 2009) unterschiedliche Faktoren, warum Menschen andere Menschen sympathisch finden.

Ein entscheidender Faktor ist das Kompliment. Natürlich mag jeder Mensch Komplimente, denn sie stärken unser Selbstbewusstsein, da sie der gelobten Sache einen goldenen Anstrich der Wertschätzung geben. Wir fühlen uns gut und finden den Komplimentgeber sympathisch.

Natürlich hat ein Kompliment im Business seine Grenzen, wenn wir merken, dass sich jemand anbiedert und einen eigenen Nutzen damit verfolgt. Dann bleiben Sympathie und Vertrauen auf der Strecke. In diesem zweiten Schritt stelle ich Ihnen ein Modell zum Vertrauensaufbau vor, dass Sie direkt nach der Gesprächseröffnung nutzen und den Kunden direkt in eine offene Unterhaltung lenken können. Dieses 3-stufige Modell wird in der Mitarbeiterführung eingesetzt und dient der Motivationsstärkung:

- Stufe 1: Kompliment
- Stufe 2: Begründung
- Stufe 3: Offene Frage

Nachdem Sie also bei Ihrer Gesprächseröffnung fragten, ob Sie sofort ins Thema einsteigen können, nutzen Sie dieses Modell zum Vertrauensaufbau.

- Stufe 1 – Kompliment:
  Verkäufer: *„Frau Schulze, ich muss sagen, dass ich Ihre neue Filiale sehr bewundert habe, als ich in der vergangenen Woche daran vorbeigefahren bin."*
- Stufe 2 – Begründung:
  Verkäufer: *„Das Gebäude ist hochmodern und ähnelt mit seinen Antennen und der Fensterfront schon fast einem Ufo. Das finde ich sehr außergewöhnlich."*
- Stufe 3 – Offene Frage:
  Verkäufer: *„Was war der Grund, sich für dieses Gebäudedesign zu entscheiden?"*
  (oder: „Was sagen eigentlich Ihre Kunden zu Ihrer neuen Filiale"?)

Wenn Sie nur ein Kompliment abgeben würden, dann fehlt die Glaubwürdigkeit dieses Lobs. Um dem vorzubeugen, begründen Sie Ihr Kompliment und stellen eine ernstgemeinte offene Frage zum Gegenstand des Lobs. Der Kunde zweifelt die Ernsthaftigkeit Ihres Lobs nicht an und beantwortet Ihre Frage.

Während viele Verkäufer gerne zu Beginn des Gesprächs über ihr Produkt reden, stellen Sie den Kunden und seine Meinung in den Vordergrund.

2.3.3 Schritt 3: Unbestreitbare persönliche Fakten ansprechen

> Setzen Sie als Nächstes noch eine weitere kundenbezogene Aussage hinterher, indem Sie Fakten ansprechen, die auf den Ansprechpartner und/oder auf das Unternehmen zutreffen.

Verkäufer: *„Frau Schulze, Sie sind die Marketingleiterin der Firma X und Sie haben gerade im vergangenen Monat Ihre neue Produktlinie ABC im Markt eingeführt.“*

> Mit diesen unbestreitbaren Fakten signalisieren Sie Ihrem Gesprächspartner, dass Sie informiert sind (Pluspunkt für gemachte Hausaufgaben), die Fakten können nicht verneint werden und das Gespräch verläuft nach wie vor außerhalb des Gewöhnlichen. Leiten Sie sofort und ohne Pause zu Schritt 4 über.

2.3.4 Schritt 4: Der Grund Ihres Anrufs

Genau jetzt ist der Zeitpunkt, die Katze aus dem Sack zu lassen und dem Kunden Ihre Daseinsberechtigung mitzuteilen:

Verkäufer: *„Wir kooperieren mit vielen Unternehmen aus Ihrer Branche, die es zunehmend schwierig finden, gut funktionierende Werbelösungen mit reduzierten Werbebudgets durchzuführen. Hier konnten wir bereits viele Marketingleiter mit unseren Lösungsansätzen begeistern und darin unterstützen, ihre Werbeziele zu unterstützen.“*

> **Übersicht**
>
> Sollte Frau Schulze überhaupt kein Problem mit ihren Werbemaßnahmen haben, fühlt sie sich nicht auf die Füße getreten, weil Sie an dieser Stelle über Dritte gesprochen haben.
> Zusätzlich erfährt sie in diesem Gesprächsteil, dass Ihre Ansprechpartner in ihrer Hierarchieebene angesiedelt sind.

2.3.5 Schritt 5: Erlaubnis zur Bedarfsermittlung erfragen

Verkäufer: *„Frau Schulze, und das ist der Grund, warum Sie heute von mir kontaktiert wurden. Um Ihnen eine Werbelösung vorzustellen, die Ihre Bekanntheit steigert und Ihnen somit neue Kunden ins Geschäft bringt.*

*Und ganz ehrlich: Die Vorstellung unser Werbelösung ist für mich aber nur dann sinnvoll, **wenn es auch Ihre aktuellen Ziele unterstützt**. Und da habe ich zwei, drei Fragen an Sie. Darf ich sie kurz stellen?“*

> **Übersicht**
>
> Während ich Frau Schulze im ersten Schritt des Gesprächseinstiegs bereits signalisiert habe, dass ich keine Zeit zu vergeuden habe, wurde dies nun im fünften Schritt wiederholt: Ich möchte die Werbelösung nur dann vorstellen, wenn es aktuell zu ihren Zielen passt und somit dringlich ist.
> Kein noch so guter Leitfaden ist eine Garantie, dass Sie damit Ihr aktuelles Verkaufsziel erreichen. Ich kann Ihnen jedoch garantieren, dass Sie mit Erstellung Ihres persönlichen Leitfadens deutlich mehr Termine und Aufträge erzielen werden.
> Viele Verkäufer sind verblüfft, dass die meisten Entscheider an dieser Stelle weiterführende Fragen zulassen und der Verkäufer so in die nächste Straße der Bedarfsanalyse abbiegen kann.
> Aber ganz im Ernst – es ist ganz und gar nicht verblüffend, weil wir Schritt für Schritt unser Ziel nähern und dem Kunden immer gute Gründe liefern, warum er weiter im Gespräch bleiben soll.
> Einige Entscheider teilen Ihnen nach der Frage, ob Sie ein paar Fragen stellen dürfen, mit, dass sie nur sehr wenig Zeit haben. Vielleicht haben

sie wirklich keine Zeit, vielleicht sagen sie es nur, damit sie das Gespräch mit mir beenden möchten. Egal ob wahr oder nicht: Die Lösung für diese Situation ist ein mündlicher Vertrag, den Sie ihnen anbieten können.
Nehmen wir an, Frau Schulze sagt Ihnen Folgendes:

Entscheider: *„Herr Verkäufer, ich habe gleich ein Meeting und wirklich nur noch wenig Zeit."*

Dann können Sie die **Vertragsmethode** einsetzen:

Verkäufer: *„Frau Schulze, was halten Sie davon? Sie geben mir drei Minuten Ihrer Zeit und ich stelle kurz meine Fragen. Wenn Sie das Gefühl haben, dass Ihnen das Gespräch nichts bringt, brechen wir sofort ab. Ist das fair für Sie?"*

Der Mensch liebt Verträge. Sie geben ihm Sicherheit aufgrund der vereinbarten Rahmenbedingungen.
Daher der Deal mit den drei Zusatzminuten. Die Abschlussfrage „Ist das fair für Sie?" überlässt die Entscheidung dem Kunden und setzt ihn nicht unter Druck.
Auch diese Vertragsmethode gehört für mich zu den Top-Musterunterbrechern, die Ihnen mit der weiterhin hohen Aufmerksamkeit des Kunden belohnt wird.

„Kein Wind ist demjenigen günstig, der nicht weiß, wohin er segeln will."
Dieses Zitat von Michel de Montaigne trifft den Nagel auf den Kopf.
Sie müssen immer das jeweilige Etappenziel vor dem Auge haben. Beim Erstkontakt verfolgen Sie mehrere Ziele: Sie möchten zum einen mit dem Entscheider sprechen. Zum andern möchten Sie eine positive Beziehung aufbauen, damit Sie in weiterer Folge einen Termin mit ihm vereinbaren können.

Literatur

Cialdini, R. B. (2009). *Die Psychologie des Überzeugens* (6. Aufl., S. 215 ff). Verlag Hans Huber, Hogrefe AG.

Wikipedia. (2022). Stichwort Ben Franklin effect. https://en.wikipedia.org/wiki/Ben_Franklin_effect. Zugegriffen: 7. Apr. 2022.

Jecker, J., & Landy, D. (1969). Liking a person as a function of doing him a favour. *Human Relations, 22*(4), 371–378.

3

Folgen Sie dem Straßenverlauf – Die Bedarfsanalyse

Zusammenfassung Die Ermittlung des tatsächlichen Kundenbedarfs ist die wichtigste Voraussetzung für das erfolgreiche Kundengespräch. Wenn Sie den Schmerz und das Ziel des Kunden nicht kennen, dann stochern Sie mit Ihren Verkaufsargumentationen genauso im Leeren, wie beim Suchen des verlorenen Brotstücks im Käsefondue. Der Kunde kauft genau dann, wenn er das Angebot haben möchte. Und er möchte es haben, wenn er einen klaren persönlichen Nutzen im Angebot erkennt. Und der Nutzen ist mit der Befriedigung des Bedarfs definiert. Für den Erfolg im Verkauf ist es unabdingbar zu wissen, a) welche Lücke beim Kunden besteht, und b) ob mein Angebot diese Lücke schließen kann. Dieses Kapitel stellt geeignete Fragen und Fragetechniken vor, um in einem kurzen Gespräch den tatsächlichen Kundenbedarf zu ermitteln, welcher in weiterer Folge eingesetzt wird, um zum Verkaufsabschluss zu gelangen.

© Der/die Autor(en), exklusiv lizenziert an Springer Fachmedien Wiesbaden GmbH, ein Teil von Springer Nature 2022
R. McKenna, *Das Verkaufsnavi für Medienberater,*
https://doi.org/10.1007/978-3-658-37704-5_3

3.1   Die Vorlage zum Torschuss

Ich hatte Anfang der 2000er Jahre einen regelmäßigen Austausch mit dem Verkaufsleiter eines niederösterreichischen Radiosenders, der das wichtigste Grundprinzip des Verkaufs mit zwei Sätzen auf den Punkt brachte.

„Ich kann Dir nichts verkaufen, wenn ich nicht weiß, ob Du überhaupt das benötigst, was ich anzubieten habe. Und deshalb muss ich ein paar Fragen stellen."

Durch dieses eine Grundprinzip entwickelte ich weitere – für mich neue – Grundprinzipien.

- „Ich kann einen Termin nur dann vereinbaren, wenn ich Dir im Telefonat einen relevanten Nutzen für das Treffen liefere."
- „Ich kann Deine Schmerzen und Ziele nur dann hören, wenn nicht ich, sondern Du als Kunde den Löwenanteil des Kundengesprächs führst."
- „Ich kann mit dem Kunden nur auf Augenhöhe sein, wenn ich im Gespräch und mit meinen Fragen das Vertrauen des Kunden zu mir aufbaue."
- „Ich kann Dich nur als Kunden gewinnen, wenn ich Dir im Vorfeld zielführende Fragen stelle und mein Angebot den direkten Bezug zu deinen Antworten widerspiegelt."
- „Ich kann Dich erst als Kunden gewinnen, wenn ich Dich vorher als Menschen gewonnen habe."

Das sind alles Grundprinzipien, die einer Wenn-Dann-Sonst-Formel in Excel gleichkommen. Und in der Tat hat der Verkauf jede Menge mit Mathematik und statistischen Wahrscheinlichkeiten zu tun. Denken Sie nur an die Quotenberechnungen.

Die Bedarfsanalyse ist in der Kaltakquise für mich persönlich der wichtigste Prozess im gesamten Verkauf.

Sein hoher Stellenwert begründet sich in seiner Zusammenführung und Verdichtung von Informationen, die für den weiteren Verkaufsverlauf und die erfolgreichen Abschlussargumentationsketten notwendig sind.

Dieses Kapitel gibt Ihnen die Antworten auf die nachfolgenden Fragen:

- Mit welchen Fragen zu Bedarf und Schmerz erhöhen sich die Chancen für einen Kundentermin?
- Wie schaffe ich es, dass ein wildfremder Entscheider mir seine Unternehmensziele detailliert mitteilt?
- Konzentriere ich mich aktuell zu sehr auf das Reden und viel zu wenig auf das Zuhören?
- Versteife ich mich zu sehr auf das *eine Angebot,* das ich dem Kunden verkaufen möchte und merke bei einer mangelhaft durchgeführten Bedarfsanalyse nicht, dass mein Angebot für das Kundenziel ungeeignet ist?
- Welche Fragetechniken sind in der Bedarfsanalyse geeignet, um den Kunden zu öffnen?

3.2   Seien Sie der Arzt

Die Bedarfsanalyse ist das Herzstück im Kundengespräch. Sie müssen die aktuellen Ziele und Schmerzen des Kunden unter die Lupe nehmen. Vergessen Sie nicht, dass ein Kunde nur dann kauft, wenn er etwas benötigt. No pain – no sale.

Positionieren Sie sich jetzt als Arzt, der den Patienten untersucht. Wenn der Patient dem Arzt mitteilt, dass er starke Rückenschmerzen hat, dann wird der Arzt sicher nicht sofort zum Rezeptblock greifen und ein Rezept ausfertigen. Zuerst muss der Arzt eine Untersuchung vornehmen. Aufgrund der Untersuchung wird die Diagnose erstellt und **erst danach** ein Rezept ausgestellt.

Keine Diagnose ohne Untersuchung.
Kein Rezept ohne Diagnose.

Gleichzeitig wird der Patient in den meisten Fällen die Diagnose und das Rezept nicht infrage stellen und beispielsweise nach blauen Tabletten fragen, weil ihm die grüne Farbe der verschriebenen Tabletten nicht gefällt. Der Arzt ist vom Fach. Genauso müssen Sie sich im

Verkauf positionieren. Sie sind vom Fach und haben nach der Bedarfsanalyse eine klare Empfehlung zu den „Schmerzen" des Kunden.

Übersicht

Kurz nachdem ich die Geschäftsführung eines Wiener Radiosenders übernahm, erhielt ich einen Anruf eines Mediaberaters von einer Tageszeitung. Auch wenn dieses Telefonat über 15 Jahre her ist, kann ich mich noch sehr gut an den Wortlaut erinnern.

Verkäufer: *„Grüß Gott, Herr McKenna. Mein Name ist Zeitungsverkäufer von der Zeitung XYZ. Schön, dass ich Sie am Telefon habe. Wir hatten mit Herrn Vorgänger einen Werbe-Rahmenvertrag im letzten Jahr für xx.xxx Millimeter vereinbart, die dann je nach Kommunikationsbedarf abgeschaltet wurden. Ich rufe an, um zu sehen, ob Sie das auch in diesem Jahr weiterführen möchten. Mit diesem Vertrag gewähren wir natürlich auch weiterhin sehr günstige Konditionen."*

Mein erster Gedanke: Bloß weg mit diesem Mediaberater. Seine Bedarfsanalyse drehte sich einzig und allein um die Fragestellung: „Haben Sie wieder Bedarf an xx.xxx *Millimeter?"*
Im Übrigen sind das die typischen Ego-Telefonate mit dem allergrößten Gesprächsanteil aufseiten des Verkäufers („Wir sind die Größten, wir haben den besten Preis, wir sind seit Jahren Marktführer").
Während des Telefonats stellte ich mir die einfache Frage: Wie profitiere ich als Kunde davon? Was ist da für mich drin? Dieses „Was ist für mich drin?" ist gleichzusetzen mit „Wo ist für mich der Nutzen?"
Die Geschichte geht weiter…
Mein Vorgänger hatte noch mit anderen Medien kooperiert. Der nächste Anruf ließ nicht lange auf sich warten:

Verkäufer: *„Grüß Gott, Herr McKenna. Mein Name ist Fachzeitschriftverkäufer vom Verlag XYZ. Wir kennen uns noch nicht persönlich. Mit Herrn Vorgänger hatten wir in der Vergangenheit einen Rahmenvertrag vereinbart, bei der Sie im vergangenen Jahr ein Anzeigenkontingent buchten und Anzeigen je nach Bedarf zu unterschiedlichen Themen in unserer Zeitschrift platzieren konnten. Ich rufe Sie an, weil ich gerne mehr über Ihre Kommunikationsziele in diesem Jahr erfahren möchte. Dann habe ich auch einen Blick dafür, ob und wie eine Kooperation zwischen Ihnen und unserem Verlag zustande kommen kann. Ist es für Sie möglich, dass wir einen kurzen Termin vereinbaren können, damit wir uns über Ihre geplanten Vorhaben unterhalten können?"*

Dieser Medienberater war für mich mit seinen Aussagen so auf dem Punkt, dass wir uns kurz danach zu einem Meeting trafen. Und eine weitere Jahreskooperation vereinbarten.

Merken Sie, wie leicht es ist, das Vertrauen in einem kurzen Verkaufstelefonat aufzubauen?

3.3   Mund halten und zuhören!

Diese Weisheit kennt jeder und sie sollte sich vor allem im Gesprächsanteil des Kunden zeigen.

Gemäß dem Motto: „Ein Verkäufer muss gut reden können – nicht viel", sollten Sie immer darauf achten, dass der Kunde einen deutlich höheren Gesprächsanteil hat. Schließlich soll der Kunde qualifiziert werden und Sie nicht Ihre Lebensgeschichte erzählen.

Natürlich ist Ihr Gesprächsanteil bei der Angebotsvorstellung höher als bei der Bedarfsanalyse und auf der Suche nach einer Faustformel stoße ich im Internet immer wieder auf die 30:70-Formel.

30 % Gesprächsanteil vom Verkäufer und 70 % vom Kunden. Das scheint in meinen Augen eine gesunde Relation zu sein. Belegen kann ich diese gesunde Relation nicht, aber immerhin besteht ein gutes Kundengespräch aus vielen Verkäuferfragen und Kundenantworten. Und die Kundenantworten sollten die Zeit dominieren.

Übersicht

In meiner Zeit bei einem Wiener Radiosender vereinbarte ich einen Termin mit dem Inhaber eines Bekleidungsunternehmens.

Nach dem Erstgespräch mit einem Handelsunternehmen für exklusive Herrenbekleidung bedankte sich der Inhaber für das wirklich tolle Gespräch. Gespräch? In Wahrheit war dieser Termin eher ein Monolog des Kunden, der mir neben der Beantwortung meiner Fragen auch seine gesamte Lebensgeschichte erzählte.

Ich merkte, dass der höhere Gesprächsanteil des Kunden sehr wohl ein positiver Aspekt in seiner Wahrnehmung war. Wenn ich schon wichtige Informationen vom Kunden sammeln möchte, dann hat die eigene Stimme einfach auch mal zu schweigen.

Auch die Kraft des aktiven Zuhörens und die richtige Fragestellung zeichnen einen guten Verkäufer aus.

3.4   Gewinnen Sie das Vertrauen des Kunden

Wenn Sie dem Kunden Fragen zu seinem Unternehmen stellen, signalisieren Sie gleichzeitig aktives Interesse am Kunden und an seinem Umfeld. Diese Interessensbekundung fördert vor allem das Vertrauen des Kunden in den Verkäufer.

Der Kunde kauft nicht von dem Unternehmen, das Sie vertreten. Er kauft von Ihnen als Person.

In der Geschäftswelt sind viele Produkte, Leistungen und Lösungen austauschbar. Vergleichbarer Preis, vergleichbare Qualität, vergleichbare Lieferzeit.

Da könnten Sie auch zum Wettbewerber gehen und häufig das vergleichbare Produkt bzw. die gleiche Lösung erwerben.

Je teurer und beratungsintensiver ein Produkt, eine Dienstleistung oder Lösung ist, umso stärker muss beim Kunden das positive Gefühl vorherrschen, dem richtigen Anbieter sein Geld und Vertrauen zu geben. Und hier geht es darum, dass Sie durch intelligente Fragen in die Kundenwelt eintauchen und verstehen, welche aktuellen Beweggründe und Ziele für den Kunden im Vordergrund stehen.

3.5   Wer fragt, der führt

In den letzten 20 Jahren bestand die Verkaufsphilosophie darin, die Kundenbedürfnisse zu erfragen und dann eine logische und sinnvolle Verknüpfung dieser Bedürfnisse mit den eigenen Angeboten herzustellen. Das ist klassischer lösungsorientierter Verkauf.

Es geht im Verkaufsgespräch darum, durch offene, geschlossene und hypothetische Fragen, Vertiefungsfragen, Sondierungsfragen, Zurückstellungsfragen und zahlreiche weitere Fragearten, den Kundenbedürfnissen auf den Grund zu kommen.

Aber was ist, wenn der Kunde nicht weiß, was er aktuell und dringlich benötigt?

Beispiel:
Eine Glaserei möchte ihren Umsatz im Privatkundensegment erhöhen. Im Gespräch mit dem Verkäufer nennt der Kunde die bislang umgesetzten Maßnahmen zur Erreichung seines Ziels: Zweimal pro Jahr schickt die Firma ein Mailing mit speziellen Angeboten an ihre Kunden. Zusätzlich schaltet sie zweimal im Jahr eine Kleinanzeige in der Wochenzeitung und verkauft selbstgeblasenen Weihnachtsbaumschmuck während der Weihnachtszeit. Der Weihnachtsbaumschmuck wird nicht extra beworben, weil er auf der Homepage der Firma abgebildet wird und bereits im Kundenmailing beworben wurde.

Der Verkäufer fragt, wie hoch der Stammkundenanteil am Gesamtumsatz sei. Durch nur diese einzige Fragestellung des Verkäufers ist zu erkennen, dass er ein vielfältigeres Problem hat, als er ursprünglich dachte: Der Kunde antwortet, dass weit über die Hälft des Gesamtumsatzes durch zwei Industriekunden erwirtschaftet würde.

Er hat ein dringlicheres Neukundenproblem, als ihm im Vorfeld bewusst war, denn mit seiner Mailingaktion kontaktiert er ausschließlich seine Bestandskunden, also diejenigen, die ihn bereits kennen. Das ist vergleichbar mit eingerahmten Urkunden von herausragenden Leistungen, die das Unternehmen im Verkaufsraum aufhängt. Sie werden nur von Personen wahrgenommen, die sich bereits entschieden haben, diese Firma aufzusuchen. Für die Neukundengewinnung müssen diese herausragenden Leistungen an neues Kundenpotenzial transportiert werden. Mit zwei Kleinanzeigen pro Jahr ist keine strategische Stoßrichtung zur Neukundengewinnung zu erkennen. Zudem ist seine Abhängigkeit von den Aufträgen zweier Großkunden überaus gefährlich.

Möchten Kunden von Verkäufern belehrt werden? Aber natürlich. Sie sind die Fachleute auf Ihrem Gebiet und haben Wichtiges mitzuteilen.

Genau das muss auch Ihr Selbstverständnis als Verkäufer sein: Sie sind der Arzt und geben dem Patienten eine eindeutige Empfehlung in Form eines Rezepts. Sie wissen um die Wirkung der unterschiedlichen Werbeformen. Viele Kunden nicht. Sie wissen, wie eine kreative Anzeige Aufmerksamkeit erzeugt. Die meisten Kunden nicht. Sie kennen die hohe Wirkung von Storytelling in einem Radiospot, bzw. die Gestaltungsrichtlinien einer wirkungsvollen Anzeige oder eines TV-Spots. Kaum ein Kunde weiß darum.

Sie sind der Spezialist für Onlinewerbung und wissen, wie Sie die aktuelle Onlinekampagne durch genaues Monitoring flexibel an potenzielle Kunden anpassen können. Das wissen die wenigsten regionalen Firmen.

Es ist wichtig, dass Sie als Spezialist den Finger in die Wunde legen und dem Kunden nach der Bedarfsanalyse mitteilen, dass er womöglich ein anderes Problem hat und womöglich ein ganz anderes Ziel verfolgen sollte.

Genau das stärkt das Ansehen des Verkäufers und der Kunde zuckt nicht, wenn der Verkäufer nach dem Auftrag fragt und die Hand aufhält.

Nicht das Fragen nach den Kundenbedürfnissen steht im Vordergrund. **Es ist das Erkennen und das Offenlegen der wahren Kundenbedürfnisse.**

Im Mediengeschäft ist die Frage nach dem Hauptziel in den folgenden sechs oder zwölf Monaten natürlich sehr sinnvoll, aber Sie dürfen sich als Verkäufer nicht mit der Antwort „mehr Umsatz, mehr Kunden, mehr Bekanntheit, höhere Auslastung" zufriedengeben. Das sind die gängigen Ziele, die wir im Kundengespräch immer wieder hören. Es ist keine Bedarfsanalyse notwendig, um herauszufinden, dass die Kunden wachsen möchten.

Geben Sie sich nicht mit ungenauen Kundenantworten zufrieden, weil der Interpretationsspielraum sehr groß ist und eine punktgenaue Diagnose samt „Rezept" nicht durchführbar ist. Jetzt könnten Sie entgegnen, dass das Ziel der Umsatzsteigerung, vielleicht sogar mit einer Quantifizierung von 10 %, als Zielinformation völlig ausreicht.

Jedoch sind hier noch einige Fragen offen:

- Wir wissen wir nicht, ob die Umsatzsteigerung einzig mit der Neukundengewinnung erfolgen soll.
- Wir wissen wir auch nicht, ob die Umsatzsteigerung mit einer speziellen Produktgruppe und somit mit einer bestimmten Zielgruppe generiert werden soll.

- Ist die 10 %ige Umsatzsteigerung durch die Bewerbung von Aktionen und saisonalen Highlights umzusetzen?
- In welchem Zeitraum soll der Umsatz um 10 % gesteigert werden?
- Ist das Ziel der Umsatzsteigerung auf den Mangel an Bekanntheit zurückzuführen?
- …

Sie merken anhand der unterschiedlichen Fragen, dass es verschiedene und stark voneinander abweichende Lösungs- und Kampagnenansätze zur Erreichung der Umsatzsteigerung von 10 % gibt. Während sich die Aktionsbewerbung auf saisonale Schwerpunkte – also auf das WANN – stützt, so wird sich eine Werbelösung zur Steigerung der Bekanntheit vor allem auf das WAS in der Kampagne konzentrieren.

Übersicht

Auf einer Medienveranstaltung in Wien lernte ich den Inhaber eines Bekleidungsunternehmens für exklusive Herrenmode kennen. Bislang hatte noch kein Mediaberater des Radiosenders um einen Termin gebeten und so freute ich mich, dass wir abends zusammenstanden und ins Gespräch kamen.

Natürlich bat ich ihn um einen Termin und war verblüfft über seine Antwort: „Jedes Mal bekomme ich die gleichen Fragen von den Mediaberatern gestellt. Da spielt es kaum eine Rolle, von welchem Medium sie kommen. Immer die gleichen Fragen. Ich nehme denen nicht ab, dass diese Fragen wirklich wichtig sind. Und ich muss ihnen immer das Gleiche erklären. Wann wir die Kollektionen bestellen, welche Saisons für uns besonders wichtig sind, wo wir werben, wer unsere Kernzielgruppe ist. Wissen Sie, was ich möchte? Endlich mal einen Mediaberater im Geschäft haben, der MIR mal etwas Neues und Wichtiges erzählt. Wenn er schon mit anderen Bekleidungsunternehmen zu tun hat, dann ist das doch auch für mich spannend zu sehen, welche Ziele sie verfolgen und vor allem wie sie diese Ziele durch Ihre Werbung auch erreichen."

Wenn die Information das wichtigste Gut für das Wachstum und die Entwicklung darstellt, dann ist es selbstverständlich, dass der Verkäufer über ein Grundwissen über die Branche des Kunden verfügt.

Ein gerne gesehener Verkäufer liefert seinen Kunden neue Informationen über deren Branche und punktet bei ihnen durch dieses Wissen. Er empfiehlt sich durch sein Know-how als Gesprächspartner auf Augenhöhe mit dem Kunden und gewinnt somit sein Vertrauen.

3.6   Top-Navi-Fragen in der Bedarfsanalyse

Die Bedarfsanalyse beim Erstgespräch dient als Sprungbrett zum Angebotstermin.

Wenn Sie die Ziele und Schmerzen des Kunden kennen und mit Ihren Angeboten die Mittel zur Schmerzlinderung haben, dann können Sie mit diesem Wissen deutlich einfacher einen Termin vereinbaren.

Die Hauptziele des Werbekunden sind:

- Umsatzsteigerung
- Neukundengewinnung
- Auslastungen optimieren (z. B. schwaches Saisongeschäft bei Hotels stärken)
- Aktionen bekanntgeben
- Neue Produkte bekanntmachen
- Neues Personal finden
- Bekanntheit steigern
- Lagerabverkauf

Hier meine persönliche Hitliste der Top-Navi-Fragen in der Phase der Bedarfsanalyse. Viele dieser Fragen müssen gar nicht gestellt werden, da sie aufgrund vorangegangener Antworten Ihres Kunden erörtert wurden.

1. Was ist Ihr wichtigstes Ziel in den kommenden 12 Monaten?
Was brennt dem Kunden tatsächlich unter den Fingernägeln? Gibt es bestimmte „Schmerzen", die er loswerden möchte?

Sie können den Kunden in die Kommunikationsrichtung leiten und ihm eine Auswahl an Antwortmöglichkeiten geben.

Beispiel:

Verkäufer: *„Wenn Sie an Ihr wichtigstes Unternehmensziel für die nächsten 12 Monate denken, was kommt Ihnen zuerst in den Sinn?"*

Kunde:	*„Neukundengewinnung und Personalrecruiting sind die wichtigsten Ziele, die wir in diesem Jahr verfolgen."*
Verkäufer:	*„Welches dieser beiden genannten Ziele ist Ihnen besonders wichtig?"*
Kunde:	*„Also, neue Kunden sind uns gerade jetzt ganz besonders wichtig. Wir brauchen aber zusätzliche Mitarbeiter, damit wir neue Kunden überhaupt beliefern können."*

So, jetzt kennen wir das Hauptziel: Neukundengewinnung
Und den Hauptschmerz: Nicht genügend Mitarbeiter

2. Können Sie mir das bitte etwas näher erläutern?
„Gesagt ist nicht verstanden."
Graben Sie nach weiteren Informationen zu den Zielen.

* Wie kann der typische Kunde beschrieben werden?
* Liegt die Suche nach neuen Kunden vielleicht in einer anders gearteten Problematik, z. B., dass die Stammkunden langsam älter werden und die Neukundenansprache in der Vergangenheit eher stiefmütterlich behandelt wurde?
* Für welche Berufsgruppe sucht er neue Mitarbeiter?
* Befindet sich die Firma im Expansionsprozess und benötigt sie deshalb neue Mitarbeiter?

3. Welche weiteren Ziele verfolgen Sie zusätzlich?
Bringen Sie Ihren Kunden zum Nachdenken und unterstützen Sie ihn bei Bedarf aktiv mit Beispielen.

Beispiel:

Verkäufer:	*„Viele vergleichbare Firmen aus Ihrer Branche veranstalten im Sommer ihren Lagerabverkauf, um Platz für die neue Herbstkollektion zu schaffen. Welche anderen Ziele verfolgen **Sie** außerdem? Die Steigerung Ihres Abverkaufs, oder andere Ziele?"*

4. Bis wann möchten Sie dieses Ziel spätestens erreichen?
Ein wichtiger Grund, warum der Kunde nicht kauft, liegt häufig darin, dass er die Zielerreichung oder die aktuelle Schmerzbeseitigung nicht als dringlich erachtet. Mit dieser Frage erfahren Sie, wie dringlich die Ziele tatsächlich für den Kunden sind.

Verkäufer: *„Wie schnell sind diese Ziele Ihrem Wunsch nach zu erreichen? Hat eines dieser Ziele derzeit die Top-Priorität?"*

Oder:

Verkäufer: *Nehmen wir einmal an, dass ich Ihnen eine Kommunikationslösung vorstelle, die sämtliche Ihrer Bedingungen erfüllt – wann würden Sie spätestens mit der Kampagne starten wollen?"*

Kunde: *„Sagen wir es mal so, wenn wir kein weiteres Personal finden, dann haben wir überhaupt nicht die Möglichkeit, neue Kunden aufzunehmen."*

Die Personalrekrutierung gestaltet sich in vielen Branchen zu einem ernstzunehmenden Engpass in der weiteren Entwicklung von Unternehmen. Fachpersonal ist rar gesät und dieser Mangel hemmt viele Unternehmen in ihrem Wachstum.

Mittlerweile gehört diese Kundenaussage zu den Klassikern in der Phase der Bedarfsermittlung. Wir erfahren in diesem Beispiel von zwei Zielen, die der Kunde scheinbar in zwei Stufen angehen möchte. Zuerst das Personal finden und dann erst Neukunden gewinnen. Somit kommen zwei zeitversetzte Kampagnenlösungen als Möglichkeit in Betracht. Nur wenn wir die Frage nach der Top-Priorität bei der Zielerreichung stellen, können wir auch deren Dringlichkeit ableiten.

5. Welche Maßnahmen wurden in der Vergangenheit getroffen, um das Ziel zu erreichen?
Wir müssen wissen, welche Werbemaßnahmen getroffen wurden und wie häufig bei welchem Medium geworben wurde.

Somit können wir sowohl die Werbeaffinität des Kunden als auch sein ungefähres Werbebudget ermitteln.

Verkäufer: *„Das ist interessant. Sagen Sie, was haben Sie in der Vergangenheit getan, um neue Mitarbeiter zu finden?"*

Kunde: *„Wir sind online regelmäßig in den Portalen abc und xyz mit unseren Anzeigen vertreten und platzieren unsere Anzeigen auch ab und zu im Wochenblatt und in der Tageszeitung."*

Verkäufer: *„Wie häufig schalten Sie eigentlich diese Stellenanzeigen im Jahr?"*

Diese Frage ist besonders wichtig, da Sie nun in etwa das verfügbare Werbebudget bestimmen möchten. Die Frage nach dem Werbebudget ist heikel, da der Kunde noch keine Berührungspunkte mit Ihnen hatte und ein Vertrauensverhältnis erst noch aufgebaut werden muss.

Mit den Tarifen auf den Webseiten der jeweiligen Medien lässt sich sehr schnell und vor allem sehr akkurat feststellen, über welches Mindestvolumen das Werbebudget des Kunden verfügt.

Nehmen wir einmal an, der Kunde hat 5× auf einem bedeutenden Anzeigenportal eine Stellenanzeige geschaltet. Dann sind das 5× mindestens z. B. 900 € pro Anzeige. Wird eine Anzeige genauso häufig in einer Tageszeitung geschaltet, dann kann sich das Budget je nach Anzeigengröße in Summe vervielfachen und das Budget hat ein Volumen von vielleicht 20.000 €. Reduzieren Sie diese Summe um den üblichen Rabatt der Mediengattung und Sie sind dem wahren Budget dicht auf den Fersen.

6. Wie gut haben diese Maßnahmen für Sie funktioniert?
Die Antwort des Kunden auf diese Frage entscheidet, welche Richtung Sie nun für die Terminvereinbarung einschlagen. Ist die Antwort negativ und die durchgeführten Maßnahmen führten lt. Kunden zu keinem Erfolg, so ist die spätere Frage nach dem Termin gänzlich anders begründet als bei einer positiven Antwort auf diese Frage.

Negativvariante – kein Werbeerfolg in der Vergangenheit erzielt

Verkäufer: *„Und wie sind Ihre Erfahrungen mit den Stellenzeitungen im Wochenblatt in der Tageszeitung und in den Onlineportalen?"*

Kunde: *„Sagen wir's mal so: Es war nicht gerade vom Erfolg gekrönt. Da ist noch viel Luft nach oben. Wir hatten kaum Resonanz. "*

Positivvariante – gute Werbeerfolge in der Vergangenheit erzielt

Verkäufer: *„Und wie sind Ihre Erfahrungen mit den Stellenzeitungen im Wochenblatt in der Tageszeitung und in den Onlineportalen?"*

Kunde: *„Wir sind sehr zufrieden mit der Resonanz und konnten sowohl mit der Tageszeitung als auch online einige offene Stellen besetzen. "*

7. Was macht Sie außergewöhnlich? – Die Frage zum USP

Unique Selling Points (USP) heben den einzigartigen Nutzen des Angebots hervor, den der Wettbewerber nicht liefern kann. Es ist das sogenannte Alleinstellungsmerkmal des Unternehmens. Auf den Punkt gebracht könnten Sie ein USP folgendermaßen formulieren: *Lieber Kunde, das was Du bei mir erhältst und der Wettbewerber nicht liefern kann, das ist …*

Wichtig ist vor allem, dass der Kunde darin auch einen wirklichen Nutzen sieht.

Die Frage nach dem USP ist insofern sehr wichtig, da er in der Kommunikationslösung die zentrale Rolle als Verkaufsargument übernimmt.

Denn wenn der Werbekunde weiß, dass seine Kunden seine Produkte zum Beispiel aufgrund eines außergewöhnlichen Service oder Designs kaufen, dann hat er genau den richtigen Köder für seine Werbeaktivitäten, um neue Kunden an Land zu ziehen.

Verkäufer: *„Bieten Sie Ihren Kunden etwas Außergewöhnliches, das kein anderer Wettbewerber bietet, und das von Ihren Kunden wirklich sehr geschätzt wird?"*

Kunde:	*„Wir haben vor einem halben Jahr unser Abrechnungssystem erweitert und unsere Restaurantgäste können jetzt auf Rechnung essen. Sie geben uns Ihre Kontaktdaten, wir schicken ihnen die Rechnung per E-Mail und sie überweisen uns den Betrag innerhalb einer Woche. Das hat sofort Anklang gefunden und wir haben unseren Umsatz mittlerweile um 15 % erhöhen können. "*

Häufig wissen kleine regional ansässige Firmen nicht, was ihr USP ist und wissen nicht, aus welchen Gründen Kunden bei ihnen kaufen und nicht den Wettbewerber bevorzugen. Dabei ist die Kenntnis des kaufrelevanten Alleinstellungsmerkmals der eigentliche Routenplan für Firmen mit Wachstumszielen. Sie gibt die Kommunikationsrichtung vor und stellt den eigentlichen „Reason why", also den Kaufgrund, dar. Gerade in wettbewerbsintensiven Branchen steigt die Bedeutung des USP, welche den idealen Kompass für ihre Kernaussage in der Werbung darstellt.

Im gesamten Prozess der Bedarfsanalyse richten Sie Ihr Navi nach den jeweiligen Antworten des Kunden aus. Einzig die Kenntnis des Bedarfs und der vorherrschenden Schmerzen geben Ihnen den genauen aktuellen Standort und den Zielort bekannt.

Sie kennen das Hauptziel des Kunden. Vielleicht verfolgt der Kunde gleichzeitig weitere Ziele, die gemeinsam mit dem Hauptziel zu erreichen sind oder einer zusätzlichen Route bedürfen. Aus diesem Grund ist die Bedarfsanalyse der wichtigste Prozess in der gesamten Verkaufsklaviatur.

Das Thema USP wird im weiteren Verlauf dieses Buches detaillierter behandelt.

3.7 Die Kraft der Fragen

In kaum einer Organisation sind Fragen so wichtig wie im Verkauf, weil sie den Umsatz unmittelbar beeinflussen. Anwälte und Ärzte werden frühzeitig in Fragetechniken geschult, da die Antworten ihre jeweilige Untersuchung, Strategie bzw. Diagnose maßgeblich steuern.

Fragenstellen bedeutet Informationsaustausch und gehört zu den wichtigsten Kommunikationselementen in der persönlichen und geschäftlichen Entwicklung. Entscheider stellen den gesamten Arbeitstag Fragen an Mitarbeiter, Lieferanten und Kunden, um Verbesserungen für ihr Unternehmen voranzutreiben und Risiken zu minimieren.

Fragen verstärken zudem die Beziehung und erhöhen das Vertrauen zueinander.

Wenn Sie mit Kunden schon länger kooperieren, dann kennen Sie durch Ihre im Vorfeld gestellten Fragen deren Ziele und Schmerzen, sie kennen ihre Erwartungshaltung sowie deren Wettbewerbsumfeld. Sie stehen regelmäßig mit ihnen in Kontakt, aktualisieren durch Fragen deren Bedarf und die Kunden haben das Gefühl, dass Sie wissen, welche Lösungen sie benötigen.

Mein persönliches Fragespiel für Kinder im Restaurant

Als meine Kinder noch im Kindergarten waren, spielte ich mit ihnen ein besonderes Fragespiel in Restaurants. Zuerst kramte ich etwas Kleingeld aus meiner Hosentasche, legte es vor mich und stellte ihnen eine Aufgabe zum Geldgewinn. Ihre Aufgabe war es, einen Restaurantgast oder eine Gruppe von Restaurantbesuchern anzusprechen und zu fragen, wie sie heißen, wo sie wohnen und was sie zu essen bestellt haben.

Sie können es sich sicherlich vorstellen, wie aufregend eine derartige Aufgabe für Kinder ist.

Zuerst gilt es, den inneren Schweinehund zu überwinden, der ihnen einflüstert, dass man so etwas doch nicht macht. Aber dann die 50 Cent auf dem Tisch, den ich manchmal sogar verdoppelte, um ihre Entscheidung zu beeinflussen. Noch interessanter ist es, wenn die Aufgabe erschwert wird und darin besteht, einer Person mitzuteilen, dass sie „echt toll" aussieht und sie dann nach dem Namen zu fragen.

Was eigentlich wie eine kleine Mutprobe aussieht, ist nichts anderes als eine praktische Schulung für die Kraft der Kommunikation „Fragst Du nicht – kriegst Du nicht." Und das mit doppelter Sinnhaftigkeit: Einmal bekamen unsere Kinder Geld für das Fragen und erhielten zusätzlich auch die von ihnen gewünschten Informationen.

Meine Frau und ich beobachteten die Szenen und wir waren oft sprachlos, mit welchen Informationen unsere Kinder wieder an unseren Tisch zurückkamen. Zugegebenermaßen haben sie den Leuten manchmal gesagt, es sei eine Mutprobe und zeigten auch mit den Fingern auf uns. Da konnten wir ihnen nur noch verstohlen zuwinken und die Befragten gaben unseren Kindern bereitwillig und mit Spaß die Antworten.

> Zum damaligen Zeitpunkt war dieses Spiel wirklich nichts anderes als eine witzige Mutprobe aber in den folgenden Jahren verstand ich die herausragende Bedeutung vom oftmals genutzten Spruch: Fragst Du nicht – kriegst Du nicht.

3.8 Der Beliebte stellt viele Fragen

Im Rahmen der Aktualisierung meiner Trainingseinheiten stieß ich auf eine überaus interessante Studie zu Fragen, die die Harvard University im September 2017 im Journal of Personality and Social Psychology veröffentlichte. In dieser Studie wurde anhand von Speed-Dating analysiert, welcher Einfluss die Anzahl von Fragen auf ein zweites Date hat. (Huang et al., 2017)

Das Ergebnis dieser Studie zeigt den eindeutigen Trend, dass mit der steigenden Anzahl der gestellten Fragen auch die Wahrscheinlichkeit auf das 2. Date stieg.

Somit werden zwei Grundfunktionen der Fragen deutlich: Zum einen dient das Fragenstellen der Informationsgewinnung, zum anderen erhöht sich die Zuneigung des Antwortenden zum Fragenden.

Warum steigt die Zuneigung mit der Anzahl der Fragen? Laut einer Studie (Dunbar et al., 1997) reden Menschen im Schnitt in zwei Dritteln der Gesprächszeit über ihre eigenen Meinungen und Erfahrungen.

Wenn ein Gesprächspartner also viele Fragen stellt, dann lädt er sein Gegenüber dazu ein, genau das zu tun, was er sowieso gerne mag. Über sich selbst reden. Und das macht den Fragenden sympathisch.

3.9 Distanzzonen nach Edward T. Hall – Jede Frage zu seiner Zeit

Die altbekannte Weisheit – wer fragt, der führt – beschreibt zahlreiche Facetten in der Kunst der Fragestellung.

Zusätzlich sehe ich in der Weisheit eine neue Lesart: „Wer fragt, der führt. Wer darauf antwortet, möchte folgen."

Ich führe mit meinen Fragen das Gespräch in eine gewünschte Richtung. Gleichzeitig müssen die Fragen dazu einladen, dass der Antwortende auch gerne dieser Route folgt.

Daher sollten Sie bei der Auswahl der Fragen immer darauf achten, dass Sie damit dem Gesprächspartner nicht auf die Füße treten. Je besser Sie eine Person kennen, umso direkter und persönlicher können Sie Ihre Fragen formulieren. Zur Veranschaulichung möchte ich gerne die Beschreibung der Distanzzonen heranziehen.

Die Distanzzone definiert den räumlichen Abstand einer Person zu einer anderen, damit sich diese Person nicht bedrängt bzw. unwohl fühlt. Der amerikanische Anthropologe Edward T. Hall (Hall, 1976) ermittelte vier Distanzzonen, in denen der Abstand zur anderen Person mit dem Grad des Miteinanderbekanntseins abnimmt. Je näher man sich kennt, umso geringer ist die Distanzzone zwischen den Personen.

Die vier Zonen im Überblick:

1. In der öffentliche Distanzzone fühle ich mich bei einem Abstand von über 3,6 m zur unbekannten Person wohl.
2. Die soziale Distanzzone bemisst den Wohlfühlabstand mit 1, 2 bis 3 m. Es handelt sich auch um unbekannte Personen, jedoch kommuniziere ich mit ihnen auf eher unpersönliche Art. Orte für die soziale Distanzzone sind zum Beispiel Geschäfte, Restaurants oder Branchentreffs.
3. Freunde und Familie bewegen sich in der persönlichen Distanzzone mit einem Abstand von 0,6 bis 1,2 m.
4. Die intime Distanzzone kommt mit gerade mal mit bis zu 60 cm Distanz aus. Dieser Raum ist reserviert für wirklich gute Freunde und Menschen, die wir lieben. Da fühlen wir uns wohl. Auch bei Körperkontakt.

Die meisten von uns durchlaufen beim Kennenlernen unseres zukünftigen Partners alle vier Distanzzonen. Und wir würden beim ersten Treffen sicher nicht von Kinderwunsch und Herpesblasen reden. Das ist einfach zu intim.

Genauso verhält es sich beim Kaltakquise-Telefonat. Wenn Sie den Entscheider im Erstgespräch zuerst nach der Höhe seines Werbebudgets fragen, dann wird das vermutlich die Antwort sein: klick. Hier ist der Distanzabstand zu gering für den Kunden.

In einem Kennenlerndate beginnen wir ja auch mit unverfänglichem Austausch.

Erst nach der Kennenlernphase haben wir die ersten Informationen über sie oder ihn und über die Ziele und Schmerzen dieser Person und können langsam tiefer graben. Dig deeper.

Stellen Sie die richtigen Fragen zum richtigen Zeitpunkt. Das führt das Verkaufsgespräch in die von Ihnen gewünschte Richtung und der Kunde dankt es Ihnen mit qualifizierten Antworten.

Sie kennen den Spruch: Es gibt keine dummen Fragen. Nur das Timing sollte richtig sein. Je besser das Timing, umso besser sind die Antworten des Kunden.

Sämtliche Fragen in meinen Gesprächsleitfäden verfolgen diese Strategie: Vom Generellen und Unverfänglichen bis hin zu den eigentlichen Schmerzen und Zielen. Und zwar Schritt für Schritt.

3.10 Fragetechniken im Verkaufsgespräch

Fragetechniken sind offene oder geschlossene Fragestellungen, die das Ziel der Informationsgewinnung und der Gesprächssteuerung verfolgen.

Offene Fragen
Offene Fragen ermöglichen Antworten, die nicht auf ein Ja oder Nein reduziert sind. Diese werden im Allgemeinen auch als W-Fragen bezeichnet. Sie öffnen den Kunden und motivieren ihn zur ausführlichen Beantwortung der Fragen und geben somit wertvolle Informationen preis.

- Wer ...ist noch an Marketingentscheidungen involviert?
- Wie ...ist Ihre derzeitige Wettbewerbssituation zu beschreiben?
- Womit ...kann ich Sie unterstützen?
- Wann ...soll Ihre Kampagne spätestens beginnen?
- Worin ...unterscheidet sich Ihr Unternehmen vom Wettbewerber?
- Woran ...erkennen Sie, ob die Kampagne erfolgreich für Sie war?

- Welche …Werbemaßnahmen haben Sie früher durchgeführt?
- Was …muss unsere Lösung für Sie erreichen, damit sie erfolgreich ist?

Geschlossene Fragen
Mit geschlossenen Fragen geben Sie die reduzierten Antwortmöglichkeiten
„ja, nein, ich weiß nicht, es kommt darauf an" vor.
Sie kommen dann zum Einsatz, wenn Sie beispielsweise mit einer Bestätigungsfrage

- sicherstellen möchten, dass Sie den Kunden verstanden haben:
  „Wenn ich Sie richtig verstanden habe, brauchen Sie…, ist das richtig?"
- nach einer raschen und verbindlichen Entscheidung fragen:
  „Wenn wir uns beim Preis einigen, kommen wir dann ins Geschäft?"
- in die nächste Gesprächsphase wechseln möchten:
  „Haben Sie abschließend noch weitere Fragen zu diesem Thema?"

Sollten Sie auf eine Frage ein „nein" oder „es kommt darauf an" hören, dann sollten Sie sofort mit einer offenen Frage darauf reagieren.

- *Verkäufer:*   *„Wenn wir uns beim Preis einigen, kommen wir dann ins Geschäft?"*
- *Kunde:*   *„Das kann ich Ihnen noch nicht sagen."*
- *Verkäufer:*   *„Frau Schulze, welche weiteren offenen Punkte müssen noch zu Ihrer Zufriedenheit geklärt werden, damit Sie sich für diese Problemlösung entscheiden würden?"*

Die nachfolgende Liste stellt die am häufigsten verwendeten Frageformen samt ihrer Einsatzzeit im Gesprächsverlauf dar. Hier möchte ich wieder auf den Navi-Gedanken verweisen, da Fragen zum falschen Zeitpunkt auch in eine Sackgasse führen können. So kann beispielsweise die direkte Frage nach dem verfügbaren Werbebudget zu Unverständnis des Kunden führen und den weiteren Gesprächsverlauf negativ beeinflussen.

Die Erlaubnisfrage

- *Verkäufer:* „*Guten Tag Frau Schulze, mein Name ist Verkäufer von Media XYZ.*"
- *Kunde:* „*Guten Tag.*"
- *Verkäufer:* „*Frau Schulze, wenn es für Sie in Ordnung ist, möchte ich mich kurzfassen und sofort ins Thema einsteigen.* **Ist das ok für Sie?**"

Einsatz: Telefonischer Gesprächseinstieg mit dem Kunden.

- *Verkäufer:* „*Die Vorstellung unserer Werbelösung ist ja nur dann sinnvoll, wenn sie auch Ihre aktuellen Ziele unterstützt. Und da habe ich zwei drei Fragen an Sie.* **Darf ich sie kurz stellen?**"

Einsatz: Erneutes Signal, dass wir die Zeit des Kunden nicht zu sehr beanspruchen möchten.

Die Alternativfrage

Mit der Alternativfrage stellen Sie dem Kunden Alternativen zur Auswahl, aus denen er seinen Favoriten auswählen kann. Der Schlüssel an der Alternativfrage liegt in der Verknappung der Alternativen. Geben Sie dem Kunden nur zwei bis maximal drei Alternativen, aus denen er wählen kann.

- *Verkäufer:*
  - „*Wann passt Ihnen ein Treffen mit mir am besten? Am Donnerstag um 17 Uhr oder am Freitag um 12 Uhr?*"
  - „*Zu welchem dieser beiden Angebote tendieren Sie mehr? Zum kleineren Basisangebot, oder zu dem erweiterten Angebot mit dem schnelleren Reichweitenaufbau?*"

Einsatz: Die Alternativfrage kommt vor allem bei der Terminvereinbarung und beim Verkaufsabschluss zum Einsatz.

Die Vertiefungsfrage

Wenn Sie den Kunden nach seinen Zielen in den kommenden 12 Monaten fragen, beantwortet dieser diese Frage zum Beispiel mit der Steigerung seines Neukundengeschäfts. Springen Sie jetzt nicht gleich zum nächsten Thema, denn Sie brauchen mehr Fleisch, um diese Antwort zu präzisieren. Sie möchten weiterführende Informationen haben und wissen, welche Zielgruppe er überhaupt ansprechen möchte, wie lange er dieses Ziel verfolgt, welche Maßnahmen er in der Vergangenheit ergriffen hat, um dieses Ziel zu erreichen, ob er mit diesen Maßnahmen erfolgreich war, auf welche Werbemedien er gesetzt hat, und, und, und.

- *Verkäufer:*
  - *„Wenn Sie die Neukundengewinnung als Hauptziel angeben, können Sie mir das bitte näher erläutern?"*
  - *„Wie sieht denn Ihr typischer Neukunde aus? Jung, alt, …? Können Sie ihn etwas genauer beschreiben?"*
  - *„Was im Einzelnen meinen Sie, wenn Sie sagen, dass unser Medium für Ihre Werbeaktivitäten nicht in Frage kommt?"*

Einsatz: Die Vertiefungsfrage kommt hauptsächlich in der Phase der Bedarfsermittlung zum Einsatz, um tieferliegende Motive zu erkennen und ungenaue Aussagen zu konkretisieren. Wie im obigen Beispiel kann sie auch bei Einwänden ins Spiel kommen, um weitere Klarheit zum Einwand zu erlangen.

Die weiterführende Frage

Das Ziel der weiterführenden Frage liegt in der Aufdeckung weiterer Ziele und Schmerzen des Kunden. Erfahrungsgemäß verfolgen Firmen zusätzliche Ziele parallel, die vielleicht nicht die Priorität des Hauptziels haben, aber sinnvoll in einer Kommunikationslösung verbunden werden können. So kann neben dem Ziel der Bekanntheitssteigerung auch der Lagerabverkauf oder die Auslastungssteigerung in umsatzschwachen Monaten im Fokus des Kunden stehen. Wenn Sie aufgrund Ihrer Kundenstruktur über ein großes Know-how in dieser Branche verfügen, können Sie in der weiterführenden Frage Zielbeispiele anderer Branchenvertreter einfließen lassen.

- *Verkäufer:*
  - *„Einige Ihrer Branchenkollegen legen zusätzlich großen Wert auf eine höhere Auslastung in den Sommermonaten. Welche Ziele verfolgen sie eigentlich neben der Bekanntheitssteigerung?"*
  - *„Welche weiteren Informationen benötigen Sie sonst noch, um sich für unsere Kommunikationslösung zu entscheiden?"*

Einsatz: Weiterführende Fragen finden ihren Einsatz in der Bedarfsanalyse, der Einwandbehandlung und im Verkaufsabschlussgespräch.

Die Kaufbereitschaftsfrage

Nachdem Sie die Bedarfsanalyse durchgeführt haben, können Sie die Kaufbereitschaft des Kunden prüfen. Stellen Sie die Frage nach der Terminvereinbarung mit dem Kunden, um zu prüfen, wie ernst seine Kaufabsicht überhaupt ist. Bei dieser Fragetechnik handelt es sich um eine geschlossene Frage.

Sollte die Frage mit „Nein" oder „Kommt darauf an" beantwortet werden, dann fragen Sie nach den Voraussetzungen für eine positive Kaufentscheidung.

Weitere Informationen zur Kaufabsicht finden Sie im der Straße Nr. 10 beim Thema der Preisverhandlung.

- *Verkäufer:*
  - *„Angenommen, wir können in unserem Angebot Ihre Anforderungen hinsichtlich des Bekanntheitsaufbaus für Ihre neue Filiale und der Auslastungssteigerung Ihres Cafés erfüllen, sind wir dann Partner?"*
  - *„Vorausgesetzt, wir finden eine Lösung für Ihre Preisvorstellung, kommen wir dann als Partner zusammen?"*

Einsatz: Neben der Fragestellung direkt nach der Bedarfsanalyse bzw. nach der Terminvereinbarung eignet sich ihr Einsatz in der Phase der Bedarfsanalyse.

Die Erkundungsfrage

Die Bedarfsanalyse beginnt mit einer Erkundungsfrage, deren Antwort die Basis für alle darauffolgenden Fragen in der Ermittlungsphase ist. Sie holen den Kunden gedanklich ab und stimmen ihn auf die Welt der Kommunikation ein. Einstimmen heißt nicht überfordern und zur höchsten Denkleistung peitschen. Vergleichen Sie dieses Einstimmen mit der 50 €-Frage bei „Wer wird Millionär?". Natürlich sprechen Sie mit der Erkundungsfrage ein überaus wichtiges strategisches Thema an. Sie müssen sich jedoch keine Gedanken machen, dass der Kunde sich dieser Antwort verweigert. Immerhin gehört es zur Normalität, dass diese Fragen in B-to-B-Verkaufsgesprächen thematisiert werden.

- **Verkäufer:**
  - *„Welches ist Ihr größtes und vielleicht dringlichstes Ziel, dass Sie in den nächsten 12 Monaten für Ihre Firma erreichen möchten?"*
  - *„Welche weiteren Ziele verfolgen Sie sonst noch?"*
  - *„Welche Bedingungen müssen in dem Angebot erfüllt sein, dass Sie dieses Angebot kaufen?"*

Einsatz: Die Erkundungsfrage kann in sämtlichen Phasen des Verkaufsgesprächs eingesetzt werden.

Die begründete Erkundungsfrage

Es ist in einigen Situationen hilfreich, dem Kunden einen plausiblen Grund für Ihre Frage zu nennen. Sie signalisieren ihm, dass Sie zukunftsorientiert denken und für sämtliche Eventualitäten gewappnet sind.

- *Verkäufer:*
  - „In welchen Regionen möchten Sie Ihre Zielgruppe hauptsächlich erreichen? Ich frage deshalb, weil wir beim Programmatic Advertising ein Target-Kriterium mit Ihren Kernregionen definieren und somit punktgenau Ihr Angebot an Ihre Zielgruppe richten können."
  - „Möchten Sie bereits im nächsten Monat mit Ihrer Kampagne starten oder soll es im September losgehen? Ich frage deshalb,

weil wir im nächsten Monat noch den Sonderrabatt von 10 % für Neukunden anbieten. Für den September haben wir abweichende Sondertarife."

Einsatz: Die begründete Erkundungsfrage kommt vor allem im Vorfeld der Angebotsbesprechung, also bei der Bedarfsermittlung, und in der Phase des Verkaufsabschlusses zur Anwendung.

Die Meinungsfrage

Eine Fragetechnik, die in keinem Verkaufsgespräch fehlen darf, ist die Meinungsfrage. Mit ihr provozieren Sie Kaufsignale, mit der Sie per Abkürzung den Verkaufsabschluss ansteuern können.

* *Verkäufer:*
  - *„Wie hört sich das für Sie an?"*
  - *„Was sagen Sie zu diesem Angebot?"*
  - *„Was halten Sie davon?"*

Einsatz: Die Meinungsfrage wird häufig nach der Nutzenargumentation bei der Angebotsvorstellung eingesetzt. Wenn das Angebot die Erreichung mehrerer Zielaspekte ansteuert, ist es ratsam, die Meinungsfrage häufiger zu stellen.

Die rhetorische Frage

Vergessen Sie bei dieser Fragetechnik meinen Eingangssatz zu diesem Kapitel, dass Fragen zur Informationsgewinnung eingesetzt werden.

Rhetorische Fragen transportieren die Meinung des „Fragenstellers" und dienen der Beeinflussung des Befragten. Ich nenne diese Fragetechnik auch die „Eh-klar-Technik", weil die Antwort bereits in der Frage vorgegeben wird und auf die „Frage" keine Antwort erwartet wird. Während der Kunde bei den meisten Fragen im Mittelpunkt steht, wird bei der rhetorischen Frage das Angebot und der Verkäufer in den Fokus gestellt.

- *Verkäufer:*
  - *„Habe ich es Ihnen nicht gleich gesagt, dass dieses Angebot einen unschlagbaren Preis hat?"*
  - *„Möchten Sie bei diesem Preis-Leistungs-Verhältnis wirklich noch nachdenken?"*
  - *„Was könnten Sie jetzt noch machen, um Ihr Neukundengeschäft noch effizienter anzukurbeln?"*
  - *„Wie kann man zu einem solchen Angebot noch Nein sagen?"*

Einsatz: Die Verwendung einer rhetorischen Frage hat seine Grenzen, da sie vom Kunden als Manipulationsversuch verstanden werden kann, was das Vertrauen des Kunden nachhaltig beschädigen kann. Der Einsatz von rhetorischen Fragen ist im Verkaufsgespräch kritisch zu betrachten, weil sie die Meinung des Kunden beeinflussen möchte.

Die Suggestivfrage

Im Gegensatz zur rhetorischen Frage erwarten Sie bei der Suggestivfrage eine Antwort. Diese wird jedoch wie bei der rhetorischen Frage von Ihnen vorgegeben und vom Kunden häufig als manipulativ empfunden, da diese Fragetechnik häufig verwendet wird, um den Kunden zu überreden.

- *Verkäufer:*
  - *„Finden Sie nicht auch, dass dieses Angebot perfekt auf Ihre Bedürfnisse zugeschnitten ist?"*
  - *„Sie möchten doch sicherlich auch, dass die Kommunikationslösung bares Geld für Sie in die Kasse schwemmt, nicht wahr?"*
  - *„Wer kann da noch „nein" sagen, bei diesem Angebot?"*
  - *„Also, wenn Sie mich fragen, dann finde ich die erste Angebotsoption am besten, Sie nicht auch?"*

Einsatz: Die Verwendung einer Suggestivfrage hat zwar seine Grenzen, jedoch ist ihr Einsatz im Verkaufsgespräch legitim, wenn Sie im Verkaufsgespräch zwar eine klare Antwort vermuten, aber abweichende

Antworten durchaus möglich sind. Sie entschärfen das Manipulative in der Frage, wie folgendes Beispiel veranschaulicht:

Wenn der Preis also Ihren Vorstellungen entspricht und Sie, wie Sie sagten, von unserer Lösung sehr angetan sind, dann spricht nichts mehr gegen eine Partnerschaft, oder doch?

Alleine dieses kleine Wörtchen „doch" am Ende der Frage motiviert den Kunden zum Nachdenken. Vielleicht muss der Kunde eine finale Rücksprache mit seinem Partner oder Kollegen halten.

Literatur

Dunbar, R. I. M., Marriott, A., & Duncan, N. D. C. (1997). Human conversational behavior. *Human nature, 8,* 231–246. https://doi.org/10.1007/BF02912493.

Hall, E. T. (1976). *Die Sprache des Raumes* (S. 118 ff.). Schwann.

Huang, K., Yeomans, M., Brooks, A. W., Minson, J., & Gino, F. (2017). It doesn't hurt to ask: Question-asking increases liking. *Journal of Personality and Social Psychology, 113*(3), 430–452.

4

Geben Sie Gas – Die Terminvereinbarung

Zusammenfassung Je höher die Investitionsleistung, umso mehr braucht der Kunde das gute Gefühl beim Kauf einer Lösung. Also das gute Gefühl, beim RICHTIGEN Dienstleister das RICHTIGE Produkt erworben zu haben. Aus diesem Grund ist der persönliche Kontakt zum Kunden im B-t-B-Geschäft besonders wichtig und gehört zur wichtigsten Kennziffer im Verkaufserfolg. Der Kundentermin ist eine hervorragende Plattform, um den Beziehungs- und Vertrauensaufbau zum Kunden durch den persönlichen Kontakt von Mensch zu Mensch zu vertiefen. Nachfolgend werden in diesem Kapitel unterschiedliche Techniken zur erfolgreichen Terminvereinbarung vorgestellt.

Die Terminvereinbarung ist die nächste wichtige Etappe auf dem Weg zum Auftrag. Vergleichen Sie die Terminzusage mit einem Zwischenstopp bei einem „Point of Interest", also beispielsweise einer Tankstelle. Bei der Terminvereinbarung müssen Sie insofern Gas geben, weil Sie diesen Zwischenstopp so schnell wie möglich meistern möchten. Mit der telefonischen Bedarfsanalyse haben Sie den Potenzialkunden entweder für das nächste Etappenziel „Termin" qualifiziert oder als ein für

© Der/die Autor(en), exklusiv lizenziert an Springer Fachmedien Wiesbaden GmbH, ein Teil von Springer Nature 2022
R. McKenna, *Das Verkaufsnavi für Medienberater,*
https://doi.org/10.1007/978-3-658-37704-5_4

weitere Verkaufsmaßnahmen nicht geeignetes Unternehmen disqualifiziert.

Genau jetzt geben Sie dem Telefonat einen Sinn und können nach dem „verbindlichen" Termin fragen. Sie kennen den Hauptschmerz, die Dauer des Schmerzes und vor allem wissen Sie, mit welchen Medien der Kunde welchen Erfolg bei der Schmerzbeseitigung hatte. Sie kennen sogar die grobe Höhe des Werbebudgets, wenn Sie im Internet nach mm-Preisen, Sekundenpreisen im Radio/TV und/oder die Preise für digitale Stellenanzeigen auf Onlineportalen recherchieren.

Bei der Terminvereinbarung muss die Verbindlichkeit des Termins hervorgehoben werden. Sie möchten im Vorfeld wissen, ob der Kunde positiv auf ein perfektes Angebot beim Termin reagieren wird. Jede Terminvereinbarung kostet Sie wertvolle Zeit, die natürlich so lohnenswert wie möglich eingesetzt werden muss.

Wie bei Ihrer Routenplanung im Navi werden nicht alle möglichen Hindernisse beim Start aufgeführt. Auf diese wird erst dann hingewiesen, wenn sie tatsächlich entstehen. Daher lassen Sie uns die nachfolgenden Techniken in einer „perfekten Welt" durchgehen, und lassen Sie uns annehmen, dass der Kunde dem Termin sofort zustimmt. Im nächsten Kapitel machen wir dann den sogenannten Reality Check mit der Einwandbehandlung.

4.1   Terminvereinbarung mit Referenztechnik

Diese Technik eignet sich hervorragend zur Terminvereinbarung, wenn der Kunde keinen bzw. nur einen mäßigen Werbeerfolg in der Vergangenheit erzielt hat. Die Voraussetzung der Nutzung der Referenztechnik ist jedoch, dass Sie dem Kunden beim Termin Beispiele erfolgreicher Kampagnen mit deckungsgleichen Kommunikationszielen vorstellen können. Diese Technik ist also nur zu nutzen, wenn Sie tatsächliche Erfolgsstorys vorzuweisen haben.

Verkäufer: *„Und wie sind Ihre Erfahrungen mit den Stellenzeitungen im Wochenblatt, in der Tageszeitung und auf Onlineportalen?"*

Kunde: *„Sagen wir's mal so: Es war nicht gerade vom Erfolg gekrönt. Da ist noch viel Luft nach oben. Wir hatten kaum Resonanz."*

Verkäufer: *„Frau Schulze, vielen Dank für Ihre Informationen. Genau zu Ihren Zielen – Personalsuche und Neukundengewinnung – haben wir übrigens sehr gute Erfolge für zahlreiche Firmen durch unsere Kommunikationslösungen erzielen können. (Auch für Unternehmen in Ihrer Branche.) Wie sieht denn der Mittwochnachmittag in der nächsten Woche bei Ihnen aus, damit ich Ihnen diese Lösungen vorstellen kann? Bei mir ginge dann auch noch der Freitag um 14 Uhr."*

Kunde: *„Also Freitag um 14 Uhr geht bei mir."*

> **Vergessen Sie nicht zu fragen, ob noch weitere Entscheider im Unternehmen des Kunden am Termin teilnehmen können. Wenn es mehr als einen Entscheider gibt, sollen natürlich alle an dem Termin teilnehmen**
>
> Der Vorteil ist, dass der teilnehmende Entscheider das Angebot nicht im Nachgang und im Hinterzimmer mit anderen Entscheidern bespricht. Dann haben Sie die entscheidende Besprechung nicht im Griff und über das Angebot kann einzig durch den Preis entschieden werden. Der fehlende Entscheider wird Ihre Performance und Ihre Argumentationskraft nicht mitbekommen und wird somit auch nicht von Ihrer Begeisterung angesteckt.

Verkäufer: *„Prima. Das Gespräch wird nicht länger als 45 min dauern. Gibt es noch andere Mitarbeiter bei Ihnen, die an Entscheidungen zu Kommunikationsmaßnahmen involviert sind?"*

Kunde: *„Nein, ich mache das alleine."*

Verkäufer: *„Wenn ich Ihnen bei unserem Treffen eine Kommunikationslösung vorstelle, und Sie sehen, dass Sie sämtliche Ziele damit perfekt umsetzen können, was könnte Sie daran hindern, sich für dieses Angebot zu entscheiden?"*

Mit dieser Frage loten Sie das Interesse des Kunden und Ihre Erfolgschancen aus. Sie decken aber auch proaktiv mögliche Einwände auf, die Ihnen beim Termin begegnen werden. Wenn der Kunde Ihnen einen Einwand nennt, dann behandeln sie diesen sofort.

Kunde: *„Na ja, ich kenne es ja noch gar nicht. Der preisliche Rahmen müsste schon eingehalten werden."*

Verkäufer: *„Auf Basis unseres Gesprächs über Ihre vergangenen Werbeaktivitäten, denke ich, dass Sie mit Print und Online ein Budget von zirka 12.000 € zur Verfügung hatten. Ist das der ungefähre Rahmen, in dem wir uns preislich bewegen müssten?"*

Kunde: *„Alles über 10.000 € müsste schon sehr große Vorteile für uns bringen."*

Verkäufer: *„Dann halten wir die 10.000 € als Benchmark für das Angebot fest. Ich freue mich darauf, Sie am kommenden Freitag um 14 Uhr persönlich kennen zu lernen. Sie erhalten noch eine kurze E-Mailbestätigung zu unserem spannenden Termin von mir. Auf Wiederhören."*

Häufig gibt der Kunde eine schwammige Antwort („Warten wir erst einmal ab, was Sie uns anbieten. Dann reden wir weiter."). Kommentieren Sie diese Antwort mit dem zeitlichen Aspekt.

Verkäufer: *„Es ist mir sehr wichtig, dass wir beide das Beste aus unserer kostbaren Zeit machen. Ich freue mich darauf, Sie am kommenden Freitag…"*

Übersicht

Mit der Referenztechnik nutzen Sie eine der glaubwürdigsten Techniken, um den Termin zu vereinbaren.

Immerhin haben andere Unternehmen mit der Werbelösung genau diese Ziele erreicht, die Ihr Kunde während der Bedarfsanalyse genannt hat.

Im obigen Beispiel haben wir uns mit der Terminvereinbarung bei einer negativen Antwort auf unsere Frage, wie zufrieden der Kunde mit den bisherigen Werbemaßnahmen sei, befasst.

Widmen wir uns nun der positiven Aussage des Kunden zu den bislang erfolgten Werbemaßnahmen.

4.2 Terminvereinbarung mit der Annahmetechnik

Nicht selten schließen Medienunternehmen Rahmenverträge ab, demzufolge ein Kunde aufgrund der Bindung mit dem Lieferanten seine Kommunikationsstrategie nicht kurzfristig ändern kann. Auch wenn der Kunde unzufrieden mit dem Kampagnenergebnis ist. In den meisten Fällen haben kleine regional tätige Firmen keine Rahmenverträge.

Ist der Kunde mit seinem bisherigen Mediamix zufrieden, dann macht ein Termin mit ihm nur dann einen Sinn, wenn Sie ihn mit Ihrer Lösung noch zufriedener stellen. Bieten Sie exakt eine vergleichbare Leistung zu einem vergleichbaren Preis an, fehlt dem Kunden die Motivation zur Terminvereinbarung mit Ihnen. Deshalb muss der Einsatz Ihres Werbemediums mit einem Mehrwert für den Kunden verbunden sein. Womöglich kann der Kunde seine Zielgruppenansprache weiter maximieren und die Werbebotschaft noch schneller in deren Köpfen verankern. Oder die gleiche Leistung zu einem niedrigeren Preis erhalten.

Verkäufer: *„Und wie sind Ihre Erfahrungen mit den Stellenzeitungen im Wochenblatt, in der Tageszeitung und auf Online-portalen?"*

Kunde: *„Ich war positiv überrascht, wie gut die Stellenanzeigen online und im Print für mich funktionieren."*

Verkäufer: *„Frau Schulze, vielen Dank für Ihre Informationen. Viele unserer Kunden setzen neben der Radiowerbung*

> *zusätzlich auf die Kraft der Tageszeitung, um weitere Ziel-*
> *gruppenpotenziale anzusprechen. Wenn ich Ihnen zeigen*
> *kann, **dass** und **wie** wir Ihr Unternehmen mit dem Ein-*
> *satz unserer Kommunikationslösungen auf den nächsten*
> *Erfolgslevel heben können und Sie neue Mitarbeiter*
> *dadurch kostengünstiger finden, dann hat sich ein Treffen*
> *mit mir für Sie gelohnt, nicht wahr?"*

Kunde: *„Eigentlich schon."*

Verkäufer: *„Wie sieht denn der Mittwochnachmittag in der nächsten*
> *Woche bei Ihnen aus? Bei mir ginge dann auch noch der*
> *Freitag um 14 Uhr."*

Die Wirkung der Annahmetechnik basiert auf der Annahme, dass die individuellen Kundenziele mit unseren Werbelösungen punktgenau bedient und erreicht werden können. „Wenn ich Ihnen zeigen kann, *dass* und *wie* wir Sie mit dem Einsatz unserer Kommunikationslösungen auf den nächsten Erfolgslevel heben können und Sie neue Mitarbeiter dadurch kostengünstiger finden, dann hat sich ein Treffen mit mir für Sie gelohnt, nicht wahr?"

Mit dieser Bestätigungsfrage kann der Gesprächspartner eigentlich nur ja sagen. Sollte er dennoch Ihrer Meinung widersprechen, dann fragen Sie offen nach dem Grund seines Widerspruchs.

4.3   Terminvereinbarung mit der Perfect-World-Technik

Als Alternative zur Annahmetechnik ist die Perfect-World-Technik geeignet, wenn der Kunde bereits gute Erfahrungen mit Werbung in Wettbewerbsmedien durchgeführt hat. Die gute Erfahrung ist gleichzustellen mit dem Kundeneinwand: „Wir haben bereits einen Lieferanten und sind sehr zufrieden mit ihm. Deshalb wünschen wir keinen Termin mit Ihnen."

Ist der Kunde mit seiner bisherigen Kommunikationsstrategie zufrieden, kommen Sie ihm mit einer Einwandbehandlung zuvor, OHNE dass überhaupt ein Einwand gefallen ist.

Verkäufer: *„Und wie sind Ihre Erfahrungen mit den Stellenzeitungen im Wochenblatt, in der Tageszeitung und auf Onlineportalen?"*

Kunde: *„Ich war positiv überrascht, wie gut die Stellenanzeigen online und im Print für mich funktionieren."*

Verkäufer: *„Frau Schulze, vielen Dank für Ihre Informationen. Es freut mich sehr, dass Sie Ihre Werbeziele mit der Tageszeitung und den Anzeigenportalen erreicht haben. Wenn weitere Verbesserungen der Werbewirkung (kostenneutral) möglich wären, sind Sie grundsätzlich offen für ein Gespräch mit mir?"*

Kunde: *„Verbesserungen höre ich mir immer gerne an."*

Verkäufer: *„Prima. Wie sieht denn der Mittwochnachmittag in der nächsten Woche…"*

Zusammenfassung Erstgespräch mit dem Entscheider

1. Eröffnung mit Vorwegnahmetechnik	**Verkäufer**: *„Guten Tag Frau Schulze, mein Name ist Verkäufer von Media XYZ."* **Kunde**: *„Guten Tag."* **Verkäufer**: *„Frau Schulze, wenn es für Sie in Ordnung ist, fasse ich mich kurz und steige sofort ins Thema ein. Ist das ok für Sie?"*
2. Vertrauensaufbau	Stufe 1 - Kompliment: *„Frau Schulze, ich möchte Ihnen noch kurz mitteilen, dass ich Ihre neue Filiale sehr bewundert habe, als ich in der vergangenen Woche daran vorbeigefahren bin."* Stufe 2 – Begründung: *„Das Gebäude ist hochmodern und ähnelt mit seinen Antennen und der Fensterfront schon fast einem Ufo. Das finde ich sehr außergewöhnlich."* Stufe 3 – Offene Frage: *„Was war der Grund, sich für dieses Gebäudedesign zu entscheiden?"* (oder: *„Was sagen eigentlich Ihre Kunden zu Ihrer neuen Filiale"?*)
3. Unbestreitbare persönliche Fakten ansprechen	*„Frau Schulze, Sie sind die Marketingleiterin der Firma X und Sie haben gerade im vergangenen Monat Ihre neue Produktlinie ABC im Markt eingeführt."*
4. Der Grund Ihres Anrufs	*„Wir kooperieren mit vielen Unternehmen aus Ihrer Branche, die es zunehmend schwierig finden, gut funktionierende Werbelösungen mit reduzierten Werbebudgets durchzuführen. Hier konnten wir bereits viele Marketingleiter mit unseren Lösungsansätzen begeistern und darin unterstützen, ihre Werbeziele zu unterstützen."*
5. Erlaubnis zur Bedarfsermittlung erfragen	*„Frau Schulze, und das ist der Grund, warum Sie heute von mir kontaktiert wurden. Um Ihnen eine Werbelösung vorzustellen, die Ihre Bekanntheit steigert und Ihnen somit neue Kunden ins Geschäft bringt.* *Und ganz ehrlich: Die Vorstellung unserer Werbelösung ist für mich nur dann sinnvoll, wenn sie auch <u>Ihre aktuellen Ziele unterstützt</u>. Und da habe ich zwei, drei Fragen an Sie. Darf ich sie kurz stellen?"*
6. Bedarfsanalyse und Zusammenfassung	*„Was sind die wichtigsten Ziele in den nächsten 12 Monaten im Verkauf?"* *„Was genau verstehen Sie darunter?"* *„Warum ist dieses Ziel so wichtig für Sie?"* *„(Welche unmittelbaren Auswirkungen hat die Zielerreichung?")* *„Gibt es weitere Ziele, die Sie erreichen möchten?"* *„Wenn ich Sie richtig verstanden habe, sind die Punkte … und … besonders wichtig für Sie, habe ich Sie da richtig verstanden?* …*

7. Terminvereinbarung	<u>1. Zielerreichung mit anderen Werbepartnern bisher negativ</u> *„Frau Schulze, vielen Dank für Ihre Informationen. Genau zu Ihren Zielen – Personalsuche und Neukundengewinnung – haben wir übrigens sehr gute Erfolge für zahlreiche Firmen durch unsere Kommunikationslösungen erzielen können. (Auch für Unternehmen in Ihrer Branche.) Wie sieht denn der Mittwochnachmittag in der nächsten Woche bei Ihnen aus, damit ich Ihnen diese Lösungen vorstellen kann? Bei mir ginge dann auch noch der Freitag um 14 Uhr.“* <u>2. Zielerreichung mit anderen Werbepartnern bisher positiv</u> *„Frau Schulze, vielen Dank für Ihre Informationen. Viele unserer Kunden setzen neben der Radiowerbung zusätzlich auf die Kraft der Tageszeitung, um weitere Zielgruppenpotenziale anzusprechen. Wenn ich Ihnen zeigen kann, **dass** und **wie** wir Ihr Unternehmen mit dem Einsatz unserer Kommunikationslösungen auf das nächste Erfolgslevel heben können und Sie neue Mitarbeiter finden, dann hat sich ein Treffen mit mir für Sie gelohnt, nicht wahr?“*
8. Frage nach weiteren Entscheidern	*„Prima. Das Gespräch wird nicht länger als 45 Minuten dauern. Gibt es noch andere Mitarbeiter bei Ihnen, die an Entscheidungen zu Kommunikationsmaßnahmen involviert sind?“* … *„Dann freue ich mich darauf, Sie am kommenden Freitag um 14 Uhr persönlich kennen zu lernen. Ich schicke Ihnen noch eine kurze E-Mailbestätigung für unser Gespräch bei Ihnen. Auf Wiederhören.“*

Ihr persönlicher Leitfaden

IHR PERSÖNLICHER LEITFADEN Erstgespräch mit dem Entscheider

1. Eröffnung mit Vorwegnahmetechnik	
2. Vertrauensaufbau	
3. Unbestreitbare persönliche Fakten ansprechen	
4. Der Grund Ihres Anrufs	
5. Erlaubnis zur Bedarfsermittlung erfragen	
6. Bedarfsanalyse	
7. Terminvereinbarung	
8. Frage nach weiteren Entscheidern	

Diesen sowie andere Leitfäden finden Sie auf der Webseite unter http://sales-farm.de/Buch-Sales-Navi/Leitfaeden/

4.4 „Ich sehe Dich durchs Telefon!" – Interview mit dem Telemarketing-Spezialisten Udo Peilicke

Als Verkaufstrainer bin ich sehr neugierig, wie sich andere Verkäufer beim Telefonat anstellen und nehme dies zum Anlass, Anrufe von Strom- und Telekommunikationsverkäufern entgegenzunehmen. Dabei fällt mir regelmäßig auf, dass sich sehr viele Verkäufer anhören, als wären sie außer Atem. Sie transportieren einen regelrecht „gehetzten" Eindruck im Telefonat. In meinem Kopfkino stelle ich mir vor, dass sie gerade noch Zeit für ein schnelles Telefonat haben, bevor Sie zu einem dringenderen Termin fahren müssen. Sie quetschen mich förmlich in dieser kurzen verbleibenden Zeit rein und reden in einer Geschwindigkeit ohne Punkt und Komma. Natürlich haben sie eine lange Liste an Leads, die abzutelefonieren sind, aber sie verkennen die Auswirkungen und Konsequenzen dieses hektischen Gesprächs. Auch wenn das Telefonat nur vom Ohr aufgenommen wird und sämtliche visuellen Kommunikationselemente fehlen, so können wir den Gesprächspartner sehr wohl „sehen" und uns ein Bild von ihm mit unserem inneren Auge zeichnen. In diesem Fall strahlt dieses Bild nicht gerade Kompetenz und Vertrauen aus.

So habe ich mir folgende Fragen gestellt:

* Welche vokalen Elemente werden in der Kommunikation im Telefonat eingesetzt und wie können diese die Aufgaben der fehlenden Körpersprache übernehmen?
* Welche Lern- und Übungstechniken können wir anwenden, um diese Elemente als erfolgreiches Überzeugungswerkzeug im Verkaufsgespräch einzusetzen?

Diese Fragen erörterte ich in einem Experten-Talk mit dem **Telemarketing-Spezialisten Udo Peilicke.** Udo Peilicke ist ein Profi im Bereich des Telefonmarketings, der seit 1992 erfolgreiche Verkaufstrainings für Telefonverkauf und Beschwerdemanagement durchführt und sich intensiv mit der Kommunikation mit dem „inneren Auge" beschäftigt.

Lieber Herr Peilicke, welche vokalen Elemente ersetzen die fehlende Körpersprache am Telefon, die den Telefonverkäufer für den Kunden „sichtbar" machen?

Udo Peilicke: Damit wir vokale Elemente [vokale Kommunikation bezeichnet die inhaltsunabhängigen Aspekte der Lautsprache (Wikipedia 2022)] effektiv einsetzen können, ist die innere Einstellung eine wesentliche Grundvoraussetzung. Der Kunde hört ja, wie wir drauf sind. Wenn ich also Spaß an meiner Arbeit habe, ich halte es da immer wie Martin Luther: „Beruf kommt von Berufung", kommt dies so auch beim Kunden entsprechend an.

Und wenn ich jetzt noch die vokalen Elemente wie Sprechtempo, Sprechmelodie, Sprechrhythmus, Sprechlautstärke, Sprechakzente, Sprechpausen, Bestätigungs- und Lieblingswörter in mein Kundengespräch mit einbaue, dann werde ich für mein Gegenüber „sichtbar".

Gibt es andere entscheidende Unterschiede zwischen Face-to-Face und Call-to-Call?

Udo Peilicke: Da ja, dies hast du ja schon in der Frage nach den vokalen Elementen angesprochen, beim Call-to-Call ein ganz wichtiger Teil in der Kommunikation fehlt, nämlich die Mimik und Gestik, zielt unsere Aufmerksamkeit voll und ganz auf die Stimme unseres Gegenübers. Spannend finde ich es, dass es ein großes Lager an Verkäufern gibt, die sagen: „Diejenigen Verkäufer, die vor dem Kunden sitzen und ihnen in die Augen schauen können, sind absolut im Vorteil. Beim Telefonverkauf gehen uns da entscheidende Signale verloren." Und dann gibt es die andere Fraktion, zu der auch ich gehöre, die sagt: „Super, ganz toll, dass wir uns nur auf die Stimme konzentrieren müssen. Das reicht uns." Dann sind wir bei den Sprachmustern und hören, wie er überhaupt redet und beispielsweise Pausen setzt und intoniert. Und somit habe ich nur durch die Stimme sämtliche Informationen zum Gesprächspartner wie im Face-to-Face-Termin, um die Beziehungsebene zum Kunden aufzubauen. Dies erfordert natürlich auch eine entsprechende technische Ausstattung. Stichwort hier: Zwei-Ohr-Headset. Zum einen hat der Verkäufer beide Hände frei und zum anderen werden beide Gehirnhälften wie auch beim Face-to-Face-Gespräch gleichermaßen stimuliert.

Welche typischen Fehler machen Verkäufer beim Telefonat?
Udo Peilicke: Es gibt nur einen einzigen Fehler, der nicht mit externer Hilfe zu beheben ist und das ist der Mangel an der richtigen Einstellung. Alles andere kann man den Verkäufern beibringen, denn das sind Techniken, die durch die Wiederholung verinnerlicht werden, und die die Quoten verbessern. Telefonieren lässt sich gut mit einem Hausbau vergleichen: Zuerst müssen wir das Fundament bauen. Das Fundament beim Telefonat ist die innere Einstellung und das positive Denken. Erst wenn diese beiden Faktoren stimmen, kann man darauf aufbauen. Es ist einfach eine Kopfsache im Wissen, dass das Schlimmste ein „Nein" vom Kunden und das Schönste ein „Ja" ist, was in der Konsequenz die Provision erhöht.

Als nächstes teilen wir das Haus in Zimmer ein. Die Zimmer sind beim Telefonieren die psychologischen Hintergründe. Diese gehören ebenfalls zu den Grundlagen. Nur wenn wir wissen, wie die Menschen denken und handeln, und vor allem warum, können wir unsere Kommunikation optimieren. Hier geht es auch um die Persönlichkeitsbestimmung des Ansprechpartners.

Und dann das Dach, der Schutz des Hauses. Beim Telefonieren sind es die verschiedenen Techniken. Und hier meine ich die mit unseren Werten vereinbarte Anwendung verschiedenster Kommunikationsmodelle und Kommunikationstechniken. Bei den Techniken ist vor allem der große Bereich der Frage- und Abschlusstechniken hervorzuheben.

Somit bilden die Techniken den Abschluss. In Verbindung mit dem Fundament und den Zimmern ergeben sie eine Einheit, was letztendlich zu der optimierten Kommunikation am Telefon führt.

Wie kann sich der Verkäufer selbst motivieren, wenn er einen Negativlauf hat und zehnmal hintereinander ein „Nein" hört und nichts weitergeht?
Udo Peilicke: Auf der einen Seite wieder das Thema innere Einstellung, und auf der anderen Seite das Thema der Gesetzmäßigkeiten. Stichwort hier: das Gesetz der großen Zahl. Ein Beispiel: deine Quote beträgt 11 zu 1, dann bedeutet zehnmal hintereinander ein Nein zu hören mathematisch, dass jetzt das Ja kommen muss.

Die Bedeutung der Quoten im Verkauf ist sehr vielen Verkäufern unbekannt. Es ist jedoch sehr wichtig, dass ich bei der Zieldefinierung, wie beispielsweise dem Umsatzplan, weiß, welche Quoten die einzelnen Verkäufer im Team überhaupt haben. Nur wenn ich die Quoten kenne, kann ich auch steuern und sie durch Techniken verbessern. Hat der eine Verkäufer eine Abschlussquote von 3:1 und andere Verkäufer eine Quote von 2:1, dann muss sich automatisch die Frage gestellt werden, was die Outperformer anders machen und wie die Quote beim 3:1-Verkäufer verbessert werden kann.

Natürlich gibt es auch einfache, praxisbewährte Techniken, wenn es einmal so richtig hakt. Ich empfehle meinen Seminarteilnehmern an dieser Stelle immer die Ankertechnik aus dem NLP-Bereich. Ich empfehle den Teilnehmern, ein Foto mit einem richtig tollen Urlaubserlebnis auf den Schreibtisch zu stellen und dieses nachzuempfinden. Das Nacherleben der Situation erfolgt mit geschlossenen Augen und mit allen Sinnesorganen: der salzige Geruch am Strand, Möwengeschrei, die Wärme der Sonne usw. In dem Augenblick, wo das Nachempfinden besonders stark ist, öffnet man die Augen und schaut sich das Bild an. Wenn ich das regelmäßig wiederhole, dann konditioniere ich mich wie den Pawlowschen Hund. Wenn ich jetzt einen Negativlauf mit vielen Absagen habe, dann hole ich das Bild aus der Schublade, schaue mir das Foto an und empfinde diese tolle Situation nach. Die positiven Gefühle, die ich mit diesem Foto verankert habe, kommen wieder in mir hoch, ich bin dann wieder super drauf und kann zum nächsten Telefonat übergehen.

Beim direkten Verkauf hat das Telefon Nachteile für den Kunden, weil er nicht genau kalkulieren kann und keine Vergleichsangebote vorliegen hat. Wie kann man diesen Nachteilen entgegenwirken?
Udo Peilicke: Man kann ihm im Vorfeld entsprechende Unterlagen zusenden, die er dann beim Gespräch vorliegen hat. Das ist gut für die visuellen und körperbetonten Menschen. Oder man verweist ihn während des Telefonats auf entsprechende Internetseiten seines Unternehmens, wo er weiterführende Infos parallel zum Gespräch einsehen kann.

Im NLP findet die Spiegeltechnik beim Beziehungsaufbau Verwendung. Wie kann man diese beim Telefonat anwenden?
Udo Peilicke: Ziel ist es ja, ein persönliches Verhältnis zum Mitkommunizierenden aufzubauen. Um dies zu vereinfachen, gibt es unter anderem die Möglichkeit des Spiegelns. Das bedeutet, sich dem beobachtbaren Verhalten des Mitkommunizierenden anzupassen.
Die Möglichkeiten am Telefon sind dabei:

1. Spiegeln der Sprache
Dies ist insbesondere am Telefon eine schnelle und zuverlässige Methode. Dabei achtet man auf die Stimme seines gegenüber und passt sich dieser Stimme an, mit all seinen Nuancen und Unterschieden. Konkret sind dies:

- die Klangfarbe – ist die Stimme hoch oder tief?
- das Tempo – ist die Stimme langsam (lange Pausen zwischen den Sätzen) oder schnell (kurze Sätze, kurze Pausen)?
- die Lautstärke – leise oder laut?
- der Rhythmus – ist er gleichmäßig, monoton, fragend?
- nutzt der Gesprächspartner Lieblingsausdrücke, Hobbysprache, Fachwörter?

2. Spiegeln der Stimmung
Jeder hat jeden Tag, ja in jedem Zeitabschnitt, eine andere Stimmung. Diese reicht von überschwänglicher Freude bis hin zur lähmenden Depression. Was müssen wir also tun? Bei positiver Stimmung des Gesprächspartners: verstärken wir diese. Bei negativer Stimmung: passen wir diese kurz an, verbessern dann die Stimmung und führen unser Gegenüber aus der negativen Stimmung heraus. Natürlich nur, wenn Sie es möchten.

3. Spiegeln der Atmung
Warum Atmung? Unsere Atmung ist unmittelbar mit unserer Stimmung verbunden. Wie atmen wir, wenn wir aufgeregt sind? Wie atmen wir, wenn wir uns völlig entspannt fühlen? Anhand der Atmung

können wir unseren inneren Gefühlszustand kontrollieren. Übertragen auf unser Telefonat sollten wir auf das Ein- und Ausatmen achten. Zum Beispiel während des Sprechens atmet man aus, während der Pausen (Denkpausen) ein. Diese Atempausen nutzt man dann z. B. auch beim Beschwerdemanagement, um das Gespräch (wieder) an sich zu ziehen, falls es in die falsche Richtung läuft.

4. Spiegeln von Aussagen

Eines meiner Steckenpferde im Bereich des Telefontrainings ist das Telefoninkasso, bei dem die Mitarbeiter von Unternehmen geschult werden, offene Rechnungen nachzutelefonieren. Nachdem die Mitarbeiter den Grund ihres Anrufs erklärt haben, geben die Angerufenen häufig an, warum sie noch nicht bezahlt haben. Nehmen wir an, der säumige Kunde gibt an, dass er noch auf eine Rückzahlung des Finanzamts wartet. Jetzt spiegelt der Mitarbeiter den Gesprächspartner, greift seine Aussage auf und bestätigt diese, in dem er beispielsweise sagt: „Herr Kunde, ich bin voll bei Ihnen. Über Finanzämter könnte man Bücher schreiben, nicht wahr? Wenn Finanzämter von uns Geld verlangen, dann kann man gar nicht so schnell schauen, bis man die ersten Strafzinsen aufgedrückt bekommt. Andererseits, wenn wir Geld vom Finanzamt bekommen, dauert es Wochen und Monate, bis man es auf dem Konto hat."

Mit dieser beispielhaften Bestätigung der Aussage habe ich eine positive Schleife aufgebaut. Der Kunde denkt im Unterbewusstsein, dass der Anrufende auf seiner Seite ist und ihn versteht. Das baut die Beziehungsebene auf. Das ist nichts anderes als zuhören und abholen.

Udo Peilicke, vielen Dank für das sehr interessante Gespräch zum Thema der Kommunikationstechniken am Telefon.

5

Umleitungen – Einwände, Vorwände und deren Behandlung

Zusammenfassung Es stimmt meiner Meinung nach nur bedingt, dass Einwände – wohlgemerkt Einwände, nicht Vorwände – auf weiteren Informationsbedarf eines Kunden zurückzuführen sind. Auch wenn dies eine häufig geteilte Meinung unter Kollegen ist. Einwände gehören auch zum Verbal-Instrumentarium des Kunden, um den Verkäufer auf Wissen und Glaubwürdigkeit auf den Zahn zu fühlen beziehungsweise um seinen eigenen Standpunkt klarzumachen. Einwände werden nicht einfach mal so vom Verkäufer weggewischt. Sie sind ernst zu nehmende Aussagen, die in vielen Fällen auch zutreffen und der Wahrheit entsprechen. Somit lassen sich manche nicht in ihrem Wahrheitsgehalt, aber in ihrer Bedeutung für das weitere Verkaufsgespräch entkräften. Es gibt kaum mehr als eine Handvoll wirklicher Einwände, die es zu entkräften gilt. Viele Verkäufer scheuen jedoch die Einwandbehandlung, als ob bei jedem Kundengespräch ein weiterer und neuer Einwand genannt wird. Die Einwandbehandlung ist der einfachste Prozess im gesamten Verkaufskarussel, weil Einwände sich nicht ändern. Sie werden nicht mehr. Es gibt viele spannende Behandlungstechniken, aus denen Sie Ihre individuellen Lieblingstechniken erlernen können. Vergleichen Sie den Schwierigkeitsgrad der Einwandbehandlung mit dem des „Kleinen

© Der/die Autor(en), exklusiv lizenziert an Springer Fachmedien Wiesbaden GmbH, ein Teil von Springer Nature 2022
R. McKenna, *Das Verkaufsnavi für Medienberater,*
https://doi.org/10.1007/978-3-658-37704-5_5

1 × 1". Dieses Kapitel behandelt unterschiedliche Behandlungstechniken zu zahlreichen Einwänden und beantwortet die Frage, wie man einen Vorwand sofort entlarvt und ihn getrost „in die Ecke" stellt.

Zu Beginn meiner Verkaufskarriere litt ich unter drei Phobien: Spinnen, Wespen und Einwände. Nicht einmal zu gängigen Einwänden, z. B. „Ich habe keine Zeit", fiel mir anfangs eine schlüssige Behandlung ein. Meine automatische Antwort war dann auch entsprechend schwach: „Oh, verstehe, wann passt Ihnen denn ein Gespräch mit mir?". Und oftmals hörte ich die Antwort: „Versuchen Sie es am besten noch einmal in der nächsten Woche."

Der Grund für meine Schwäche bei der Einwandbehandlung war, dass ich die Einwände als vollkommene Wahrheit ansah: Also, wenn der Kunde sagt, er hat keine Zeit, dann wird das auch so stimmen. Da kann ich ja nicht das Gegenteil behaupten. Das macht mich unglaubwürdig. Also lieber Verständnis zeigen und einen geordneten Rückzug planen. Dann wird es beim nächsten Mal bestimmt was mit dem gewünschten Termin.

Heute sind es nur noch zwei Phobien. Denn ich sehe die Einwände nur noch als Umleitungen. Sie stellen Baustellen dar, die zu umfahren sind. Wenn der Einwand „Keine Zeit" genannt wird, so biegen Sie bitte bei der nächsten Möglichkeit rechts ab. Ist der Einwand aber „Kein Interesse", dann biegen Sie bitte in 500 m links ab und dann sofort die erste Straße nach rechts.

5.1   The Law of Six

Anfangs hatte ich das Gefühl, dass ich mich mit 20 oder 30 unterschiedlichen Einwänden konfrontiert sah.

Dann las ich in dem Verkaufsbuch „Advanced Selling Strategies: The Proven System of Sales Ideas, Methods, and Techniques used by Top Salespeople" von dem amerikanischen Autor und Top-Speaker Brian Tracy über „The Law of Six" (Tracy, 1996). In jeder Branche gibt es laut Tracy sechs regelmäßig wiederkehrende Einwände. Mal einer mehr, mal einer weniger. Soviel zu meinen gefühlten 20 oder 30 Einwänden.

Natürlich gibt es weit mehr als sechs Einwände. Diese lassen sich jedoch in rund sechs Cluster bzw. Einwandkategorien einteilen. So gehören beispielsweise die nachfolgenden Einwände zu einer Gruppe, in denen Sie die gleiche Argumentation für das Weiterführen des Gesprächs nutzen können:

- „Werbung in Ihrem Medium funktioniert nicht."
- „Ich habe schlechte Erfahrungen mit Ihrem Medium gemacht."
- „Ich glaube nicht, dass Sie der Richtige für uns sind."
- „Werbung in Medium xyz funktioniert besser."

Oft sind Einwände ein Signal, dass etwas nicht bzw. falsch verstanden wurde. Heute sehe ich Einwände als Verkaufschance an, weil ich diese zu meinem Argumentationsvorteil nutzen kann. Die häufigsten genannten Einwände bei einem Telefonat zur Terminvereinbarung unterscheiden sich natürlich zu den Einwänden bei der Vorstellung Ihres Angebots.

Die Top-Einwände bei der Terminvereinbarung (ok, es sind 7)

- Keine Zeit
- Kein Interesse
- Wir haben kein Budget
- Werbung in Ihrem Medium funktioniert nicht für uns
- Wir haben bereits eine Kooperation mit einem anderen Partner
- Schicken Sie mir zuerst Unterlagen
- Werbung in Ihrem Medium ist zu teuer

Die Top-Einwände beim Verkaufsabschlussgespräch (ok, es sind 5)

- Ich entscheide nicht sofort/muss noch darüber nachdenken
- Im Vergleich zum Wettbewerber sind Sie zu teuer
- Ich entscheide nicht alleine und muss mit meinem Chef reden
- Das klingt super und ich werde es in Erwägung ziehen, wenn wir einen Werbebedarf haben
- Ich glaube nicht, dass diese Werbelösung unsere Ziele unterstützt

5.2 Die Einwandbehandlung als einfachster Prozess im Verkauf

Wie bei sämtlichen bereits in diesem Buch vorgestellten Tipps, Techniken und Leitfäden sind auch die nachfolgenden Techniken zur Einwandbehandlung keine Garantie für den Erfolg. Vielmehr garantieren sie die Reduzierung der Misserfolge bei ihrer regelmäßigen Anwendung.

Wenn es also gerade mal sechs gängige Einwände gibt, dann kann man doch locker für jeden Einwand eine Gesprächsstrategie zur Einwandbehandlung lernen und im Gespräch umsetzen.

Gleichzeitig gibt es gefühlt hunderte von Einwandbehandlungstechniken. Davon ist nur eine Handvoll für Sie im Verkaufsgespräch geeignet, weil diese Ihrer Persönlichkeit entsprechen und Sie sie sehr glaubwürdig einsetzen können.

Die für mich persönlich größte Power der Einwandbehandlung ist, dass Sie durch Expertise und Originalität punkten und durch anschließende Fragestellungen das Gespräch mit dem Kunden in Ihre gewünschte Richtung lenken können. Wenn ein Kunde weitere Einwände hat, dann sollten Sie auf jeden Fall einem zweiten Einwand mit einer anderen Einwandbehandlungstechnik begegnen. Das gestaltet das Gespräch dynamischer und Sie punkten abermals, weil Sie dem Kunden auch mit einer zweiten Technik den Wind aus den Segeln nehmen können.

5.3 Behandeln Sie Einwände. Nicht die Vorwände

Bevor wir im weiteren Verlauf dieses Kapitels einige außergewöhnliche Techniken zur Einwandbehandlung lernen, müssen Sie sich im Klaren sein, dass Sie nur ernstgemeinte Einwände behandeln möchten. Und keine Vorwände.

Während der Einwand eine ehrliche Aussage des Kunden darstellt, so ist der Vorwand nichts anderes als eine kleine Notlüge.

Nehmen wir an, Sie rufen den Entscheider eines Unternehmens zwecks Terminvereinbarung an und er möchte keinen Termin, weil er kein Budget mehr hat.

Ist das jetzt eine ehrliche Aussage oder ist es ein vorgeschobener Grund, damit Sie sofort wieder die Leitung verlassen?

Oder möchte ein Kunde wirklich Unterlagen zugeschickt bekommen, damit er diese prüfen und entscheiden kann, ob der Termin wirklich zielführend für ihn ist?

Vielleicht ist es ein Schwindel, weil er nicht an die große Wirkung Ihres Mediums glaubt und es Ihnen aber nicht direkt sagen möchte. Was meinen Sie?

Oder wie steht es mit der Kundenaussage, er habe kein Budget. Und Sie wissen, dass er in der Vergangenheit locker das 20fache Ihres Angebotswerts ausgegeben hat.

Wenn Sie Vorwände wie Einwände behandeln, werden Sie auf Granit beißen, weil Sie der Wahrheit keinen Millimeter nähergekommen sind. Das ist reine Zeitverschwendung, denn wenn Sie den Vorwand behandelt haben, flüchtet sich der Kunde in einen weiteren Vorwand oder er beendet das Gespräch recht abrupt. Deshalb müssen Sie die Vorwände aussortieren und nur die Einwände zu behandeln.

5.3.1 Der Vorwand-Terminator

Die einfachste Mechanik festzustellen, ob der Kunde einen Einwand oder einen Vorwand bringt ist der Vorwand-Terminator. Die Mechanik besteht darin, nach weiteren Gründen zu fragen, warum es z. B. nicht zu einem Termin kommt.

Es ist ein Vorwand

Kunde: *„Ich habe gerade wirklich keine Zeit für einen Termin mit Ihnen.“*

Verkäufer: *„Gibt es außer dem zeitlichen Aspekt noch andere Gründe, warum Sie keinen Termin mit mir vereinbaren möchten?“*

Kunde: *„Naja, ich glaube nicht, dass Werbung in Ihrem Medium für uns funktioniert.“*

> **Übersicht**
>
> Durch die Frage nach weiteren Gründen öffnet sich der Kunde und gibt in den meisten Fällen den Hauptgrund an, warum er z. B. keinen Termin wünscht.
>
> Im obigen Fall wurde der Zeitfaktor als Vorwand genutzt und gehört NICHT behandelt, WEIL der Kunde auf Nachfrage sagt, er glaubt nicht an die Werbewirkung mit Ihrem Medium.
>
> Jetzt haben Sie aber den wahren Einwand – ich glaube nicht an Ihr Medium – vernommen. Vergessen Sie also seinen vermeintlichen Einwand, dass er keine Zeit hat und behandeln sie nur den letztgenannten Grund.

Es ist ein Einwand

Kunde: „*Ich habe gerade wirklich keine Zeit für einen Termin mit Ihnen.*"

Verkäufer: „*Gibt es **außer dem zeitlichen Aspekt noch andere Gründe**, warum Sie keinen Termin mit mir vereinbaren möchten?*"

Kunde: „*Nein. Es liegt nur an der Zeit.*"

> In diesem Fall besteht die sehr hohe Wahrscheinlichkeit, dass der Zeitfaktor der wahre Grund für die Terminabsage ist. Dieser Einwand gehört behandelt.

5.3.2 Einwandbehandlungstechniken

Nicht alle Behandlungstechniken eignen sich für alle zu behandelnden Einwände. Ich stelle Ihnen eine Vielzahl an Techniken vor, aus denen Sie Ihre „Best of"-Techniken selektieren können. Ihre Angst vor Einwänden beim Einsatz der nachfolgenden Techniken wird mit sofortiger Wirkung verschwinden. Versprochen.

5.3.3 Die Struktur der Einwandbehandlung

Sämtliche Einwandbehandlungstechniken haben den gleichen dreiteiligen Aufbau:

1. Die Bestätigung
2. Die Behandlung
3. Die weiterführende Frage

Zu 1: Mit der Bestätigung zeigen wir dem Kunden, dass der Einwand angekommen ist und wir Verständnis für den Einwand haben. Ich nenne diese Bestätigung auch die Kopfstreichel-Phase. Wir signalisieren dem Kunden, dass wir keinen Zweifel am Einwand haben.

Zu 2: Die Behandlung des Einwands hat für Sie einen „Sprungfeder-Effekt", denn Sie leiten die Energie des Einwands ins Leere, um sofort nach der Einwand-Entkräftigung das Gespräch mit den Kunden weiterzuführen.

Zu 3: Die weiterführende Frage richtet sich ausschließlich auf Ihr verfolgtes Ziel wie z. B. die erneute Frage nach der Terminvereinbarung.

Beispiele zu 1. Die Bestätigung

Verkäufer: *„Herr Kunde, ich kann verstehen, dass Sie nur wenig Zeit für ein Treffen mit mir haben. Als Geschäftsführer werden Sie sicher einen sehr engen Zeitrahmen haben."*

...

Verkäufer: *„Lieber Kunde, danke, dass Sie so offen sind und mir mitteilen, dass Sie kein Budget mehr haben."*

...

Verkäufer: *„Herr Kunde, ich finde es sehr positiv, dass Sie vorab Unterlagen zu unseren aktuellen Werbelösungen haben möchten. So können Sie vor unserem Termin prüfen, ob sämtliche Voraussetzungen für eine Partnerschaft gegeben sind."*

...

Verkäufer: *„Herr Kunde, gerade für die Durchsetzung eines erfolgreichen Werbeplans ist die Auswahl der geeigneten Medienpartner ein sehr wichtiges Thema für unsere Kunden."*

Denken Sie an das Reptilienhirn des Kunden. Es ist ständig auf der Suche nach Neuem, Außergewöhnlichem. Erst dann „weckt" es das Unterbewusstsein, damit der Kunde sich mit vollem Bewusstsein damit auseinandersetzen kann. Genau das macht nachfolgend die Verblüffungstechnik.

5.3.4 Verblüffungstechnik

Wie bereits erwähnt, gehört die Verblüffungstechnik zu meinen Lieblingstechniken, weil der Einwand in das wichtigste Entscheidungsargument umgewandelt wird.

Sie lässt sich für eine Vielzahl von Einwänden nutzen und funktioniert sehr gut, weil mein Gesprächspartner erst einmal total verblüfft wird. Verblüffung erzeugt höchste Aufmerksamkeit.

Beispiel 1: Ich habe keine Zeit
1. Bestätigung mit Vorwand-Terminator

Verkäufer: *„Herr Kunde, ich kann gut verstehen, dass Sie als Geschäftsführer sehr viele Termine haben. Gibt es einen weiteren Grund außer der Zeit, dass Sie kein Treffen mit mir vereinbaren möchten?"*
Kunde: *„Nein, ich habe einfach nur keine Zeit."*

Die Bestätigung des im Vorfeld genannten Einwands erhöht die Wahrscheinlichkeit seines Wahrheitsgehalts.

2. Behandlung

Verkäufer: *" Und das ist der Grund, warum ich Sie anrufe und nach einem Termin frage. WEIL SIE KEINE ZEIT HABEN."* (aus dramaturgischen Gründen empfiehlt sich an dieser Stelle eine 2–3-sekündige Pause)

Übersicht

Was glauben Sie, passiert im Kundenkopf als nächstes?

Der Kunde wird jetzt denken: „Hä, ich sage ich habe keine Zeit und der Verkäufer sagt mir, dass das genau der Grund seines Anrufs ist?! Jetzt bin ich aber gespannt, wie er aus diesem Schlamassel wieder rauskommt." Die Verblüffungstechnik ist lediglich ein einführender Satz, der eine Einwandbehandlungstechnik einläutet.

Und weiter geht's mit der Einwandbehandlung:

a) **Verkäufer:**   *„Wenn Sie nur eine einzige valide Information in einem 30-min-Termin zur Steigerung Ihres Neukundengeschäfts erhalten, wäre das nicht eine gute Investition dieser 30 min für Sie?"*

Kunde: *„Natürlich wäre das gut, keine Frage."*

Oder

b) **Verkäufer:**   *„Welche neuen Impulse muss Ihnen ein 30-min-Gespräch mit mir liefern, damit Sie sagen: ‚Das war eine tolle Investition meiner 30 min Zeit.'? Welche Impulse wären das?"*

Kunde: *„Sie müssten mir neue Erkenntnisse liefern, wie ich das Neukundengeschäft erfolgreicher umsetzen kann."*

Übersicht

Die obigen Kundenantworten spiegeln natürlich eine perfekte Welt wieder, in der der Kunde eine gewünschte Antwort liefert. Natürlich könnte der Kunde nun weiter blockieren und Ihnen nochmals bestätigen, dass ein Termin nicht erwünscht ist. Sollten Sie trotz wiederholtem Nein weiter nach dem Termin fragen, begeben Sie sich womöglich auf sehr dünnes Eis. In diesem Fall achten Sie auf die Tonalität in der Kundenantwort. Sie möchten nicht, dass der Kunde Sie als lästigen oder aufdringlichen Verkäufer in Erinnerung behält und dieses negative Bild beim nächsten Telefonat in drei Monaten wieder im Kopf des Kunden hervorrufen.

Sie möchten dieses Potenzial auch in Zukunft weiterhin kontaktieren und sich um einen Termin bzw. Verkaufsgespräch bemühen.

---

3. Die weiterführende Frage

Nutzen Sie die Antwort des Kunden bei der Frage nach dem Termin.

Zur Antwort a) Verkäufer: „Zur Steigerung des Neukundengeschäfts habe ich einige erfolgreiche Kampagnenbeispiele, die ich Ihnen vorstellen möchte. Wie sieht der Donnerstagvormittag ab 10 Uhr in der nächsten Woche bei Ihnen aus? Alternativ geht bei mir auch der Freitagnachmittag ab 14 Uhr."

Zur Antwort b) Verkäufer: Gut, dass ich nachgefragt habe. Zur Steigerung des Neukundengeschäfts habe ich einige erfolgreiche Kampagnenbeispiele, die ich Ihnen vorstellen möchte. Wie sieht der Donnerstagvormittag ab 10 Uhr in der nächsten Woche bei Ihnen aus? Alternativ geht bei mir auch der Freitagnachmittag ab 14 Uhr. "

Übersicht

Sie kehren also mit der weiterführenden Frage wieder zu Ihrem Hauptziel zurück: nämlich zum Terminwunsch.

Achten Sie darauf, dass Sie den entkräfteten Zeiteinwand in der weiterführenden Frage noch ein letztes Mal erwähnen.

Beispiel 2: Wir haben bereits eine Kooperation mit einem Radiosender

1. Bestätigung

Verkäufer: *„Herr Kunde, gerade bezüglich der Durchsetzung eines erfolgreichen Werbeplans ist die Auswahl der geeigneten Medienpartner ein sehr wichtiges Thema für unsere Kunden. "*

2. Behandlung

Verkäufer: *„Und das ist der Grund, warum ich Sie anrufe und nach einem Termin frage. WEIL SIE BEREITS EINEN WERBEPARTNER HABEN.*
(Pause von 2–3 s).
Viele Werbekunden aus Ihrer Branche nutzen neben dem Medium Radio auch unser Medium, weil sie mit unserer Kommunikationslösung zusätzliche Menschen in der Zielgruppe ansprechen und zu Käufern machen, die von Radio eben nicht erreicht werden.
Darf ich Ihnen hierzu eine kurze Frage stellen?"

Kunde: *„Ja. "*

Verkäufer: *„Was muss unser Medium für Ziele erfüllen, dass Sie sich in der zusätzlichen Nutzung unseres Mediums als Werbemedium voll und ganz bestätigt fühlen?"*

Kunde: *„Es müsste leistbar sein und mir neue Kunden bringen."*

Verkäufer: *„Herr Kunde, genau zu Ihrem Ziel, mehr Neukunden zu gewinnen, haben wir einige sehr erfolgreiche Kampagnen mit vergleichbaren Firmen wie Ihrer umgesetzt. Die möchte ich Ihnen gerne vorstellen."* (jetzt bloß keine Pause machen, sondern sofort die weiterführende Frage stellen!).

3. Weiterführende Frage

Verkäufer: *„Geht bei Ihnen Donnerstag ab 11 Uhr oder haben Sie am Freitagnachmittag ab 14 Uhr Zeit für unser Gespräch?"*

> Wenn Sie diese Behandlungstechnik genau gelesen haben, dann haben Sie sicherlich erkannt, dass ich wie im ersten Beispiel (Ich habe keine Zeit!) zwei Techniken verwende: **Einmal die Verblüffungstechnik und zusätzlich die Frage, unter welcher Bedingung der Werbeeinsatz mit Ihrem Medium ein voller Erfolg für den Kunden ist.** Somit geht es nahtlos weiter zur nächsten Einwandbehandlungstechnik, der Bedingungstechnik.

5.3.5 Die Bedingungstechnik

Wie der Name der Technik schon sagt, geht es hier um die Frage, unter welcher Bedingung der Einsatz der Werbung bzw. der Termin sich für den Kunden lohnt.

Beispiel: Wir haben unser Werbebudget bereits verplant
1. Bestätigung

Verkäufer: *„Dass Sie Ihre Kommunikation für dieses Jahr bereits geplant haben zeigt, wie strategisch Sie diese Investitionen für Ihr Unternehmen ansehen."*

2. Behandlung

Verkäufer: „Was muss unser Medium für Ziele erfüllen, dass Sie sich in der zusätzlichen Nutzung unseres Mediums als Werbemedium voll und ganz bestätigt fühlen. Geht es Ihnen hierbei eher um Kostendeckung oder um die Gewinnung von neuen Kunden?"

Kunde: „Wir müssten deutlich mehr Neukunden gewinnen können. Und das natürlich bei gleichbleibendem Budget."

Verkäufer: „Herr Kunde, genau zu Ihren Zielen, mehr Neukunden bei gleichbleibendem Werbeetat gewinnen, haben wir einige sehr erfolgreiche Kampagnen mit vergleichbaren Firmen wie Ihrer umgesetzt."

3. Weiterführende Frage

Verkäufer: „Wann kann ich Ihnen unsere leistbaren Lösungen in den kommenden Tagen vorstellen? Geht bei Ihnen Donnerstag ab 11 Uhr oder haben Sie am Freitagnachmittag ab 14 Uhr Zeit für unser Gespräch?"

Übersicht

Die Bedingungstechnik eignet sich hervorragend für den Einsatz bei den zusätzlichen Einwänden

Ich habe keine Zeit
(„Welche Inhalte muss ich Ihnen in einem halbstündigen Gespräch liefern, damit Sie sagen: ‚Dieses Treffen mit dem Verkäufer hat sich wirklich gelohnt!'?").

Ich habe kein Interesse
(„Welche Informationen müsste ich Ihnen liefern, damit Sie größtes Interesse an einem gemeinsamen Termin hätten?").

Werbung mit Ihrem Medium funktioniert nicht für unser Produkt?
(„Welche Informationen müsste ich Ihnen liefern, damit Sie erkennen, dass unser Medium sich hervorragend für die Bewerbung Ihres Produkts

eignet? Wären z. B. Referenzbeispiele anderer Firmen aus Ihrer Branche sinnvoll?").
Und je nach Antwort verknüpfen Sie diese in einen sinnbringenden Satz zum Einläuten der weiterführenden Frage nach dem Termin:

Kunde: *„Wir müssten deutlich mehr Neukunden gewinnen können.*
             Und das natürlich bei gleichbleibendem Budget."
Verkäufer: *„Herr Kunde, genau zu Ihren Zielen, mehr Neukunden bei*
             gleichbleibendem Werbeetat gewinnen, haben wir einige sehr
             erfolgreiche Kampagnen mit vergleichbaren Firmen wie Ihrer
             umgesetzt. Wann kann ich Ihnen unsere leistbaren Lösungen
             in den kommenden Tagen vorstellen? Geht bei Ihnen
             Donnerstag ab 11 Uhr oder haben Sie am Freitagnachmittag
             ab 14 Uhr Zeit für unser Gespräch?"

5.3.6 Die Provokationstechnik

Jeder von uns kennt Situationen, in denen der Einwand sehr stark nach Vorwand riecht. Wie bereits mehrfach erwähnt, überkommt den Kunden sehr häufig ein Automatismus in seiner Abwehrhaltung, wenn Verkäufer eher grau sind und das Reptilienhirn nicht mit ihren hellen Farben positiv provozieren.

Da kann schon mal ein Vorwand rausposaunt werden, der danach schreit, aufgedeckt zu werden. Dies können Sie mithilfe der Provokationstechnik durchführen. Sie bauen für den Kunden eine Brücke, damit er diese Aussage entweder zurücknimmt oder sie begründet.

Beispiel: Ich habe gerade keine Zeit/Ich habe kein Interesse

Verkäufer: *„Herr Kunde, das sagen Sie doch nur, weil Sie aktuell nicht*
             mit einem Verkäufer reden möchten und mich so schnell
             wie möglich aus der Leitung haben möchten. Sehe ich das
             richtig?"

Jetzt kann der Kunde Ihre Frage entweder bejahen oder verneinen. Unabhängig davon, was er jetzt sagt – SIE SIND WEITER IM GESPRÄCH!

Kunde: *„Naja, wissen Sie, Sie sind heute der dritte Mediaberater, der mich kontaktiert und alle möchten mein Bestes. Nämlich mein Geld. Da muss ich einfach selektieren."*

Verkäufer: *„Herr Kunde, dass Sie mir das mitteilen, finde ich sehr gut. Vielen Dank. Erlauben Sie mir bitte eine kurze Frage: Welche Themen müssten bei einem Treffen mit mir diskutiert werden, damit dieses Treffen für Sie eine hervorragende Investition Ihrer Zeit ist? Welche Ziele müssen für Sie durch ein Treffen mit mir erreichbar sein?"*

Das Gespräch geht also mit der **Bedingungstechnik** weiter.

Kunde: *„Hören Sie, wir haben aktuell eine Kooperation mit der Tageszeitung und die funktioniert sehr gut für uns. Unser Budget ist übrigens auch nicht unendlich."*

Der Kunde beantwortet die gestellte Frage nicht, sondern erhöht die Mauer mit einem neuen Einwand. Jetzt kommt eine neue Technik ins Spiel, welche ich im Anschluss detailliert erläutern werde: die Wunschtechnik.

Verkäufer: *„Dann ist es für Sie sehr wichtig, dass Sie in einem persönlichen Gespräch nicht nur erfahren, wie Sie im Mix mit Zeitungs- und Radiowerbung viele zusätzliche Neukunden gewinnen, sondern auch, wie Sie einen Mix so kostenneutral wie möglich durchführen können. Sehe ich das so richtig?"*

Kunde: *„Das sehen Sie richtig."*

Verkäufer: *„Wissen Sie, Herr Kunde, einige meiner besten Kunden hatten genau diese Herausforderung. Bessere Ergebnisse zu erzielen, aber ohne den Werbetopf zu sprengen.*
Hier könnte ich ihnen sehr erfolgreiche Werbelösungen vor-stellen, die sie seit längerem auch mit unserem Medium anwenden. Wann haben Sie in der nächsten Woche eine halbe Stunde Zeit, dass ich Ihnen zeigen kann, wie sehr die Firmen durch die Kampagnen profitiert haben. Geht bei Ihnen Mittwochvormittag gegen 10 Uhr?"

Übersicht

In diesem Beispiel hat der Kunde meine Brücke „angenommen" und mir mitgeteilt, dass ich heute der 3. Verkäufer in seiner Leitung bin. Diese Aus-sage ist insofern bemerkenswert, weil er sich mir gegenüber öffnet und ich seine volle Aufmerksamkeit mit dieser Technik gewonnen habe.

Somit haben Sie jetzt die Möglichkeit, dass Sie mit einer weiteren Frage wieder zu Ihrem Kernziel (z. B. Terminvereinbarung) lenken. In diesem Fall ist es die Frage nach den gewünschten Gesprächsinhalten wichtig für einen lohnenden Termin. Wenn der Kunde diese Frage beantwortet, dann haben Sie quasi den Termin vereinbart. Anstelle einer Antwort auf meine Frage zu den gewünschten Termininhalten hat der Kunde zwei weitere Einwände gebracht.

Hören Sie, wir haben aktuell eine Kooperation mit der Tageszeitung und die funktioniert sehr gut für uns. Unser Budget ist wirklich nicht unendlich.

Zur Behandlung der weiteren Einwände habe ich im obigen Beispiel die Wunschtechnik eingesetzt.

5.3.7 Die Wunschtechnik

Stellen Sie sich jeden Einwand auf der Skala von 1 bis 10 vor und über-legen Sie, welche Sehnsucht diesen Einwand in das Gegensätzliche zum Einwand umformen könnte. Suchen Sie also immer den Gegenpol vom Einwand und formulieren Sie diesen Wunsch in eine Bestätigungsfrage.

Nehmen wir an, Sie hören vom Entscheider bei der Frage nach einem Termin den Einwand: „Ich habe keine Zeit.".

„Ich habe keine Zeit"
Auf der 1 in der Skala haben wir den Zeit-Einwand **Ich habe keine Zeit.**

- **Der Einwand:** Ich habe keine Zeit. (Skala 1)
- **Der Wunsch:** Spare mir Zeit. Halte Dich kurz. Zeige mir, dass sich die eingesetzte Zeit für mich lohnt. (Skala 10)

Der Einwand	Der Wunsch hinter dem Einwand
Ich habe keine Zeit	Spare mir Zeit
	Halte Dich kurz
	Zeige mir, dass sich die
	eingesetzte Zeit für mich lohnt
	...
Skala 1	**Skala 10**

Auf der 10 in der Skala setzen wir dann den entgegengesetzten Wunsch „Schaffe bzw. spare mir Zeit".

Und jetzt gilt es, den Kunden bestätigen zu lassen, dass er genau diesen Wunsch auf der 10 in der Skala anstrebt. Und diese Bestätigung holen Sie sich durch die – genau – Bestätigungsfrage.

Das Gespräch könnte in etwa folgendermaßen verlaufen:

Kunde: *„Ich habe keine Zeit für einen Termin."*

Verkäufer: *„Dann ist es Ihnen wichtig, dass Sie bei einem Termin die wichtigsten Informationen in aller Kürze und ohne Zeitverschwendung erhalten, wie Sie Ihre Restaurantauslastung am Montag und Dienstag signifikant erhöhen können, sehe ich das richtig?"*

Oder

„Ich verstehe Sie richtig, dass ein Termin sich genau dann für Sie lohnt, wenn Sie innerhalb kurzer Zeit Ihre Vorteile durch den Einsatz unserer Werbelösung erkennen, nicht wahr?"

Oder

*„Wenn Sie sagen, Sie haben keine Zeit, dann bedeutet das doch auch gleichzeitig, dass Sie sich die Zeit für die **wichtigen** Dinge nehmen, oder sehe ich das falsch?"*

„Ich habe kein Budget"

Beginnen wir die Suche nach dem Gegenpol zum Einwand.

Der Einwand	Der Wunsch hinter dem Einwand
Ich habe kein Budget	Mache es leistbar für mich Zeige mir eine kostenneutrale Lösung Zeige mir, dass sich die Zusatzinvestition für mich lohnt ...
Skala 1	**Skala 10**

Nun geht es wieder darum, dass der Kunde Ihnen den angestrebten Wunsch bestätigt.

Im Fall des Budgeteinwands könnte das Gespräch folgendermaßen verlaufen:

Kunde: *„Ich habe kein Werbebudget mehr für dieses Jahr."*
Verkäufer: *„Wenn ich Sie richtig verstehe, ist Ihnen eine Werbelösung besonders wichtig, wenn sie entweder kostenneutral ist, oder sie erreicht Ihre Werbeziele so sehr, dass sich eine Zusatzinvestition für Sie lohnt, sehe ich das richtig?"*

Oder

„Dann ist es Ihnen wichtig, dass eine wirkungsvollere Kampagne mit unserem Medium Ihr Budget nicht zu sehr beansprucht, sehe ich das richtig?"

„Sie sagen doch alle, dass genau Ihr Produkt die beste Werbelösung ist."

Zuerst definieren Sie wieder den möglichen Wunsch auf der Skala 10.

Der Einwand	Der Wunsch hinter dem Einwand
Sie sagen alle das Gleiche: „Mein Produkt ist das Beste"	Zeige mir, dass es wirklich die beste Lösung ist. ...
Skala 1	**Skala 10**

Im Falle der Aussage „Alle sagen, ihr Produkt ist das Allheilmittel"
könnte das Gespräch folgendermaßen laufen:

Kunde: *„Alle Medien sagen, ihre Kommunikationslösung sei das einzig Richtige. "*

Verkäufer: *„Dann gehe ich davon aus, Sie legen viel Wert darauf, dass ich Ihnen im persönlichen Gespräch harte Daten und Fakten als Beweisführung für die erfolgreiche Wirkung unserer Kommunikationslösung vorlege, verstehe ich das richtig?"*

Oder

„Dann ist es Ihnen wichtig, dass ich bei einem persönlichen Meeting Unternehmen nenne, die die gleichen Ziele hatten und mit unserer Kommunikationslösung genau diese Ziele erreicht haben. "

„Ihr Medium eignet sich nicht für die Bewerbung unserer Angebote."
Beginnen wir wieder mit der Suche nach dem Gegenpol zu Einwand.

Der Einwand	Der Wunsch hinter dem Einwand
Ihr Medium funktioniert nicht.	Zeige mir, dass es wirklich die beste Lösung ist.
Skala 1	**Skala 10**

Kunde: *„Radiowerbung funktioniert bei unserem Angebot nicht. "*

Verkäufer: *„Dann ist es maßgeblich für Sie, dass ich Ihnen anhand von konkreten Kampagnenbeispielen darstellen kann, wie erfolgreich unsere Werbelösung im Radio für Firmen mit vergleichbaren Zielen war, verstehe ich das richtig?"*
Sämtliche Fragen des Verkäufers betrachten die Kundeneinwände aus dem entgegengesetzten 180°-Blickwinkel, die im Fall der Wunschtechnik nur ein klares Ja zulassen können.
Und dieses Ja des Kunden greifen wir auf und holen uns den ersten Erfolg in Form eines Termins auf der Straße zum Auftrag.

Kunde: *„Herr Kunde, ganz im Ernst, wann kann ich Ihnen diese*
Erfolgslösungen vorstellen, die vielen Firmen genau diesen
Erfolg/diese Bekanntheit/den Lagerabverkauf bescherten?
Wie sieht der Kalender bei Ihnen in der nächsten Woche
Mittwoch um 15 Uhr aus? Es ginge bei mir auch am
Donnerstag um 10 Uhr. Unser Treffen dauert ca. eine halbe
Stunde."

5.3.8 Die Katastrophentechnik

Wie bei der Wunschtechnik möchten wir den Kundeneinwand von
Skala 1 zu 10 umwandeln. Der Unterschied zur Wunschtechnik ist,
dass wir den Kunden direkt nach dem a) schlechtesten und nach dem
b) besten Ergebnis eines Termins fragen. Wie bei fast allen Einwandbehandlungstechniken wird im Anschluss der Behandlung eine offene
Frage gestellt, die nicht mit Ja oder Nein beantwortet werden kann.

Die Katastrophentechnik können Sie bei den meisten Einwänden
nutzen, die wir normalerweise hören:

• Keine Zeit
• Kein Interesse
• Kein Budget
• Werbung bei Ihnen funktioniert nicht
• Wir haben bereits eine Kooperation mit einem anderen Werbe-
  medium

Beginnen Sie immer mit der Frage auf der Skala 1, was schlimmstenfalls passieren könnte und folgen dann mit der Frage auf Skala 10, was
bestenfalls passieren könnte.

Die Katastrophentechnik nutze ich gerne, wenn mein Ansprechpartner mich nicht gleichwertig behandelt und ich eine plakative und
wirksame Duftmarke setzen möchte:

„Radiowerbung funktioniert bei unserem Angebot nicht."

Verkäufer:	*„Danke, dass Sie gleich auf den Punkt kommen. Erlauben Sie mir bitte eine Frage. Was kann schlimmstenfalls passieren, wenn wir uns zu einem Termin treffen?"*
Kunde:	*„Dass ich eine Stunde Zeit vergeudet habe."/ „Dass Sie mich nicht überzeugen konnten."*

Und dann stellen Sie die zweite Frage zum anderen Ende der Skala:

Verkäufer:	*„Und was könnte bestenfalls passieren, wenn wir uns zu einem Termin treffen?"*
Kunde:	*(recht arrogant) „Ja, verstanden. Sie möchten hören, wie toll und erfolgreich dieser Termin war."*
Verkäufer:	*„Und genau das ist auch mein Anspruch. Ich habe hier einige Beispiele von Unternehmen, die auch das Ziel der Bekanntheitssteigerung verfolgten und durch unsere Kommunikationslösung sehr erfolgreich mit ihrer Zielerreichung waren. Wann kann ich sie Ihnen in der nächsten Woche vorstellen? Wie wäre es mit Mittwoch ab 15 Uhr für eine gut investierte halbe Stunde?"*

Übersicht

Das Beispiel der Katastrophentechnik verdeutlicht die Gesprächsführung durch den Verkäufer. Sie bringen den Kunden dazu, über das Pro und Contra eines Meetings mit Ihnen nachzudenken.

Wie bei allen Einwänden können Sie weitere Techniken in die Einwandbehandlung in Freestyle-Manier hinzufügen. So z. B. die zusätzliche Referenztechnik im obigen Beispiel, bei der Sie vergleichbare Unternehmen ins Gespräch bringen, die ihre Ziele durch ihre Kooperation mit Ihnen erfolgreich gemeistert haben.

5.3.9 Die Perfect-World-Technik

Angelehnt an die Katastrophentechnik können Sie auch ein „Best-Case-Szenario" nutzen, ohne auf das „Worst-Case-Szenario" einzugehen.

Fragen Sie, ob ein Termin zustande käme, wenn Ihr Angebot eine absolut sichere Bank für den Kunden wäre.

Wenn Sie Ihren Kunden gedanklich ins Paradies katapultieren, lösen Sie ihn von negativen Gefühlen und fördern Sie seine positive Grundeinstellung.

Verkäufer:	*„Herr Kunde, erlauben Sie mir bitte eine Frage. Wenn Sie wüssten, dass unsere Lösung wirklich eine Top-Kommunikationslösung für Sie ist, wäre dann ein Treffen mit mir wünschenswert?"*
Kunde:	*„Ja, sicher. Aber es geht mir hier wie von Ihnen gesagt um die Sicherheit, dass die Werbung auch wirklich gut für unser Haus funktioniert."*
Verkäufer:	*„Und was würde Ihnen für diese Sicherheit reichen? Viele Firmen wünschen sich Referenzen als Sicherheit. Also Beispiele von vergleichbaren Firmen, die unsere Kommunikationslösung erfolgreich umgesetzt haben. Sind solche Referenzen auch für Sie wichtig?"*
Kunde:	*„Ja."*
Verkäufer:	*„Prima, ich habe einige sehr interessante Referenzbeispiele, die ich Ihnen sehr gerne vorstellen möchte. Wie sieht denn der Kalender in der nächsten Woche am Montagnachmittag bei Ihnen aus?"*

Haben Sie es gemerkt? Bei der obigen Frage nach dem Termin geht es nicht darum ob, sondern wann der Termin stattfindet. Das „ob" entfällt wie bei den anderen Einwandbehandlungtechniken. In diesem Fall, weil der Kunde bestätigt, dass er Referenzbeispiele sehen möchte. Somit hat er einem Treffen mit Ihnen zugestimmt.

Bei sämtlichen Einwandbehandlungstechniken verfolgen wir drei unterschiedliche Aufgabenstellungen.

1. **Ihre persönliche Zielerreichung**

Sei es der Termin, der Auftrag, der Folgeauftrag, die Referenz. Und dieses Ziel zurren Sie nach der Behandlung des Einwands mit der Frage nach dem Termin, dem Auftrag fest.

2. **Den Kundennutzen hervorheben**
Nachdem Sie im Zuge der Bedarfsermittlung die Kernziele und Hauptschmerzen des Kunden erfahren haben, müssen Sie den Nutzen des Termins bzw. des Angebots mit dem konkreten Bedarf in der Argumentationskette verknüpfen.

3. **Fehlende Informationen liefern**
Der Kundeneinwand signalisiert häufig, dass der Kunde entweder etwas falsch verstanden hat oder noch weiterführende Informationen benötigt.
Glaubt der Kunde beispielsweise nicht an die Kraft des Mediums, fehlen ihm womöglich Referenzbeweise von anderen Firmen, deren Werbeziele aufgrund der Kommunikationslösung vollständig erreicht wurden.

5.3.10 Die Szenariotechnik

Mit dieser Technik beschreiben Sie eine Handlung, die sie im Kopf des Kunden malen. Die Power dieser Technik liegt vor allem darin, dem Kunden ein Bild mit dem Nutzen vorzugeben. Bilder wirken deutlich stärker als Worte, bleiben deutlich tiefer in der Erinnerung und können länger abgerufen werden. Der hinzugefügte Kundennutzen macht das Bild einem Van Gogh gleich. Ausdrucksstark und unvergessen.

Als Universalbeispiel zur Behandlung einer Vielzahl von Einwänden mit der Szenariotechnik gilt folgender Leitfaden, den Sie sogar unverändert für unterschiedliche Einwände nutzen können.

Verkäufer: *„Herr Kunde, stellen Sie sich vor, ich zeige Ihnen in einem 30minütigen Gespräch, wie Sie mit unserer Kommunikationslösung Ihre Bekanntheit auf die nächste Ebene heben und somit neue Kunden gewinnen und frischen Umsatz erzielen können. Wäre das nicht eine gute Investition Ihrer Zeit?"*

Übersicht

Wenn der Kunde ehrlich ist, kann er diese abschließende Frage nur bejahen. Dieser Satz ist eins zu eins für folgende Einwände anwendbar:

- „Ich habe keine Zeit",
- „Ich habe kein Interesse",
- „Ihr Medium ist für die Bewerbung unserer Angebote nicht geeignet",
- „Wir kooperieren bereits mit einem anderen Medium"

5.3.11 Die zehn Einwandbehandlungstechniken auf einen Blick

Zur besseren Übersicht der Einwände und deren Behandlung stelle ich Ihnen die zehn Einwandbehandlungstechniken in Tabellenform vor.

Wunschtechnik (z.B. keine Zeit, Budget verplant)	Katastrophentechnik	Verblüffungstechnik	Skalierungstechnik
Sie möchten also, dass ich mich sehr kurzfasse, wenn ich die Vorteile unserer Lösung aufzeige, und wie Sie mit zusätzlichem Neukundengeschäft davon profitieren, ist das richtig? Dann gehe ich davon aus, dass wenn ich Ihnen zeigen kann, wie Sie mit geringem Mitteleinsatz Ihre Kundenanzahl/ Ihren Umsatz deutlich steigern können, dann lohnt sich ein Gespräch mit mir, nicht wahr?	a) Was könnte im schlimmsten Fall passieren, wenn wir uns für eine halbe Stunde bei Ihnen treffen? … b) Stellen Sie sich vor, das Gegenteil ist der Fall und ich liefere Ihnen eine Toplösung für Ihre Zielerreichung. c) Lohnt es sich nicht daher, sich für eine halbe Stunde Zeit zu nehmen?	a) Das ist genau der Grund, warum ich Sie anrufen / WEIL Sie keine Zeit haben / WEIL Sie Ihr Budget bereits verplant haben. b) Stellen Sie sich vor, ich fasse mich bei der Vorstellung unserer Werbelösung sehr kurz und Sie erkennen innerhalb von 20 Minuten, wie Sie von dieser Lösung profitieren können. c) Das wäre doch eine gute Investition Ihrer eng begrenzten Zeit für ein Gespräch mit mir, meinen Sie nicht?	a) Herr Kunde, auf einer Skala von 1 – 10, wie sehr sind Sie meinem Angebot zugeneigt? Bei 1 sind Sie vollkommen abgeneigt, bei 10 vollkommen zugeneigt. … b) Was müsste ich Ihrer Meinung nach ändern bzw. hinzufügen, dass Sie sich auf der 10 bewegen? … c) Gut, dass ich nachgefragt habe. Das ist ein sehr wichtiger Punkt, dass wir folgendermaßen für Sie lösen können.

Vorwand-Terminator	Referenztechnik	Bedingungstechnik
Abgesehen vom Budget, gibt es sonst Gründe, die Sie daran hindern lässt, unsere Lösung zu kaufen? (Falls der Kunde einen anderen Grund nennt, dann ist „Kein Budget" höchstwahrscheinlich ein Vorwand. Immer das Letztgenannte behandeln)	a) Herr Kunde, einer meiner besten Kunden hat mir genau das gleiche gesagt / hat genauso an der erfolgreichen Umsetzung gezweifelt wie Sie. b) Ich konnte ihn in einem Meeting den Nutzen und die starke Wirkung des Produkts näher erläutern und nun ist er ein begeisterter Kunde von uns. Lassen Sie uns doch einen Termin vereinbaren, bei denen Sie genau diesen Nutzen detailliert von mir erklärt bekommen. Wann wäre ein geeigneter Termin für Sie?	Wenn ich Ihnen zeigen kann, dass Sie deutlich mehr Neukunden mit unserer Lösung zu einem unschlagbaren Preis erhalten, kommen wir dann ins Geschäft? Nehmen wir an, wir lösen die Budgetfrage für Sie. Sind Sie dann Partner? Wenn wir das Zahlungsziel aufgrund der Zusatzleistungen für Sie verlängern können, kommen wir dann mit diesem Angebot zusammen?

Verknappungstechnik	Bestürzungstechnik	Provokationstechnik	Voraussetzungstechnik
a) Ich verstehe, dass die Investitionshöhe natürlich immer ein Thema ist. Dieses Spezialangebot ist zu Bestpreis nur noch für kurze Zeit im Markt.	a) Also, dass Sie sagen, unser Medium funktioniert nicht für die erfolgreiche Bewerbung von Produkten, trifft mich jetzt hart und überraschend.	a) Kann ich gut verstehen, dass das Budget ein wichtiges Thema für Sie ist. (...dass Sie im Moment gerade kein Interesse haben, weil Sie nicht wissen können, was genau Ihr Vorteil ist) (...)	Welche Informationen müsste ich Ihnen bei unserem ersten Treffen liefern, damit sich ein Termin mit mir lohnt?
b) Ich habe eine kurze Frage an Sie. Was ist, wenn Sie sich in einer Woche doch für dieses Angebot entscheiden, und es ist leider nicht mehr verfügbar? Ich hoffe nicht, dass Sie dann verärgert mit mir sind.	b) Da scheinen Sie schlechte Erfahrungen in der Vergangenheit gemacht zu haben.	b) Das sagen Sie doch nur, weil Sie einen Verkäufer wie mich so schnell wie möglich aus der Leitung haben möchten, oder?	Welches Zielergebnis muss eine Kampagne für Sie erreichen, damit Sie sagen, „Dieser Auftrag war sein Geld bis auf den letzten Cent wert."
c) Ich frage Sie, weil ich weiß, dass wir mit dieser Lösung Ihre Neukundenstrategie ganz wunderbar unterstützen und Sie durch den Vorteil.... mit einem deutlichen Umsatzplus profitieren können.	c) Können Sie mir bitte kurz erklären, was da passiert ist? ...	c) (bei der Antwort: „Ja, das stimmt!") Danke für Ihre Offenheit, das weiß ich sehr zu schätzen. Keiner von uns hat Zeit für unwichtige Dinge. Aber kurz gefragt – was für Ziele müssten Sie erreichen, dass Sie ein Gespräch mit mir führen wollten?	
	d) Gut, dass ich nachgefragt habe. Das ist ein sehr wichtiger Punkt, wo wir viele Firmen aus dieser Branche zu begeisterten Kunden entwickeln konnten. Genau WEIL unser Medium auch in dem Bereich so erfolgreich ist.	c) (bei der Antwort: „Nein, es geht darum, dass ...) Danke für Ihre Offenheit, das weiß ich sehr zu schätzen. Eine kurze Frage: Was für Informationen müssten Sie von mir bekommen, dass Sie ein Gespräch mit mir führen wollten?	

Literatur

Tracy, B. (1996). *Advanced selling techniques: The proven system of sales ideas, methods, and techniques used by top salespeople* (S. 358 ff.). Simon & Schuster.

6

Keine Geschwindigkeitsbeschränkung – Die Termineröffnung mit Vertrauensaufbau

Zusammenfassung Während es zum Beispiel in Österreich zum guten Ton gehört, zu Beginn des Treffens erst einmal Smalltalk zu pflegen, so kommt man in vielen Gegenden Deutschlands sofort auf den Punkt bzw. zur Sache. Ich finde es persönlich sehr wichtig, ein paar Takte mit dem Gesprächspartner auszutauschen, damit wir uns aufeinander einstellen können. Der gute Smalltalk dient dem Vertrauensaufbau und dem Ausloten von Gemeinsamkeiten zwischen den Gesprächspartnern. Dieses Kapitel behandelt den Vertrauensaufbau ohne die Zuhilfenahme des Smalltalks, indem Sie die Rahmenbedingungen des Treffens vorstellen. Sie verfolgt die Idee der unbewussten Aufwertung desjenigen, der die Rahmenbedingungen vorgibt. Seien Sie in den Augen des Kunden der Arzt!

Herzlichen Glückwunsch. Sie haben die nächste wichtige Etappe auf dem Weg zum Abschluss gemeistert. Jetzt gilt es, das positive Momentum mit ordentlicher Kraft auf die Straße zu bringen, indem der Kunde Ihnen auf Augenhöhe begegnet. Sie sind der Fahrer und

© Der/die Autor(en), exklusiv lizenziert an Springer Fachmedien Wiesbaden GmbH, ein Teil von Springer Nature 2022
R. McKenna, *Das Verkaufsnavi für Medienberater*,
https://doi.org/10.1007/978-3-658-37704-5_6

somit entscheiden Sie über die Route. Teilen Sie dem „Beifahrer" Ihren Routenverlauf mit und fragen Sie ihn, ob er damit einverstanden ist.

Übersicht

Nach lupenreiner Bedarfsermittlung, gefolgt von der gemeisterten Terminvereinbarung komme ich auf ein klassisches Dilemma im weiteren Verkaufsprozess zu sprechen: Häufig werde ich von Mediaberatern gefragt, ob sie beim vereinbarten Ersttermin bereits ein Angebot mitnehmen und aktiv verkaufen sollen, oder den Ersttermin zur Ermittlung des weiteren Bedarfs nutzen und dann einen Folgetermin mit Angebotslegung vereinbaren?

Über viele Jahre war ich der Verfechter von zwei Terminen, damit ich beim Ersttermin den Bedarf ermittle und dann zur Vorstellung unserer Kommunikationslösung nach einen Zweittermin fragte. Der Vorteil von zwei Terminen liegt vor allem im Beziehungs- und Vertrauensaufbau. So komme ich beim Ersttermin nicht mit einem Angebot ums Eck geschossen, sondern punkte beim Kunden durch die Tatsache, dass das Angebot erst nach der Ermittlung seiner individuellen Ziele und Schmerzen maßgeschneidert werden kann.

Der Nachteil liegt im mit hohen Kosten verbundenen Zeitaufwand. Auch Kunden möchten häufig keinen zweiten Termin.

Kein Angebot ohne Freilegung

Je mehr Sie beim Telefonat vom Kunden über Ziele und Schmerzen erfahren haben, umso maßgeschneiderter können Sie das Angebot im ersten Termin erklären und eine klare Empfehlung abgeben. Aus diesem Grund ist die Nutzung der Navi-Fragen in der Bedarfsermittlung entscheidend für die perfekte Angebotserstellung und für Ihre Argumentationskette, die ich in den nachfolgenden drei Straßen in den Kapiteln 7–9 erörtere.

Entscheidend für das Angebot ist die Beantwortung der vier Fragen aus der lückenlosen Bedarfsanalyse:

- Hat der Kunde Schmerzen, die Ihr Angebot beheben kann?
- Weiß auch der Kunde, dass er diese Schmerzen hat?
- Möchte der Kunde diese Schmerzen zeitnah loswerden?
- Ist der Kunde bereit, ein Angebot von Ihnen zu kaufen?

Nehmen wir an, der Kunde hat keine Zeit für die telefonische Bedarfsermittlung und vereinbart einen Termin mit Ihnen. Jetzt muss dieser

Termin die Aufgabe des Telefonats übernehmen, um seine Schmerzpunkte festzustellen. Auch wenn der Kunde davon ausgeht, dass Sie ihm beim Termin ein konkretes Angebot unterbreiten, muss er verstehen, dass die Angebotsphase aus zwei Prozessen besteht: Erst wenn Sie die obigen vier Fragen beantwortet haben, sind Sie in der Lage, ihm ein individuelles Angebot zu unterbreiten.

Fragt der Kunde bereits am Anfang des Meetings nach Ihrem Angebot, dann entgegnen Sie, dass ein Angebot erst aufgrund der Analyse seiner Ziele und Schmerzen sinnvoll ist. Natürlich ist es ratsam, immer mit einem Standardangebot oder ein anonymisiertes Kundenangebot im Gepäck beim Termin zu erscheinen, um die Bedeutung des Bedarfs hervorzuheben.

Kunde: *„Ich bin heute davon ausgegangen, dass Sie mir ein Angebot machen. Das war das Ziel des heutigen Treffens."*

Verkäufer: *„Damit ich Ihnen ein Angebot erstelle, das wirklich Ihren Anforderungen entspricht, muss ich zuerst Status und Ziele Ihrer Firma kennen. Wenn ich Ihnen jetzt eine Kommunikationslösung vorschlage, dann ist die Gefahr, dass ich am Thema vorbeischieße, sehr groß."* (holt ein Angebot aus seinen Unterlagen) *„Sehen Sie, dieses Angebot wurde für die Steigerung der Kundenfrequenz für einen Kunden entwickelt. Hier wussten wir, zu welchem Zeitpunkt die Werbung geschaltet werden sollte. Auch die Werbedauer, die Frequenz, das Werbebudget und der Einsatz der Online-kampagne wurden aufgrund des Gesprächs über den Bedarf ermittelt. Eine Kampagne zur Steigerung der Markenbekanntheit oder zur Neukundengewinnung ist anders aufgebaut. Deshalb ist es zielführend, wenn wir uns zuerst über Ihre Ziele und mögliche Schmerzen unterhalten. Erst dann kann ich Ihnen ein punktgenaues Angebot unterbreiten."*

Versenden Sie keine Angebote per E-Mail, sondern kämpfen Sie für einen Termin. Ansonsten können Sie es nicht Schritt für Schritt kommentieren und zum Abschluss führen. Hier haben Sie die einmalige Möglichkeit, das Angebot mit Ihrer Persönlichkeit zu untermauern und sowohl Ihre Glaubwürdigkeit als auch die Beziehung zum Kunden zu festigen.

Angebote, die Sie auf ausdrücklichen Wunsch des Kunden per E-Mail versenden, müssen wenigstens telefonisch mit ihm durchgesprochen werden. Ansonsten wird in vielen Fällen einzig der Preis die Kaufentscheidung beeinflussen.

Rahmenbedingungen setzen

Setzen Sie sofort die Rahmenbedingungen für den Termin. Derjenige, der die Rahmenbedingungen setzt, ergreift die Initiative eines Alphatiers und Sie werden garantiert nicht mehr diesen Einstiegssatz des Kunden hören:

Kunde: *Herr Verkäufer, ich habe noch einen Folgetermin direkt im Anschluss. Deshalb bitte ich Sie, dass Sie sich kurzfassen.*

Zurren Sie zu Beginn des Termins folgende Terminelemente fest:

a) den Zeitraum.
b) den Inhalt des Termins.
c) das Ergebnis des Termins.

Diese Elemente sind nichts anderes als die Terminagenda, die Sie dem Kunden folgendermaßen mitteilen können:

Verkäufer: *„Frau Schulze, vielen Dank für das heutige Treffen.*
(a – Zeitraum) Wir hatten vereinbart, dass der Termin ca. 30 min dauert. Das ist doch für Sie noch in Ordnung, nicht wahr?"

Kunde: *„Ja, das ist ok."*

Verkäufer: *(b – Inhalt) „In diesem Termin werde ich noch einige weiterführende Fragen zu ihren Kommunikationszielen stellen, die Sie mir in der letzten Woche bei unserem Telefongespräch mitgeteilt haben und Sie werden sicherlich auch einige Fragen zu unserer Werbelösung haben.*
(c – Ergebnis) Am Ende gibt es eigentlich nur zwei Ergebnisse. Entweder Sie sehen, dass wir Ihre Ziele vollkommen im Fokus haben und wir werden Partner. Oder unsere Lösung überzeugt Sie nicht. Wenn Sie glauben, dass wir nicht der richtige Partner sind, dann sagen Sie es mir einfach. Ich halte das aus. Das gehört zu meinem Job. (lächeln) Ich werde dasselbe tun, wenn ich denke, dass wir Ihnen mit unserer Lösung nicht helfen können. Ist das ok für Sie?"

Die Wirkungskraft dieser dreiteiligen Agenda-Besprechung basiert auf der Tatsache, dass Sie den Rahmen in einer sehr schlüssigen Art vorgegeben haben. Zusätzlich signalisieren Sie dem Kunden, dass Sie zu den seriösen Mitgliedern Ihrer Verkaufszunft gehören und ihm die Lösung nur bei Eignung verkaufen möchte. Ich garantiere Ihnen, dass der Kunde Sie aus einem anderen Blickwinkel und vor allem auf Augenhöhe sieht.

In diesem Kapitel haben Sie nun den Kunden „an Bord" geholt und mit dem Aufzeigen der Spielregeln gezeigt, dass Sie in der Liga der Formel-1-Fahrer zu Hause sind. Im nachfolgenden Kapitel gilt es nun, den Rest des Weges detailliert mit dem Kunden zu besprechen. Lassen Sie die Ziele des Kunden von ihm bestätigen, damit Sie mit Sicherheit die richtige Route eingeschlagen haben.

7

Routenzustimmung – Den Bedarf vom Kunden bestätigen lassen

Zusammenfassung Im Kapitel der Bedarfsanalyse habe ich mehrfach darauf hingewiesen, wie wichtig diese Informationen für den weiteren Verlauf des Verkaufsgesprächs sind. Wie können Sie den Kundenbedarf im Vorfeld nutzen, um das Angebot mit noch größerer Power vorzustellen? Indem Sie ihn vom Kunden bestätigen lassen. Dieses Kapitel zeigt Ihnen nun die Kraft der Bestätigung. Wem glaubt der Kunde in aller Regel am meisten? Sich selbst! Nutzen wir also den Kunden als glaubwürdigste Referenz bei der Wiederholung seines Bedarfs.

Um Ihrem Angebot die Aura des wirkungsvollen Zielerreichers einzuverleiben, müssen Sie in dieser Verkaufsphase zuerst den telefonisch ermittelten Bedarf wiederholen.

Das hat für den weiteren Verlauf des Gesprächs folgende Vorteile:

- Sie zeigen dem Entscheider, dass Sie sehr gut zugehört haben
- Sie aktualisieren den Bedarf im Kopf des Entscheiders (stimmt, das habe ich ja auch noch gesagt…)
- Sie erhalten in dieser Phase ausschließlich Zustimmung.

R. McKenna, *Das Verkaufsnavi für Medienberater*, https://doi.org/10.1007/978-3-658-37704-5_7

In den 80er und 90er Jahren war die Ja-Straße eine häufig genutzte Verkaufstechnik, deren Ziel darin bestand, mittels geschlossener Fragen so viele Zustimmungen wie möglich zu erlangen, damit die entscheidende Abschlussfrage auch mit einem Ja beantwortet wird.

Beim Verkauf von Versicherungen wäre die Ja-Straße folgendermaßen zur Anwendung gekommen:

- Ihnen liegt bestimmt eine gute Ausbildung für Ihre Kinder am Herzen? Ja
- Und Sie möchten bestimmt Möglichkeiten prüfen, wie man eine kleine Summe monatlich für deren Ausbildung gewinnbringend anlegen kann? Ja
- Wenn es um die eigenen Kinder geht, möchten Sie dabei bestimmt keine hohen Risiken eingehen? Ja
- Wenn ich Ihnen ein Angebot vorlege, dass alle diese Aspekte vereint und Ihnen ein Startkapital von je 300 € pro Kind schenkt, ist das für Sie das richtige Angebot? Ja
- Dann unterschreiben Sie bitte hier. Ja

Natürlich hat diese Technik sehr gut funktioniert, weil Zustimmung im Allgemeinen zu einer positiven Grundhaltung führt. Problematisch war jedoch die hohe Anzahl der Vertragskündigungen und das Misstrauen des Kunden gegenüber dem Verkäufer. Kunden fühlten sich regelrecht überrumpelt und manipuliert von diesem Hard-Selling und das Image der Verkäufer war im Keller.

Wenn Sie den im Vorgespräch ermittelten Kundenbedarf wiederholen, **dann bitten Sie den Kunden erst am Ende der einzelnen Bedarfspunkte um seine Bestätigung.**

Stellen Sie sich vor, Sie sind Kunde, und ein Verkäufer klopft acht oder zehn Inhalte aus der vorangegangenen Bedarfsanalyse ab und fragt nach jedem Punkt nach Ihrer Zustimmung. Wie würden Sie sich fühlen? Etwas irritiert? Ich denke schon.

Die positive Grundhaltung bleibt bestehen, wenn der Kunde das jeweilige Ja einfach nur denkt und am Schluss sämtliche Bedarfspunkte mit einem „Ja" bestätigt.

Persönlich nutze ich die Ja-Straße nicht als Verkaufsabschluss-technik, sondern setze sie direkt vor der Vorstellung des Angebots ein. Das erhöht die Erwartungshaltung des Kunden nach einem sinnvollen Angebot, da ich bei der Bedarfsanalyse genau zugehört und das vorzu-stellende Angebot extra auf seine Bedürfnisse zugeschnitten habe.

Beispiel:

Verkäufer: „Frau Schulze, bevor ich Ihnen unser Werbekonzept im Detail vorstelle und Ihnen zeige, wie wir damit Ihre Werbeziele unterstützen, möchte ich kurz auf die Ergebnisse unseres letzten Telefonats zurück-kommen. Sollte ich etwas vergessen oder falsch verstanden haben, sagen Sie es mir bitte.

- *Sie sagten mir, dass Sie die Bekanntheit Ihrer Firma und Ihres Produkts XY steigern müssen.*
- *Ein für Sie sehr wichtiges Anliegen ist es, die hohe Kundenfrequenz in der Hauptsaison, also Juli und November, welche Sie mit attraktiven Sonderangeboten und einem Erlebnismarkt für die gesamte Familie einläuten.*
- *Die Auslastung ist montags sehr gering und muss dringend gestärkt werden.*
- *Sie teilten mir mit, dass die vorangegangene Werbung keine Wirkung auf das Neukundengeschäft hatte und Sie auch nicht auf die Anzeigen angesprochen wurden.*
- *Zusätzlich informierten Sie mich, dass Ihr Werbebudget schon recht ausgeschöpft ist und Sie somit über ein Budget in Höhe von XYZ € ver-fügen.*
- *Und zu guter Letzt legen Sie großen Wert auf eine Kampagne mit klassischer Anzeigenwerbung und Onlinewerbung auf unserem Portal.*

So, Frau Schulze, das waren alle Punkte, über die wir in der vergangenen Woche gesprochen haben, nicht wahr?"
Und jetzt kommt das *ausgesprochene* Ja von Frau Schulze, nachdem sie dieses Ja bei jedem Punkt in der Wiederholung ihres Bedarfs *gedacht* hat.
Somit hat der Kunde die Gewissheit, dass er sich auf der richtigen Route befindet und Sie seine Ziele perfekt verstanden haben. Jetzt ist der perfekte Zeitpunkt, um dem Kunden das Angebot vorzustellen. Er möchte ja wissen, wie sich die gemeinsame Reise für ihn gestaltet. Hier gestaltet sich Ihre Funktion als „Reiseleiter", der den Touristen die Besonderheiten und Vorzüge des Bauwerks vorstellt.

8

Nur noch ein paar Meter – Die Angebotsvorstellung

Zusammenfassung „Mit diesem Neukunden-Sonderangebot erreichen Sie 350.000 Personen. Wir sind der Marktführer im Segment der 14–49-Jährigen. An uns kommt wirklich keiner vorbei. Sie bekommen insgesamt 10 Schaltungen im Zeitraum von drei Wochen. Die Investition beläuft sich auf nur 4599 €."

Frage an Sie: Was fehlt bei dieser Angebotsvorstellung? Antwort: So gut wie alles, was für den Kunden wichtig ist! Die genannten Inhalte sind nur die Merkmale des Angebots. Aber was bedeuten diese Merkmale für den Kunden? Die Abkürzung WIIFM bringt es auf den Punkt – What's in it for me? Oder auf Deutsch: Was ist da für mich drin? Wie profitiere ich davon? Bei der Vorstellung eines Angebots dürfen die Vorteile der obigen Merkmale sowie der daraus resultierende Nutzen für den Kunden nicht fehlen. Dieses Kapitel beschreibt anhand ausgewählter Beispiele das Zusammenspiel von Angebotsmerkmalen, ihren allgemeinen Vorteilen sowie den Nutzen dieser Vorteile für den Kunden.

© Der/die Autor(en), exklusiv lizenziert an Springer Fachmedien Wiesbaden GmbH, ein Teil von Springer Nature 2022
R. McKenna, *Das Verkaufsnavi für Medienberater*,
https://doi.org/10.1007/978-3-658-37704-5_8

Welcher Kunde möchte ein Angebot „von der Stange", wenn er statt-dessen eine maßgeschneiderte Lösung haben kann? Viele Medienunter-nehmen bieten neben dem Brot-und-Butter-Geschäft der klassischen Werbelösungen zusätzlich Sonderwerbeformen an, die speziell für Werbe-kunden entwickelt werden. Sonderwerbeformen sind deutliche zeit-aufwendig in Planung, Entwicklung und Umsetzung und verschlingen kostbare Zeit. Der klassische Werbeverkauf ist da schon fast ein Mengen-geschäft mit zumeist standardisierten Angeboten. Sie transformieren diese in eine maßgeschneiderte Lösung, wenn Sie dem Kunden bei der Angebotsvorstellung zeigen, wie seine Firma beim Erwerb dieser Werbe-lösung profitiert. Der Kundengedanke: „Da bekommt doch eh jeder das Gleiche" schwindet zunehmend, wenn Sie den Nutzen des Angebots für das Unternehmen mit den individuellen Kundenzielen verknüpfen.

Nun beginnen Sie die Vorstellung des Angebots z. B. mit folgenden Worten: *„So, und jetzt zeige ich Ihnen, wie wir Sie bei Ihrer Zielerreichung unterstützen."*

Mit der MVN-Mechanik (**M**erkmale, **V**orteile, **N**utzen) werden die Merkmale des Angebots mit seinen Vorteilen und dem individuellen Nutzen für den Kunden verknüpft, und sie soll den Kunden bei seiner Kaufentscheidung unterstützen.

Im Angelsächsischen wird diese Methode „Feature-Benefit-Value-Selling" genannt und gehört zu den herausragenden Verkaufstechniken, welche den Verkaufsabschluss dadurch erleichtert, indem sie den individuellen Nutzen durch die Merkmale des Angebots für den Kunden sofort greifbar macht.

8.1   Abgrenzung von Merkmal, Vorteil, Nutzen

Merkmale sind produktbezogen und beschreiben Daten, Fakten und die einzelnen Komponenten des Produkts oder der Dienstleistung.

Vorteile zeigen auf, wie diese Merkmale eine Unterstützung sein können.

Der **Nutzen** erklärt, wie die Merkmale den eigenen aktuellen Bedarf befriedigen können. Beim Nutzen geht es immer um die Kundenfrage „Was ist da für MICH drin?"

Viele von Ihnen kennen den recht überstrapazierten Spruch: Verkaufen Sie nicht die Bohrmaschine, sondern verkaufen Sie das Loch in der Wand. Solange der Käufer die Bohrmaschine nicht als Statussymbol kaufen möchte, verdeutlicht dieses Bild eindeutig den Verkauf über den Nutzen.

Wenn wir bei diesem Beispiel der Bohrmaschine bleiben, beobachte ich häufig, dass die besten Spezialisten mitunter die schlechtesten Verkäufer sind. Sie reden über den Drehmoment des Bohrers, kennen sämtliche technischen Features, und vergessen es, Problemlösungen in den Vordergrund zu stellen.

Übersicht

Im vergangenen Jahr gab unsere Waschmaschine den Geist auf und meine Frau und ich fuhren zu einem großen Elektrogeschäft um eine neue zu kaufen. Wir fanden einen Verkäufer, der uns fragte, ob wir eine bestimmte Marke präferieren. Wir hatten keine Präferenzen. Als nächstes kam die Frage nach unserer Preisvorstellung. Wir nannten sie.

Der Verkäufer informierte uns, dass er zwei Waschmaschinen im Angebot hätte, die er uns zeigte und uns über deren technische Features er uns informierte. Eine der zwei Waschmaschinen kam in die enge Auswahl und wir einigten uns, sie zu kaufen. Plötzlich kniete meine Frau vor der Waschmaschine, sah hinein und sagte, sie fände die Waschtrommel irgendwie kleiner als die der kaputten Waschmaschine. Ja, sagte der Verkäufer, sie hätte auch nur ein Fassungsvermögen von 6 kg.

Der Verkaufskollege verkaufte uns die Waschmaschine einzig über das Merkmal des Preises, nachdem seine Bedarfsanalyse mit der Frage nach dem Preis erschöpft war. Hätte der Verkäufer Fragen nach Waschhäufigkeit, Haushaltsgröße und dergleichen gestellt, dann hätte er uns sofort gesagt: „Als 4-Personen-Haushalt mit zwei erwachsenen Kindern reicht die 6 Kiloversion nicht aus."

Gut, dass meine Frau in die Knie ging, schlecht, dass der Verkäufer nicht in der hohen Kunst der Bedarfsanalyse geschult war.

Die beiden nachfolgenden Beispiele veranschaulichen Ihnen das Zusammenspiel der Merkmale mit dem allgemeinen Vorteil, der sich je nach Ziel zum individuellen Nutzen des Kunden transformiert.

Beispiel 1: Autokauf
Merkmale des Autos:

- Schwarz
- 270 PS
- getönte Scheibe
- Panoramadach

Vorteile einzelner Merkmale:

- Mit 270 PS kann der Fahrer das Auto hervorragend beschleunigen.
- Die getönten Scheiben verhindern das Blenden der Sonne in den Augen.
- Mit dem Panoramadach vergrößert sich der Innenraum optisch

Nutzen von Vorteilen:

- Da kann ich auf der Autobahn auch bei hohem Verkehrsaufkommen sicher und schnell überholen. Das ist genau das, was ich will.
- Mit den getönten Scheiben blendet mich die Sonne nicht auf dem Weg zur Arbeit. Das ist genau das, was ich will.

Beispiel 2: Kauf einer Baseballkappe
Merkmale der Kappe:

- grau
- Baumwolle
- Luftlöcher
- Schweißband innen
- Schirm
- Größenverstellbar

Vorteile einzelner Merkmale:

- Die Kappe kann man in der Waschmaschine waschen, wenn sie schmutzig ist

- Die Luftlöcher erlauben eine Luftzirkulation und kühlen den Kopf
- Das Schweißband saugt bei Hitze und Anstrengung den Schweiß ab.
- Durch den Klemmverschluss kann die Kappe von Leuten mit unterschiedlicher Kopfgröße getragen werden

Nutzen von Vorteilen:

- Da kann ich die Kappe beim Joggen tragen, der Schweiß läuft mir nicht mehr in die Augen und die Luftlöcher kühlen automatisch meinen Kopf.
- Die Kappe ist aus Baumwolle und ich kann sie nach dem Joggen waschen. Genau das, was ich will.

Beim Nutzen müssen Sie die Kundensicht einnehmen und überlegen, was für **ihn** drin ist, also ob die Vorteile der Merkmale tatsächlich seine eigenen Ziele unterstützen. Und dieser Kundennutzen wird in der Phase der Bedarfsermittlung ersichtlich.

8.2 Die MVN-Technik im Verkaufsgespräch

Bei der Vorstellung des Angebots nutzen Sie die MVN-Technik, um den Nutzen der Merkmale für die Kundenziele zu besprechen. Der Medienberater eines Radiosenders kann das Werbeangebot folgendermaßen mit seinem Kunden besprechen:

1. Ziel: Steigerung der Bekanntheit

Verkäufer (Merkmale): *Schauen Sie, Frau Schulze. Die Kampagne ist auf vier Wochen angelegt. Wir haben täglich von Montag bis Freitag vier Spots zu unterschiedlichen Zeiten für Sie eingeplant.*

(Vorteile): *Bei vier Spots täglich zu unterschiedlichen Zeiten erreichen Sie viele zusätzliche Hörer, weil nicht jeder zur gleichen Zeit Radio hört. Gleichzeitig werden viele Hörer Ihren Spot*

| | *häufiger pro Tag wahrnehmen, weil diese über einen langen Zeitraum am Tag Radio hören und durch die Frequenz von vier Spots pro Tag Ihre Zielgruppe zum Teil sogar doppelt und dreifach mit Ihrer Botschaft erreichen.* |
| *(Nutzen):* | *Dadurch werden immer mehr Menschen in Ihrer Zielgruppe beim Bedarf genau an IHR Angebot denken und bei Ihnen kaufen.* |

Die nachhaltige Bekanntheitssteigerung und die Neukundengewinnung sind doch genau Ihre Kernziele, wie Sie mir eingangs mitgeteilt haben.

2. Ziel: Erhöhung der Auslastung am Montag und Stärkung der saisonalen Schwerpunkte

Verkäufer (Merkmale):	*Schauen Sie, Frau Schulze, bei dieser Kommunikationslösung haben wir zur Auslastung des Montags und zur Stärkung der Kundenfrequenz im Saisongeschäft bewusst zwei Kampagnenzeiträume à zwei Wochen eingeplant. Und zwar einmal Anfang Juli und einmal Anfang November. Die täglichen vier Spots gelten nur für Montag bis Freitag, samstags und sonntags erhöhen wir die Spotanzahl um jeweils zwei Spots und strahlen an den Wochenenden jeweils sechs Spots pro Tag aus.*
(Vorteile):	*Die Vorteile der täglichen Mehrfachschaltung habe ich Ihnen gerade erläutert. Menschen werden häufiger erreicht und erinnern sich besser. Natürlich geht es auch darum, weitere Hörer mit der Botschaft zu erreichen.*
	Zusätzlich wird Ihre Zielgruppe am Samstag und Sonntag mit einem unterschiedlichen

	Radiospot auf Ihre Montagsangebote aufmerksam gemacht. *Gleichzeitig hat der jeweilige Kampagneneinsatz für Sie den Vorteil, dass Sie Ihre Kommunikation auf die beiden für Sie wichtigsten Zeiträume konzentrieren können. Einmal Ihr saisonaler Schwerpunkt im Juli und dann der Schwerpunkt Anfang November.*
(Nutzen):	*Das bedeutet, dass sich Ihre Botschaft bei einem Großteil unserer 300.000 Hörer durch die tägliche Wiederholung im Kopf festbrennt und Sie durch die zusätzliche Botschaft am Wochenende am Montag eine deutlich höhere Kundenfrequenz in Ihrem Geschäft haben.*

Somit erreichen wir genau die beiden Ziele, dass deutlich mehr Gäste bereits montags den Wochenmittagstisch bei Ihnen bestellen UND die beiden Saisonen im Fokus stehen.

> Beenden Sie jede MVN-Argumentationskette mit der jeweiligen Aussage, dass das individuelle Ziel des jeweiligen Teilbedarfs mit Ihrem Angebot vollkommen erfüllt wird. Der Kunde wird im Geiste seine Zustimmung geben.

Hat der Kunde mehrere Kommunikationsziele genannt, dann nutzen Sie bitte die MVN-Argumentationskette für die Kernziele des Kunden. Sie sollten keinesfalls die ganzen Merkmale und Vorteile pro Ziel herunterbeten, wenn Sie wie bei Beispiel 2 mehrere Ziele in eine Argumentationskette zusammenlegen können.

Erstellung von MVN-Argumentationsketten

Die Tab. 8.1 gibt Ihnen zu unterschiedlichen Firmenzielen exemplarische Vorteile und Nutzen für den Kunden, die Sie für Ihre MVN-Argumentationskette nutzen können.

Tab. 8.1 Beispiel MVN-Argumentationskette

Firmenziel	Merkmale des Angebots	Vorteile des Angebots	Nutzen für den Kunden
Neukunden-gewinnung Umsatzsteigerung Produktneuein-führung Image steigern, ändern	Anzahl Medien-nutzer Werbefrequenz Platzierung der Werbemittel Zeitraum Anzeigengröße, Spotlänge Werbemittel-platzierung Sonderformat Sonderwerbeform …	Viele Menschen sehen/hören die Werbebotschaft mehrfach und erinnern sich deutlich länger an Ihr Angebot Dadurch steigt Ihre Bekanntheit	Viele neue Menschen entscheiden sich durch Ihre Bekanntheits-steigerung für Ihr Angebot und Sie steigern Ihren Umsatz
Unterstützung des Saisongeschäfts Optimierung der Auslastung (Hotels, Gastro-nomie, …)		Ihre Bekanntheit steigt genau zu dem Zeitpunkt, der für die Eröffnung des Geschäfts auch wichtig ist Ihre Botschaft wird von vielen Menschen häufig wahrgenommen. Dadurch bleibt diese Botschaft deutlich länger in Erinnerung und Sie steigern Ihre Bekanntheit	Da viele in Ihrer Zielgruppe das Besondere an Ihrem Angebot kennengelernt haben, werden sich deutlich mehr Menschen für Ihr Angebot entscheiden und Sie haben einen erfolgreichen Saisonstart Da viele Ihrer Ziel-gruppe … … und Sie haben mehr Gäste in den auslastungs-schwachen Monaten
Personalrecruiting		Durch die Platzierung des Beitrags „Der Job der Woche" direkt vor den Nachrichten erhält Ihre Botschaft die höchste Auf-merksamkeit und absolute Allein-stellung	Durch diese hohe Aufmerksam-keit werden sich deutlich mehr Menschen bei Ihnen bewerben und Sie werden schneller Ihr Geschäft personell auf-stocken können

8.3   Eins, zwei oder drei Angebote vorlegen?

In meiner Verkaufstätigkeit bei einem bedeutenden Radiovermarkter Anfang der 2000er Jahre schwenkte ich von einer Ein-Angebot-Strategie auf die Zwei-Angebote-Strategie um. Die Privatradiobranche steckte in Österreich in den Kinderschuhen und das öffentlich-rechtliche Radio dominierte die Medienplanung in fast erdrückender Weise. Viele Agenturen begründeten ihre Absage zu unseren Angeboten mit dem Fehlen zusätzlich notwendiger Werbebudgets für die Aufnahme von Privatradio in den Plan. Wir kamen auf die Idee, einen budgetneutralen Plan vorzustellen, welche die Leistungswerte des Radioplans durch den Einsatz von Privatradio im Gegensatz zur reinen Ö3-Monokampagne erhöhen sollte und verschoben einen Teil des Budgets zugunsten unseres Angebots. So stellten wir zwei Angebotsalternativen vor, bei denen einerseits ein „Minimumanteil" (Optimallösung) und ein gerade noch vertretbarer höherer Anteil des Budgets ins Privatradio flossen. Natürlich war die Optimallösung unser Bestseller. Als ich von der Radiovermarktungsgesellschaft zu einem Radiosender wechselte, hielt ich lange Zeit an dieser Zwei-Angebote-Strategie fest.

Das Internet entwickelte sich rasant und die ersten Online-Angebote verfolgten eine 3-Angebote-Strategie, die ein Einsteiger-, ein Business- und ein Premiumangebot zum Kauf anboten.

Bei Betrachtung der jeweiligen Angebote stellt sich häufig das Einsteigerangebot als „Mindestausstattung" dar, das einige Features nicht beinhaltet und somit den Käufer nicht langfristig zufriedenstellt. Das High-End-Premiumangebot wiederum bietet eine Komplettlösung, die keine Wünsche offenlässt. Und schließlich das mittlere Angebot, häufig auch Bestseller genannt, das mit seinen Bestandteilen die Ziele der meisten Kunden erfüllt.

Nehmen wir eine Animationssoftware als Beispiel: Die preisliche Betrachtung zeigt, dass das mittlere Angebot nicht die „goldene Mitte" darstellt. Vielmehr ist der Preis des mittleren Angebots deutlich näher am niedrigsten angesiedelt (Abb. 8.1):

- Die Einsteigersoftware kostet 25,50 $pro Monat
- Das mittlere Angebot kostet 64,50 $ pro Monat, also 39 $ über dem Einsteigerangebot.

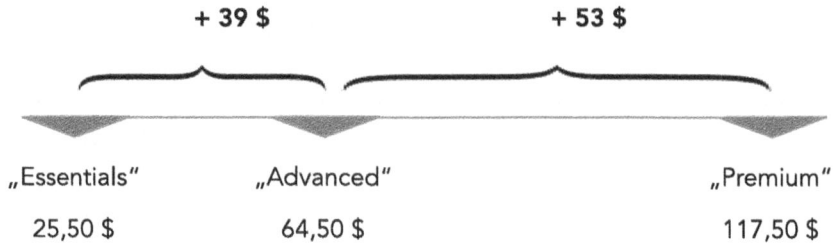

Abb. 8.1 Preisgestaltung Beispiel Animationssoftware

- Das Premiumangebot kostet 117,50 $ pro Monat und liegt mit 53 $ über dem mittleren Angebot.

Der Grund für die höhere Preisspanne zwischen Advanced Angebot und Premiumangebot ist rein psychologischer Natur. Wenn wir beim Kauf die Auswahl zwischen drei Produkten haben, so tendieren wir preislich zur Mitte. Da das mittlere Angebot eine größere Nähe zum kleinsten Angebot hat, unterstützt dies die Kaufentscheidung zusätzlich. Wir werden quasi bei der Kaufentscheidung an die Hand genommen, weil das mittlere Angebot preislich zum günstigen Angebot tendiert. Nehmen wir ein anderes Beispiel, um zu veranschaulichen, wie wir den Preis der „Goldenen Mitte" in der Theorie sogar erhöhen können. Sie stehen vor dem Regal und sehen Badeschuhe für 7,99 €, 17,99 € und 27,99 € (s. Abb. 8.2). Die Badeschuhe für 7,99 € schließen Sie von vornherein aus, weil diese im Vergleich zu den anderen beiden als „billig" und deutlich schlechter in der Qualität erscheinen. Sie entscheiden sich für die goldene Mitte, denn zu diesem Preis wird man im Vergleich zur Billigvariante schon „etwas Ordentliches erwarten dürfen."

(Abb. 8.2).

Hätte das Geschäft anstelle des Schuhs für 27,99 € einen Badeschuh für 39,99 € zur Auswahl (s. Abb. 8.3), dann könnte der „Bestseller" mit dem mittleren Preis theoretisch zum Preis von 22,99 € anstelle von 17,99 € verkauft werden. Warum? Weil es der nach wie vor zweitgünstigste Preis ist und „sogar" preislich näher an dem günstigsten Angebot von 7,99 € angesiedelt ist.

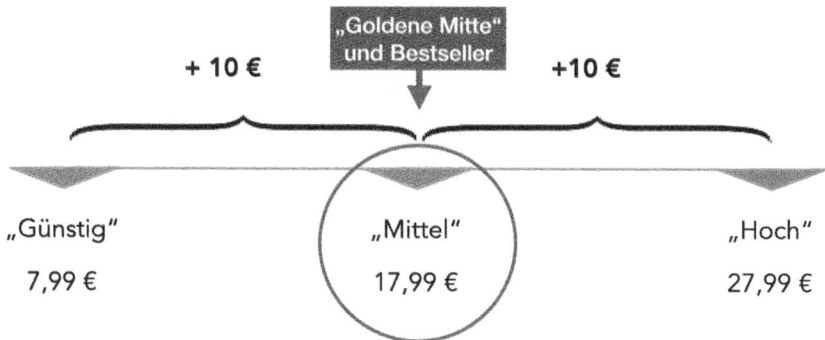

Abb. 8.2 Preisgestaltung Beispiel Badeschlappen

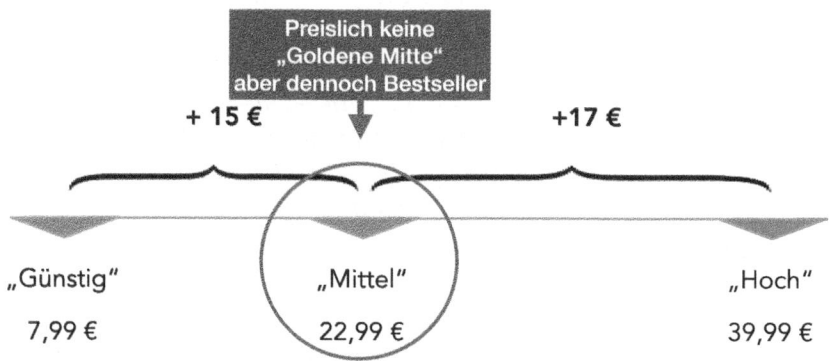

Abb. 8.3 Preisgestaltung Beispiel Badeschlappen

Diese Art der Angebotslegung lässt sich im B-to-B-Geschäft hervorragend realisieren, da die einzelnen Angebote oftmals aus mehreren Leistungselementen bestehen, die nicht separat zu erwerben sind und somit keine Preistransparenz zulassen. Natürlich können Sie bei Badeschuhen nicht einfach den Preis nach oben heben, da die Nachfrage nach diesem Modell durch die Konkurrenzpreise mitgesteuert wird.

Auch im Mediengeschäft können Sie beim Verkaufsgespräch mit drei Angeboten ins Rennen gehen und Ihr Wunschangebot in die goldene Mitte setzen. Während das Hochpreis-Angebot ein Bündel an erweiterten Leistungselementen beinhaltet, die der Kunde nicht benötigt, ist das Niedrigpreis-Angebot lediglich als Einsteigerangebot konzipiert, welches den Kundenerwartungen nicht entspricht. Wenn der Kunde das Budget mit 10.000 € beziffert, so können Sie Ihr Wunschangebot bei der 3-Angebote-Strategie auch auf 11.000 € oder 12.000 € anheben.

Das Verkaufsgespräch könnte folgendermaßen verlaufen:

Verkäufer:	*„Frau Schulze, lassen Sie mich kurz unser Leistungsspektrum vorstellen, die wir generell bei der Zielsetzung Bekanntheitssteigerung und Stärkung des Aktionsabverkaufs anbieten.*
(Hochpreis-Angebot):	*Bei diesem Angebot setzen wir bewusst auf einen Mediamix mit Zeitungsanzeigen und Onlinewerbung auf unseren Portalen und Facebook, sowie der Produktion eines Firmenportraits … Dieses Angebot ist natürlich im Preis auf der High-End-Seite angesiedelt und stellt unsere Optimallösung dar. Sie entspricht aufgrund Ihrer Budgetvorgabe nicht Ihren preislichen Vorstellungen.*
(Niedrigpreis-Angebot):	*Nun zu unserem Einsteiger-Angebot für Kleinkunden mit sehr geringem Werbebudget. Wir haben bewusst auf Erweiterungen wie die Produktion eines Firmenportraits verzichtet und konzentrieren uns auf die Integration der Standard-Lösungen, um auch für ein geringes Werbebudget eine gut funktionierende Lösung anbieten zu können.…*

(„Wunschangebot" preislich näher an Niedrigpreisangebot angesiedelt)
Lassen Sie mich zu unserem eigentlichen Angebot für Sie zu sprechen kommen. Durch die Produktion des Firmenportraits haben Sie die Möglichkeit, es sowohl auf Ihrer Facebook-Seite sowie bei Ihrem Messeauftritt einzusetzen, um neue Kunden auf Ihr Unternehmen aufmerksam zu machen. Das war ja eines Ihrer Hauptziele, welches Sie mir genannt haben…
(Verwenden Sie das MVN-Prinzip für die Nutzenargumentation) …
…und die Gesamtinvestition beläuft sich auf 12.500 €. Was sagen Sie dazu?"

9

Achtung Gefahrenverlauf – Techniken zur Preisverhandlung

Zusammenfassung Jede Leistung hat ihren Preis. Die Preisvorstellungen zwischen Kunde und Verkäufer unterscheiden sich zum Teil erheblich. Mancher Kunde möchte das Maximum an Zugeständnissen aus dem Angebot für sich rausholen. Die Entscheidung dazu trifft in jedem Fall der Verkäufer. Je stärker der Nutzen vom Kunden verstanden wurde, umso seltener wird der Preis zum Knackpunkt beim Verkaufsgespräch. Doch je häufiger Sie Zusatzrabatte vergeben, umso größer ist ihr negativer Einfluss auf Ihre Zielvorgaben. Häufig stellt die Gewährung von Zusatzleistungen (Naturalrabatte) eine deutlich bessere Alternative zum Geldrabatt dar. Würde der Kunde das Angebot kaufen, wenn Sie den gewünschten Rabatt NICHT gewähren würden? Finden Sie es in diesem Kapitel heraus.

Die Preisverhandlung bildet in aller Regel die letzte Hürde auf der Route zum Verkaufsabschluss. Sie gehört zu den klassischen Einwänden, wird jedoch aufgrund ihrer hohen Bedeutung und Komplexität in diesem Kapitel separat behandelt. Wenn der Kunde im Verkaufsgespräch verstanden hat, wie sehr er von Ihrer Kommunikationslösung profitiert, dann überwiegt die Vorfreude bzw.

© Der/die Autor(en), exklusiv lizenziert an Springer Fachmedien Wiesbaden GmbH, ein Teil von Springer Nature 2022
R. McKenna, *Das Verkaufsnavi für Medienberater*,
https://doi.org/10.1007/978-3-658-37704-5_9

der Wunsch zur Zielerreichung. Der Preis wird zwar thematisiert, aber die Verweigerung des geforderten Rabatts wird häufig in der Frühphase der Preisverhandlung akzeptiert. Sie kennen das bestimmt von einer Autofahrt, bei der das Navi die Staugefahr meldet und nach dem leichten Abbremsen geht es dann wieder problemlos weiter.

Wer hört schon gerne diese Kundenaussagen im Verkaufsgespräch?

- Uns ist bewusst, dass wir werben müssen, aber bei diesem hohen Preis möchte ich Sie um ein neues Angebot mit deutlich reduzierter Werbeleistung bitten.
- Also bezüglich des Preises müssen Sie noch einiges nach unten gehen, wenn Sie Kooperationspartner von uns werden möchten.
- Ich habe ein vergleichbares Angebot Ihres Wettbewerbers mit einem deutlich günstigeren Preis.

Sie haben Stunden in den Beziehungsaufbau investiert, den Nutzen der Angebotsinhalte für den Kunden erläutert. Das kann ganz schön frustrierend sein, wenn Sie kurz vor der Ziellinie ausgebremst werden.

Manche Verkäufer beginnen zu zweifeln, ob ihre Preisgestaltung vielleicht doch nicht gerechtfertigt ist und argumentieren beim Vorgesetzten, dass sie deutlich mehr Aufträge abschließen könnten, wenn der Preis nach unten angepasst würde.

Diese Argumentation unterliegt jedoch einem massiven Gedankenfehler, den ich mit einer kurzen Frage begründen möchte: **Denken Sie denn tatsächlich, dass die Preisverhandlungen bei einer Preisreduktion in Ihren Tariflisten aufhören?**

Sie werden nach wie vor mit zahlreichen Kundenforderungen konfrontiert, die den Preis weiter drücken möchten.

Zahlreiche regional tätige Unternehmer sind gleichzeitig auch Einkäufer für ihr Unternehmen. Es gehört verständlicherweise zur Aufgabe der Entscheider, den besten Preis zu erzielen. Wohlgemerkt: den für **sie** besten Preis. Es liegt in der Natur von Kauf und Verkauf, dass sich der Käufer an die Grenzen des Machbaren herantasten möchte. Auch Entscheider lassen sich in Preisverhandlungen schulen und sind häufig bestens mit den Argumentationsketten der Verkäufer vertraut. Seriöse Kunden setzen sich an den Verhandlungstisch und haben eine klare Erwartungshaltung zum Angebot, sie kennen die Tarife des Wettbewerbs.

Verkäufer müssen sich hinsichtlich der Preisverhandlungen Skills und Techniken aneignen, um ihre Angebotspreise durchsetzen zu können. Das ist nicht verhandelbar.

Immerhin geht es doch darum, dass Sie mit dem Kunden eine Einigung treffen können, die sich für beide Seiten positiv gestaltet. Und genau das gehört zum Wesen einer Preisverhandlung.

Gleichzeitig führt das Erlernen von Verhandlungstechniken sowie seiner Nutzung zu einem Gespräch auf Augenhöhe mit Ihren Kunden.

Wichtige Kernkompetenzen bei Preisverhandlungen

1. Bereiten Sie sich vor.
   Sie benötigen im Vorfeld der Preisverhandlung die Antworten auf die Fragen:
   - Welche Ziele hat der Kunde und welche Schmerzen möchte er beseitigen?
   - Können Sie mit Ihrem Angebot die Schmerzen beseitigen?
   - Wie dringlich benötigt der Kunde eine Kommunikationslösung zur Erreichung seiner Ziele?
   - Wie hoch ist das Werbebudget des Kunden?
2. Seien Sie sattelfest in der Behandlung von Einwänden.
   Da die Einwände häufig preisbezogen sind, müssen Sie – auch bei der Nutzung unterschiedlicher Einwandbehandlungstechniken – immer den Vorteil des Angebots und den daraus resultierenden Nutzen für den Kunden hervorheben. Heben Sie hervor, dass Sie eine gemeinsame Einigung anstreben, die für beide Seiten positiv ist.
3. Bewahren Sie einen kühlen Kopf.
   Bleiben Sie bei überzogenen Rabattforderungen freundlich und ruhig. Argumentieren Sie sachlich und streiten Sie nicht mit dem Kunden. Brechen Sie einen Streit vom Zaun, verlieren Sie den Auftrag und den Kunden.
4. Bereiten Sie Plan B vor.
   Sie müssen im Vorfeld der Angebotsbesprechung wissen, welche Leistungen Sie aus dem Angebot streichen können und um

welche Wertminderung es sich handelt. Wenn Sie die Preisverhandlung vertagen müssen, um im Büro neue Angebotsalternativen zu kalkulieren, dann verzögern Sie den Verhandlungsprozess in unnötiger Weise. Immerhin möchten Sie eine sofortige Auftragsbestätigung bekommen. Plan B bedeutet gleichzeitig, dass Sie nicht nur ein Angebot vorbereiten, sondern auch eine zweite oder vielleicht auch dritte Lösung im Gepäck haben, um diese entweder bei Bedarf („Das ist ja viel zu teuer. Hören Sie, ich möchte nicht Ihr ganzes Unternehmen kaufen.") vorzulegen, oder aber alle Lösungen präsentieren zu können. Über die Vorteile der Vorstellung mehrerer Angebote werde ich in weiterer Folge dieses Kapitels eingehen.

5. Signalisieren Sie nie zu Beginn der Preisverhandlung, dass Sie zu Nachlässen bereit sind.

Wenn Sie den Kunden fragen, welchen Rabatt er sich vorstellt, dann haben Sie ihm signalisiert, dass Sie noch Luft nach unten haben. Das gleiche Signal senden Sie ihm, indem Sie ihm mitteilen, dass Sie seine Rabattforderung mit Ihrem Vorgesetzten besprechen müssen.

6. Sagen Sie Nein und gehen Sie.

Sie müssen bereit sein, den Verhandlungstisch bei unrealistischen Forderungen zu verlassen. Wenn der Kunde keine Kompromissbereitschaft zeigt, dann hat das nichts mit einer Verhandlungssituation zu tun. Der Abbruch der Verhandlungen untermauert Ihren begründeten Standpunkt und kann den Kunden zum Einlenken bringen.

Preisverhandlungen können erfahrungsgemäß auftauchen, wenn

1. der Kunde den Nutzen Ihrer Werbelösung nicht für seine Zielerreichung wahrnimmt.
Die Destillation der wahren Ziele und möglichen Schmerzen werden in der Phase der Bedarfsanalyse nach wie vor von einigen Verkäufern unterschätzt. Wie in vorangegangenen Kapiteln ausführlich behandelt, stellt die Bedarfsanalyse das Sprungbrett für die Nutzenvermittlung und für das Verkaufsabschlussgespräch dar.

Je stärker Sie den Kundennutzen in Ihrem Verkaufsgespräch ins Spiel bringen, umso seltener werden Sie überzogene Forderungen von Seiten des Kunden hören.

2. es sich um eine hohe Investition handelt.
   Es ist verständlich, dass der Kauf von schlechtem Kaugummi nun wirklich keine weitreichenden Konsequenzen für den Käufer hat. Je höher die Investition, umso wichtiger fällt der Kaufpreis beim Kaufabschluss ins Gewicht.

3. es sich um eine riskante Investition handelt.
   Je geringer der Kundennutzen im Verkaufsgespräch thematisiert wird, umso schwerer fällt dem Kunden die Unterschrift. Werbekunden, gerade diejenigen mit geringem Wissen um die Werbewirkung der Medien, müssen über die Vorteile und den Nutzen heiß auf das Angebot gemacht werden.

4. mehrere Personen die Kaufentscheidung beschließen müssen.
   Stellen Sie sich vor, ein Entscheider ist für die Finanzen zuständig. Wenn dieser nicht beim Verkaufsgespräch dabei ist, entwickelt sich die Kommunikationslösung zu einer reinen Preisbetrachtung. Achten Sie immer darauf, dass Sie sämtliche Entscheider am Tisch haben (s. Kap. 4 – Terminvereinbarung).

5. der Kunde überhaupt nicht vorhat, Ihr Angebot zu kaufen.
   Diese weit verbreitete Situation ist nichts anderes als ein vorgeschobener Grund – ein Vorwand. Der Kunde möchte sich nicht die Blöße geben, dass er bereits im Vorfeld keinerlei Interesse an Ihrem Angebot hatte und versteckt sich hinter der Forderung überzogener Preisnachlässe.
   Ein weiterer Grund liegt in der fehlenden Dringlichkeit der Zielerreichung, obwohl der Kunde dem Verkäufer die Dringlichkeit im Vorfeld bestätigt hat.
   Einige Firmen und Agenturen fragen im Zuge ihrer Marktbeobachtung Medien nach einem Bestpreisangebot, um ihre Marktkenntnisse zu aktualisieren. Sie benötigen aktuell keine Werbelösung, möchten aber prüfen, welches Medium die besten Werbeleistungen zu einem gegebenen Werbeetat anbietet. Erfolgt zum späteren Zeitpunkt ein Werbebedarf, so haben sie mehrere vergleichbare Angebote auf dem Tisch und können ihre Forderung nach weiteren

Preisnachlässen mit dem Vorliegen der konkurrierenden Angebote begründen. Erfahrungsgemäß kommt es bei diesen Bestpreis-Spionen zu keinen Aufträgen. Sie entziehen Ihnen viel Zeit und Energie. Gehen Sie dagegen vor, wenn Sie merken, dass Kunden oder Agenturen in regelmäßigen Abständen nach hochrabattierten Angeboten fragen und es zu keinen Terminen, geschweige denn Aufträgen kommt. Fragen Sie nach, warum die Kommunikation mit der Angebotsphase beginnt und gleichzeitig aufhört. Sprechen Sie ihre Vermutung offen an.

Was haben Sie zu verlieren? Kunde sind sie eh nicht. Sie können nur gewinnen. Und zwar Ihre kostbare Zeit für zielführendere Aufgaben einsetzen.

6. der vermeintliche Entscheider nicht der Entscheider ist.

Als ich vor einigen Jahren im Zuge der Neukundengewinnung eine Firma telefonisch kontaktierte und um einen Termin bat, bat ich lehrbuchmäßig um ein Gespräch mit dem Entscheider für Marketing und Werbung. Er sei am Apparat, sagte er und wir unterhielten uns über den Grund meines Anrufs und über die Ziele und Schmerzen des Kunden. Ein paar Tage später stellte ich ihm im Termin unser Angebot vor, die vom Gesprächspartner als preislich überzogen kommentiert wurde. Mich wunderte damals seine Zurückhaltung bei meiner Nutzenvermittlung und seiner abschließenden Aussage, dass er das Angebot nicht als perfekte Lösung für seine Ziele ansah. Es kam zu keinem Geschäftsabschluss. Später erfuhr ich, dass dieser vermeintliche Entscheider überhaupt keine Entscheidungsbefugnis hatte. Ärgerlich und peinlich für mich zugleich.

Als ich bei einem Branchentreff anderen Verkäufern von diesem Missgeschick erzählte, war ich sehr verblüfft, dass mein Fauxpas wirklich kein Einzelfall ist und es anderen Verkäufern schon ähnlich ergangen ist.

7. das Angebot im Vergleich zur marktüblichen Preisgestaltung tatsächlich zu hoch angesetzt ist.

8. der Kunde blufft.

9.1 Blufft der Kunde?

Stellen Sie sich die Frage nach dem Wahrheitsgehalt der Kunden-aussage, der Preis sei zu hoch. Eventuell könnte er ja – wie in vielen Fällen – bluffen. Folgendes Szenario lässt erkennen, das die Preisver-handlungen oftmals nur ein Spiel sind:

Bei Ihrer Suche nach einer Immobilie finden Sie das perfekte Haus. Der Preis passt und ist sogar etwas geringer als Ihr verfügbarer Budget-rahmen. Die Kreditzusage der Bank ist gesichert, es hat die gewünschte Zimmeranzahl und die moderne und offene Küche vermittelt fast ein maritimes Lebensgefühl. Sämtliche Faktoren sprechen für den Kauf des Traumhauses.

Nach dem Besichtigungstermin sagen Sie dem Eigentümer, dass Sie das Haus zwar mögen, aber der Preis ist doch höher als Sie sich vor-gestellt haben. Da müssen Sie sich den Kauf noch überlegen. Immer-hin sind noch zahlreiche Ausbesserungen zu machen und im Zuge der neuen Energiegesetze müssen Sie noch in die Wärmetechnik investieren. Sie fragen den Verkäufer, ob noch ein bisschen Luft nach unten sei. Obwohl sämtliche Rahmenbedingungen aus Ihrer Sicht optimal sind. Sie bluffen, weil Ihnen das Verhandeln Spaß macht. Und möchten noch etwas für sich „rausholen". Sie möchten beim Kauf als Sieger vom Feld gehen.

Im Mediengeschäft verhält es sich gleichermaßen. Viele Werbe-kunden verhandeln über den Preis, obwohl dieser ihrem geplanten Budget entspricht.

9.2 Steigende Zielvorgaben durch Rabattvergabe

Auch wenn Preisverhandlungen häufig ein Spiel sind, so gehen die Konsequenzen eines Preisnachlasses weit über ein Spiel hinaus, wie das nachfolgende Zahlenspiel aufzeigt (vgl. Tab. 9.1):

Tab. 9.1 Umsatzziel und Beispielrechnungen

Umsatzziel:	1.000.000 €		
ø-Auftrag:	10.000 €		
Anzahl Aufträge	100		
Rabatt	Benötigter Zusatzumsatz	ø-Auftrag:	Anzahl Aufträge
5 %	50.000 €	9500 €	105
10 %	100.000 €	9000 €	111
15 %	150.000 €	8500 €	118
20 %	200.000 €	8000 €	125
30 %	300.000 €	7000 €	142

- Angenommen, Ihr persönliches Umsatzziel für das aktuelle Jahr beträgt 1 Mio. €.
- Ihr Durchschnittsumsatz pro Kunden beziffert sich auf 10.000 €.
- Somit benötigen Sie 100 Kunden, die im Schnitt 10.000 € in Ihre Werbelösungen investieren.
- Wenn Sie Ihren Kunden einen außerordentlichen Rabatt in der Höhe von 10 % gewähren, dann sinkt der Durchschnittsumsatz auf 9000 €.
- Sie benötigen jedoch 111 Kunden – **also 11 Kunden mehr** – um Ihren geplanten Umsatz von 1 Mio. € zu erzielen.
- Bei einem nicht unüblichen Rabatt von 20 % müssen Sie 125 Kunden – **also 25 zusätzliche Kunden** – von Ihrem Angebot überzeugen, damit Sie Ihr Umsatzziel von 1 Mio. € erreichen.

Mein Rat an Sie: Kämpfen Sie um Ihren Preis und gewähren Sie keinen sofortigen Rabatt. Viele Verkäufer knicken sehr schnell ein und geben den Kunden den geforderten Rabatt oder sie signalisieren Zustimmung, indem Sie sagen,

- dass sie da nicht viel Spielraum mit dem Rabatt haben. Nicht viel Spielraum bedeutet immerhin etwas Spielraum und der Bazar ist eröffnet.
- dass sie mit Ihrem Verkaufsleiter über diesen geforderten Rabatt reden müssen. Auch in diesem Fall hat der Verkäufer der Rabattforderung keine Absage erteilt.
- dass sie das Angebot noch einmal kalkulieren müssen. Wieder keine Absage erteilt.

Seien Sie sich sicher, dass der Kunde bei einer noch so vagen Zustimmung zu einem Rabatt seinen Angriffsmodus aktiviert. Senden Sie niemals Signale, dass Sie zu einem Preisnachlass bereit sind.

Auf der Suche nach einer geeigneten Formel für Verhandlungsgeschick kam ich auf die Gleichung $V = f(W, Z, A, E)$. Es handelt sich nicht um eine mathematische Gleichung, denn die Variablen ergeben schlicht und ergreifend den Satz: Das Verhandlungsgeschick ist gleich die Funktion aus den Variablen **Wer Zuckt Als Erster?**

Natürlich gehen viele Preisverhandlungen über das Bluffen hinaus. Das wissen Sie zu Beginn der Verhandlung aber noch nicht. Sie müssen es herausfinden.

Nachfolgend stelle ich Ihnen eine Preisverhandlung unter Zuhilfenahme unterschiedlicher Techniken vor, die den gesamten Verhandlungsverlauf von der Rabattforderung bis zur Einigung abbildet. Bitte lesen Sie das gesamte Verhandlungsgespräch durch, da sämtliche Phasen aufeinander aufbauen. Die im Anhang beigefügten Ablaufdiagramme verdeutlichen Ihnen die Verhandlungsphasen sehr anschaulich.

9.3 Die Abblocktechnik

Meine erste berufliche Tätigkeit war im Verkaufsinnendienst in der Alkoholbranche. In der Phase der Jahresverhandlungen mit dem Handel durfte ich als stiller Beobachter an einem Jahresgespräch teilnehmen. Auf der Fahrt zum Jahresgespräch teilte mir der Verkaufsleiter die erste Verkaufslektion mit, die ich seitdem in der Verhandlungsphase fest verinnerlicht habe:

- Die Forderungen der Einkäufer sind meist überzogen und beide Seiten wissen es. Es ist schon fast ein Ritual.
- Deshalb zuhören und freundlich abblocken.
- Auf keinen Fall mit einem Gegenangebot antworten. Damit messen Sie der Forderung zu viel Bedeutung bei.

Sie kennen bereits das Spiel. Bringt der Kunde einen vermeintlichen Einwand, müssen Sie diesen hinterfragen, um nicht in die Falle zu tappen und einen Vorwand zu behandeln. Hier empfiehlt sich die Nutzung des Vorwand-Terminators.

Kunde: *„Ihr Angebot ist mir zu hoch. Ich benötige einen Rabatt von 20 %, wenn Sie den Auftrag haben möchte. "*

Verkäufer: *„Frau Schulze, wenn ich Sie richtig verstehe, gibt es sonst keine weiteren Punkte, die Sie an einer Partnerschaft mit uns hindert. Sehe ich das richtig?"*

Kunde: *„Ja. "*

Übersicht

In diesem Gespräch ist etwas Bemerkenswertes passiert: Der Kunde hat seine Preisforderung definiert. Der psychologische Effekt liegt darin, dass wir uns normalerweise nach diesem Preis als Ankerpunkt richten, ob wir wollen oder nicht.

Schnell sind Verkäufer dabei, den goldenen Mittelweg vorzuschlagen, um nur die Hälfte dieses Rabatts zu gewähren. Das ist ein großer Fehler. Der Kunde geht mit überhöhten Forderungen in die Preisverhandlung und weiß, dass er das Angebot zu diesem Rabatt oder Preis eh nicht bekommen wird.

Wenn er sich nur die Hälfte des Rabatts sichert, dann hat er vielleicht sein Wunschziel erreicht. Ignorieren Sie die Rabattforderung so lange wie irgend möglich und geben Sie diesen geforderten 20 % null Raum in Ihrem Gespräch.

Halten Sie sich nicht an seinem Anker fest. Schwimmen Sie weiter und geben Sie in dieser Phase bloß kein Gegenangebot ab. Immerhin sind wir nicht auf einem Basar.

Verkäufer: *„Wenn Sie sagen, dass einzig der Preis der Knackpunkt für Sie ist, dann gefällt es Ihnen also und Sie möchten unser Angebot kaufen. Das sind gute Nachrichten, Frau Schulze, das freut mich sehr.*

Nur haben wir dieses Angebot bereits extra mit dem Bestpreis ausgestattet, weil Sie für uns ein wichtiger Kunde sind/weil wir Sie als Kunden gewinnen möchten. Am Preis kann ich wirklich nicht drehen. "

Übersicht

Zuerst bestätigen Sie dem Kunden in Ihren eigenen Worten, dass einzig der Preis die Hürde für den Kaufabschluss darstellt. Ihr Signal an den Kunden ist einfach ausgedrückt: Keine weiteren Einwände sind erlaubt. Sie haben dem Kunden mit der Abblocktechnik klar begründet, warum Ihr Angebot nicht weiter rabattfähig ist. Und Sie haben kein Gegenangebot in den Raum gestellt.

Entweder der Kunde lenkt ein und kauft unrabattiert oder er bleibt bei seiner Forderung. Nehmen wir in diesem Beispiel an, der Kunde bleibt bei seiner Forderung.

Kunde: *„Hören Sie, wir haben ein vergleichbares Angebot von Ihrem Wettbewerber. Und für die gleiche Kampagnenlaufzeit zahlen wir deutlich weniger als bei Ihrem Angebot. Wenn wir die 20 % Rabatt nicht erhalten, müssen wir uns gegen Ihr Angebot entscheiden."*

Übersicht

Es kommt deutlich häufiger vor als Sie vielleicht denken, dass der Kunde seine Forderung mit einem günstigeren Gegenangebot untermauert – auch wenn er keines hat. Glauben Sie dem Kunden erst, wenn er Ihnen dieses Angebot auch zeigt. In vielen Fällen möchte er den Verkäufer nur einschüchtern und mit dem Vorwand des Gegenangebots den Preis zu seinem Vorteil drücken. Was leider viele Verkäufer zulassen, da sie bereits in dieser Verhandlungsphase einknicken.

Wenn der Kunde den überhöhten Preis des Verkäufers mit einem günstigeren Wettbewerbsangebot begründet, dann ist eine Aussage des Äpfel-Birnen-Vergleichs vollkommen unangemessen. („Diese Angebote können Sie nicht eins zu eins miteinander vergleichen, weil wir ja mit unserem Medium ganz andere Voraussetzungen für Ihren Erfolg mitbringen.").

Woher wissen Sie denn, dass das Konkurrenzangebot nicht mit Ihrem Angebot vergleichbar ist? Sie haben es doch gar nicht gesehen. Hier begeben Sie sich auf sehr dünnes Eis, wenn Sie auch nur andeuten, dass die beiden Angebote nicht vergleichbar sind, denn Sie bezweifeln somit offen die Urteilskraft des Kunden. Sie müssen im ersten Schritt herausbekommen, ob dieses Gegenangebot überhaupt vorliegt.

Freuen Sie sich also, wenn der Kunde ein Konkurrenzangebot ins Spiel bringt. Sie haben nun zwei phänomenale Möglichkeiten, diese Aussage auf ihren Wahrheitsgehalt zu prüfen und einen Bluff des Kunden zu enttarnen. Denn hat der Kunde kein Gegenangebot, so wird dieses Thema

nicht mehr weiter Gegenstand der Diskussion sein. Sollte der Kunde Ihnen das Angebot zeigen, so haben Sie einen einmaligen und seltenen Einblick in seine Preisgestaltung und können womöglich die Attraktivität Ihrer Lösung mit Nutzenargumenten steigern.
Spielen wir das Verhandlungsgespräch nun weiter.

9.4   Die Wettbewerbsangebot-Enttarnung

Verkäufer: *„Frau Schulze, was halten Sie davon, dass wir gemeinsam einen Blick auf das Wettbewerberangebot werfen und prüfen, aus welchen Gründen er günstiger ist und warum unser Angebot so punktgenau Ihre Werbeziele erfüllt. Ist das ok für Sie?"*

Kunde: *„Das kann ich nicht machen, denn ich habe über das Angebot Stillschweigen vereinbart."*

Verkäufer: *„Nun ja, wir sind unter uns und Sie haben mir ja den Preis schon genannt. Er liegt 20 % unter unserem Angebot."*

Kunde: *„Ja, aber ich möchte das Angebot nicht aus der Hand geben."*

Verkäufer: *„OK, nur habe ich leider keine Möglichkeit, mit Ihnen die Vorteile unseres Angebots im Vergleich zum Wettbewerbsangebot zu erörtern. Da sind mir leider die Hände gebunden. Ich kann in der Preisgestaltung des Wettbewerbs nur einen einzigen Grund vermuten. Es bleibt ihnen nichts anderes übrig, als den Preis massiv nach unten zu senken, um Sie als Kunden zu gewinnen. Wie gesagt, das ist nur eine Vermutung. Verstehen Sie bitte, dass wir da aus Wirtschaftlichkeitsgründen nicht mitziehen und Ihnen 20 % Rabatt gewähren können."*

Übersicht

Haben Sie es gemerkt? Mit Ihrer Argumentationskette übernehmen Sie die Gesprächsführung und setzen den Kunden in den Reaktionsmodus
Gehen wir den Gesprächsverlauf noch einmal kurz durch:

1. Sie bieten dem Kunden die Gegenüberstellung beider vorliegenden Angebote an, was er jedoch ablehnt.
2. Sie vermitteln einen unerschütterlichen Glauben an die Kraft Ihres Angebots, indem Sie dem Kunden mitteilen, dass Sie ihm bei der Gegenüberstellung der Angebote die Pluspunkte Ihres Angebots erläutern.

3. Sie stellen eine begründete Vermutung auf, dass der Wettbewerber nur über Dumpingpreise zu einem Auftrag kommt. Einen anderen Grund können Sie sich bei dieser Preisaggressivität beim besten Willen nicht vorstellen, denn Ihnen bleibt ja der Blick auf das Gegenangebot verwehrt.

4. Sie wiederholen, dass dies lediglich eine nicht gesicherte Vermutung ist. Somit reden Sie nicht schlecht über den Wettbewerber, was Sie auch niemals tun sollten. Gute Verkäufer argumentieren den Wettbewerb durch den hohen Nutzen des eigenen Angebots in Grund und Boden. Sie sagen nichts Schlechtes über sie. Was würden Sie über einen Verkäufer denken, der mit der verbalen Keule auf die Konkurrenz draufhaut? Sie würden das Vertrauen in seine Integrität verlieren. Auch wenn ein Kunde sich negativ über die Konkurrenz äußern sollte, dann verhalten Sie sich ruhig und stimmen Sie nicht in dieses Lied ein.

5. Sie erklären plausibel, dass Sie aus **Wirtschaftlichkeitsgründen** nicht mitziehen können. Das versteht jeder Kunde. Auch bei ihnen steht die Wirtschaftlichkeit an oberster Stelle.

6. Sie nennen nach wie vor keinen Gegenvorschlag zu seiner Rabattforderung.

Sie haben bislang Ihren Preis bestens und vor allem glaubhaft verteidigt. Natürlich wissen Sie nach wie vor nicht, ob es tatsächlich ein Gegenangebot gibt, aber sie haben nun den Kunden in Zugzwang gebracht: Lieber Kunde, entweder Du zeigst mir das Gegenangebot, **oder es kann nicht als Grund für deine Preisforderung herangezogen werden.**

Sie liefern dem Kunden also zwei Reaktionsmöglichkeiten: Entweder, er zeigt Ihnen das (tatsächlich vorhandene) Angebot, oder er sucht sich neue Gründe für seine Rabattforderung. Schauen wir uns den weiteren Gesprächsverlauf mit beiden Reaktionsmöglichkeiten an.

Beginnen wir mit dem (seltenen) Fall, dass der Kunde tatsächlich ein Gegenangebot vorliegen hat. Leiten Sie sofort in die nächste Enttarnungstechnik über, um zu prüfen, welchen Lieferanten er den Vorzug geben würde.

9.5 Dem Kunden liegt ein Gegenangebot vor – Die Wunschlieferant-Enttarnung

Verkäufer: „*Sie hatten mir zu Beginn unseres Gesprächs mitgeteilt, dass es Ihnen nur um den Preis geht. Alle anderen Bestandteile des Angebots sind in Ordnung. Das heißt also, gesetzt den Fall, wir hätten den gleichen Preis des Wettbewerbers, dann entscheiden Sie sich für unser Angebot. Ist das richtig?*“

Kunde: „*Ja.*"
Verkäufer: „*Vielen Dank für Ihre Zusage. Können Sie mir bitte sagen, warum Sie unser Angebot bei identischem Preis bevorzugen?*"

> Jetzt gilt es herauszufinden, *warum* der Kunde die Auswahl zugunsten Ihres Angebots trifft. Er muss da schon gute Gründe haben. Legen Sie dem Kunden eine „Falle". Das macht man genauso beim Pokern. Und Verhandlungen sind auch ein Spiel. Stellen Sie also diese nachfolgende offene und wirklich pfiffige Frage.

Übersicht

Der Kunde muss sich jetzt offenbaren.
   Die Beantwortung der Verkäuferfrage gibt Ihnen oftmals Argumentationshilfen zur Rechtfertigung Ihres Preises, die Sie dann sofort im Gespräch einsetzen können.

Kunde: „*Also Ihre Reichweite ist schon etwas höher.*"
Verkäufer: „*Ich gehe davon aus, dass Sie mit unserer höheren Reichweite deshalb auch einen deutlich höheren Anteil Ihrer Zielgruppe erreichen, nicht wahr?*"
Kunde: „*Ja, sicher.*"
Verkäufer: „*Wissen Sie, die höhere Reichweite und die bessere Abdeckung Ihrer Zielgruppe erklären unseren höheren Preis ganz wunderbar. Sie sehen, wir sind gar nicht teu8rer und bringen Ihnen deutlich mehr Zündstoff, um mehr Menschen zum Kauf Ihres Angebots zu bewegen. Also lassen Sie uns gemeinsam ins Rennen gehen.*"

> Und somit haben Sie die Rechtfertigung für Ihren höheren Preis. Mit Ihrem Angebot erreicht der Kunde mehr Menschen in seiner gewünschten Zielgruppe.

Die Abb. 9.1 veranschaulicht Ihnen den **bisherigen** Verlauf der Preisverhandlung anhand eines Ablaufdiagramms.

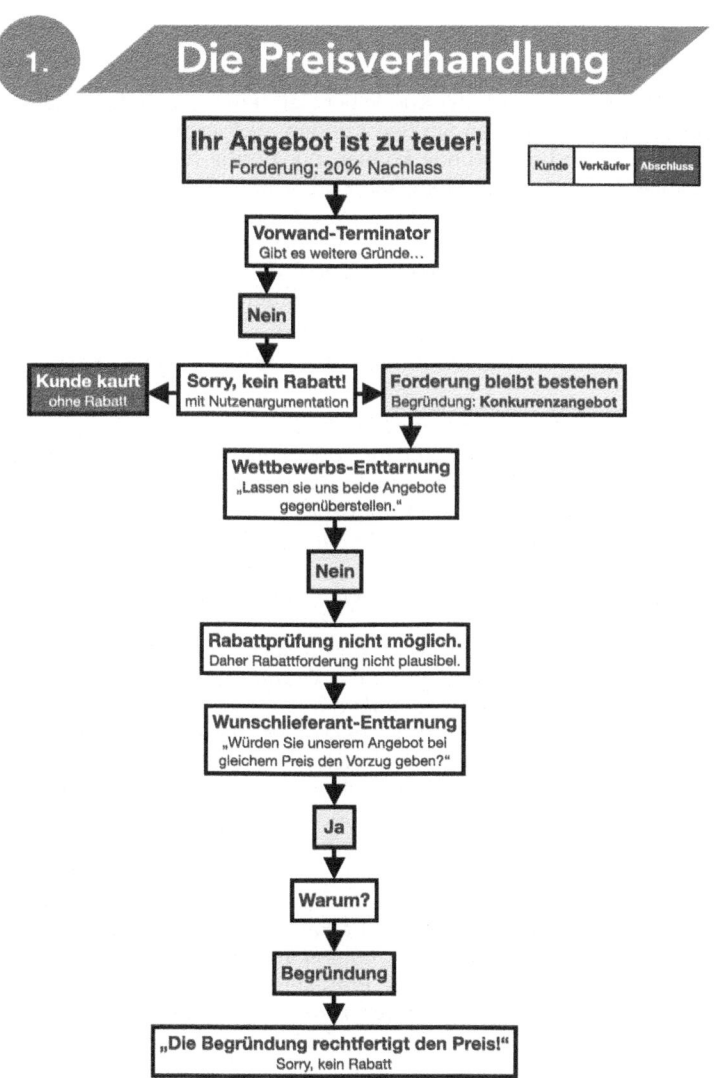

Abb. 9.1 Die Preisverhandlung (Teil 1)

Übersicht

Mit der Frage, warum sich der Kunde bei gleichem Preis für Ihr Angebot entscheiden würde, enttarnen Sie den Kunden, weil er nun den Grund dafür nennen muss. Und die Gründe können nur positiv für Sie und Ihr Werbemedium ausfallen. Natürlich kann der Kunde auch andere Gründe nennen:

- „Auf Sie ist einfach Verlass."
- „Ihr Medienhaus hat einen sehr guten Ruf."
- „Ich sehe, dass Sie sich in meiner Branche sehr gut auskennen."

Auf Basis dieser Gründe können Sie sehr gut weiterargumentieren:

Kunde: *„Auf Sie ist einfach Verlass."*

Verkäufer: *„Vielen Dank für Ihr Lob. Wenn ich zu entscheiden hätte, ob ich bei dieser Investition zwischen hoher Verlässlichkeit und einer gewissen Unsicherheit zu wählen hätte, dann würde ich in jedem Fall auf die Sicherheit setzen. Wie sehen Sie das?"*

Kunde: *„Ihr Medienhaus hat einen sehr guten Ruf."*

Verkäufer: *„Vielen Dank für Ihr Lob. Unseren Ruf haben wir durch Verlässlichkeit und erfolgreiche Kampagnenentwicklungen erarbeitet. Aus diesem Grund haben wir eine sehr hohe Anzahl an Stammkunden. Frau Schulze, gerade unser großes Knowhow garantiert Ihnen die besten Erfolgschancen bei Ihrer Zielerreichung. Alleine das macht unser Preis-Leistungs-Verhältnis unschlagbar. Lassen Sie uns mit diesem Angebot für Sie ins Rennen gehen. Was sagen Sie?"*

Kunde: *„Ich sehe, dass Sie sich in meiner Branche sehr gut auskennen."*

Verkäufer: *„Vielen Dank für Ihr Lob. Wenn ich Ihre Branchengepflogenheiten nicht kenne, dann kann ich Ihnen keine punktgenauen Kommunikationslösungen liefern. Alleine das macht unser Preis-Leistungs-Verhältnis unschlagbar. Lassen Sie uns auf Basis dieses Angebots eine Partnerschaft eingehen. Was meinen Sie?"*

Argumentieren Sie immer (immer!) mit dem Nutzen für den Kunden. Sollte der Kunde weiter auf einen Rabatt bestehen, dann ist jetzt die Zeit für das Ausloten einer Annäherung gekommen. Fragen Sie jedoch nicht nach einem Mindestrabatt, sondern prüfen Sie zuerst seine Schmerzbereitschaft. Und denken Sie daran: Sie wissen nach wie vor nicht, ob der Kunde blufft.

Gehen wir in diesem Beispiel weiter davon aus, dass der Kunde bei seiner Forderung bleibt.

Folgen wir dem weiteren Gesprächsverlauf.

9.6 Das Ausloten der Schmerzbereitschaft durch Leistungsverzicht

Kunde: *„Sie haben natürlich mit Ihrer Begründung recht. Aber da muss doch etwas gehen. Immerhin reden wir von 15.000 €. Von anderen Medien bekommen wir diesen Rabatt."*

Verkäufer: *„Frau Schulze, wenn ich Ihnen **20 %** Rabatt gewähre, dann zahle ich wie gesagt drauf. Wenn Sie nur zwei oder drei zusätzliche Kunden mit unserer Werbelösung gewinnen, dann hat sich diese Investition schon wieder kompensiert. Und das wegen unserem Bestpreis. Unsere hohe Reichweite wird jedoch deutlich mehr Menschen auf Ihr Angebot aufmerksam machen und es werden somit mehr Interessenten mit Ihnen in Verbindung treten als beim Konkurrenzangebot."*

Verkäufer: *„Aber ich habe eine Lösung zu Ihrem Rabattwunsch. Wir reduzieren die Anzahl der täglich laufenden Spots um jeweils eine Schaltung in der ersten Kampagnenwoche (wir verkleinern das Anzeigenformat bei drei Schaltungen, wir verkleinern das Format der Bannerwerbung, wir streichen ein Target-Kriterium beim Programmatic Advertising). Somit sichern Sie sich die gewünschte Laufzeit der Kampagne und Sie haben sich damit einen Preisnachlass um 10 % gesichert. Und nach wie vor einen Bestpreis. Was halten Sie von dieser Idee?"*

Übersicht

Ohne, dass Sie es gesagt haben, haben Sie dem Kunden ein erstes Signal der Verhandlungsbereitschaft gegeben: „Also 20 % geht nicht."

Zusätzlich haben Sie Ihren Preis mit weiterem Nutzen erklärt: Der höhere Return on Investment und noch mehr Kunden durch Ihre hohe Reichweite.

Erst jetzt kommen Sie mit einer Alternative um die Ecke, nachdem Sie dem Kunden bereits mehrfach mitgeteilt haben, dass der Preis nicht verhandelbar ist.

Erläuterung

- Im ersten Schritt erklären Sie Frau Schulze noch einmal, dass Sie mit dem spitzesten Bleistift kalkuliert haben, der überhaupt auffindbar war. Diese Wiederholung macht Ihre Argumentation glaubwürdig und nachvollziehbar.
- Im zweiten Schritt greifen Sie in die Leistungselemente des Angebots ein, und verkleinern dessen Umfang. In anderen Worten, Sie reduzieren den Nutzen oder der Kunde muss den Preis akzeptieren. Beobachten Sie den Kunden sehr genau, wenn Sie ihm diesen Vorschlag unterbreiten. Wir wissen nach wie vor nicht, ob er blufft oder nicht. Sie haben dem Kunden im Vorfeld den großen Nutzen dieses Angebots dargestellt und greifen nun in diese Leistung ein und reduzieren diese. Wie wird er darauf reagieren? Denken Sie an die nonverbalen Kaufsignale – aber beachten Sie auch negativen nonverbale Signale Ihres Gegenübers.
- Im dritten Schritt informieren Sie den Kunden über den Preisnachlass von 10 %. Diese 10 % sind die Hälfte des von ihm geforderten Rabatts in Höhe von 20 %. Jedoch reden Sie hier nicht mehr von einem Rabatt, sondern von einem Nachlass aufgrund der Leistungsreduktion. Sie halten also Ihren Preis pro Spot bzw. pro mm Anzeigenfläche. Bei Digitalangeboten könnten Sie zum Beispiel die Anzahl der garantierten Ad Impressions oder die Anzahl der Target-Kriterien reduzieren.

Aber aufgepasst: Reduzieren Sie die Leistung um einen deutlich kleineren Umfang als den Wert des geforderten Rabatts und halten Sie bei der Leistungsreduktion stets die Werbewirkung der verbleibenden Kampagnenleistung im Auge. Immerhin wird Kampagne Schiffbruch erleiden, wenn Sie die Leistung zu sehr reduzieren.

Die Magie des Vorschlags:

- Durch die Wiederholung der Aussage, dass kein Rabatt bei diesem Bestpreis gewährt werden kann, stärken Sie die Glaubwürdigkeit dieser Aussage und somit gleichzeitig Ihre Person.
- Sie bieten dem Kunden eine Alternative zur Preisreduktion.
- Diese Preisreduktion schmälert zwar Ihren Umsatz, jedoch nur zu maximal der Hälfte des geforderten Rabatts.
- Im Gegensatz zur Rabattforderung ist der Preisnachlass einzig mit der Leistungsreduktion begründet und beeinflusst Ihre Tarifgestaltung nicht negativ.

Entweder der Kunde lenkt ein und kauft ein Angebot ohne Rabatt **oder** er bleibt bei seiner Forderung.
Lassen Sie uns an dieser Stelle zwei Einigungsszenarien durchspielen und dann die Verhandlung mit dem dritten Szenario auf die Spitze treiben.

Einigungsszenario 1: Entscheidung für das reduzierte Leistungsangebot mit Rabattforderung

Kunde: *„Also die Leistungskürzung kommt mir vom Preis doch etwas entgegen. Wenn ich da noch einen Rabatt erhalte, dann machen wir das."*

Verkäufer: *„Frau Schulze, auch dieses Angebot ist Bestpreis. Da geht nur noch ein marginaler Good-Will-Rabatt. An welche Höhe haben Sie da gedacht?"*

Kunde: *„10 %."*

Verkäufer: *„Ich kann Ihnen sofort 10 % Naturalrabatt einräumen. Somit haben Sie ein Superpaket, um Ihren Abverkauf deutlich zu erhöhen und ich kann Ihrer Forderung durch die 10 % Zusatzleistung gerecht werden. Lassen Sie uns das so machen."*

Kunde: *„Ok."*

Übersicht

Eine häufig eingesetzte Rabattform im Medienbusiness ist der Naturalrabatt. Schließt der Kunde die Vereinbarung mit Ihnen ab, erhält er eine zusätzliche Einheit an Werbemitteln ohne Berechnung. Naturalrabatte reduzieren nicht den Umsatz. Deshalb ist es ratsam, dem Kunden diese oben geforderten 10 % Rabatt als Naturalrabatt anzubieten.
Tipp zur Vergabe von Naturalrabatten: Viele Medienberater schwenken bei der Zubilligung von Naturalrabatten auf ein zusätzliches Werbemittel um. So bieten sie beispielsweise Bannerwerbung oder ein PR-Inserat als Naturalrabatt an, obwohl diese nicht Bestandteil des Angebots sind. Das ist insofern gefährlich, als dass die wahrgenommene Wertigkeit dieser Werbeformen sinken kann. Immerhin ist es ja „nur" ein On-Top-Geschenk, denkt der Kunde. Zusätzlich wird der Kunde nicht in für ihn neue Werbeformen investieren und unter Umständen seinen Buchungsvolumen steigern, wenn er diese gratis in Form von Naturalrabatt erhält.

Sollte bei der Kunde bei der nächsten Buchung den gleichen Naturalrabatt fordern, so wissen Sie spätestens bei dieser Verhandlung, dass er mit diesem Werbemittel hochzufrieden ist. Bieten Sie also nur einen Naturalrabatt in den Werbemitteln an, welche in der Ursprungslösung angeboten wurden.

Natürlich hätte der Kunde weiterhin einen höheren Rabatt fordern können, jedoch haben Sie im Laufe der Verhandlung mehrfach und glaubhaft darauf hingewiesen, dass 20 % beim besten Willen nicht geht. Sie werden im realen Tagesgeschäft erkennen, dass das begründete Abblocken eines Rabatts zur Reduktion vom Bestehen auf ursprünglich geforderte Rabatte führt.

Sie haben erst in dieser Phase der Preisverhandlung die Preishoheit aus der Hand gegeben, indem Sie fragten, an welche Höhe der Kunde denkt.

Einigungsszenario 2: Entscheidung für das ursprüngliche Leistungsangebot mit Rabattforderung

Kunde: *„Nein, ich möchte doch lieber bei dem großen Leistungsangebot bleiben. Es ist mir schon wichtig, dass wir so häufig wie möglich mit unserer Kampagne wahrgenommen werden. Aber Sie müssen mir **im Preis** entgegenkommen.“*

Verkäufer: *„Frau Schulze, was halten Sie von dem Vorschlag, dass ich Ihnen 5 % Rabatt gewähre, wenn Sie sich jetzt entscheiden? Den Rabatt noch weiter zu erhöhen ist einfach nicht drin.“*

Kunde: *„10 %.“*

Verkäufer: *„Ich kann Ihnen die 10 % folgendermaßen gewähren. Sie erhalten 5 % Rabatt auf den Preis und Sie bekommen 5 % Zusatzleistung als Naturalrabatt. Dann sind Sie bei den gewünschten 10 % Rabatt. Somit haben Sie ein Superpaket, um Ihren Abverkauf deutlich zu erhöhen und ich kann Ihrer Forderung auch mit dem Preis gerecht werden. Lassen Sie uns das so machen.“*

Kunde: *„Ok.“*

Wie im ersten Szenario spielt der Naturalrabatt eine wichtige Rolle. Damit der Kunde sich weiter als „Gewinner" fühlt, haben Sie ihm die 10 % Rabatt „gewährt". Und zwar in der Mischform eines Preisnachlasses (Sie müssen mir beim Preis entgegenkommen) und eines Naturalrabatts. Sie sind mit 5 % Preisnachlass meilenweit von den geforderten 20 % zu Beginn der Preisverhandlung entfernt.

Szenario 3: Treiben Sie die Preisverhandlung auf die Spitze

Kunde: *„Nein, ich möchte doch lieber bei dem großen Leistungsangebot bleiben. Wenn wir das mit dem Rabatt nicht hinbekommen, dann sind Sie raus."*

Verkäufer: *„Frau Schulze, ich freue mich, dass Sie uns und unsere Kommunikationslösung schätzen. Sie wissen, dass wir den Preis nicht weiter senken können und ich frage mich, ob ein Naturalrabatt in Höhe von 10 % eine tragbare Alternative für Sie wäre. Bin ich hier auf dem richtigen Weg?"*

Kunde: *„Nein. 10 % Naturalrabatt ist viel zu wenig und ich bekomme bei Ihrem Wettbewerber locker 30 %."*

Verkäufer: *(sortiert langsam seine Unterlagen auf einen Stoß und greift nach seiner Tasche).*

„Es tut mir sehr leid, aber ich kann solch überhöhten Rabattforderungen überhaupt nicht nachkommen. Nicht bei diesem Spitzenangebot. Ich muss an dieser Stelle leider passen."

(beobachtet den Kunden sehr genau).

Jetzt könnte der Kunde einknicken und sich als Bluffer enttarnen, indem er einlenkt und sagt:

Kunde: *„Ok. Wenn da wirklich nichts mehr geht, dann machen wir das mit den 10 % Naturalrabatt."*

Der Kunde könnte jedoch auch den Vertragsabbruch bestätigen. Je nachdem, wie wichtig dieser Auftrag für den Verkäufer ist, kann dieser nun einlenken und folgende Frage stellen:

Kunde: „Ja, das tut mir auch leid. Das ist ein hervorragendes Angebot, leider einfach zu teuer für mich."

Verkäufer: (zeigt, dass er gerade am Überlegen ist, - kurze Pause -) „Frau Schulze, geben Sie mir bitte Ihre niedrigste Rabattforderung. Ich weiß, dass unsere Werbelösung genau auf Ihre Ziele und Schmerzen ausgerichtet sind. Sie haben bereits meine Zusage von 10 % Naturalrabatt. Was ist das absolute Minimum, das ich Ihnen noch gewähren müsste?"

Kunde: „Die 10 % Naturalrabatt und zusätzlich noch 10 % Preisnachlass."

Verkäufer: „Halten wir mal die 20 % in Summe im Auge. Bei 10 % Preisnachlass verdienen wir nichts. Was halten Sie von 15 % Naturalrabatt und 5 % Preisnachlass. Dann sind Sie auch bei 20 % und wir sind uns beide ein Stück entgegengekommen. Und Sie haben durch die 15 % Mehrleistung noch mehr Power für die Gewinnung von Neukunden. Können wir uns darauf einigen?"

Kunde: „Ok."

Übersicht

Bingo. 15 % Naturalrabatt schmerzen kaum und 5 % Barrabatt sind deutlich besser als die eingangs geforderten 20 %. Wieder haben Sie mit dem Kundennutzen argumentiert.

Jetzt fragen Sie sich vielleicht, ob Sie nicht Gesicht verlieren, wenn Sie nach dem Unterlagenzusammenräumen wieder die Verhandlungen aufnehmen. Keinesfalls. Verhandlungen, so hart sie auch sein mögen, sind ein Spiel. Wenn Sie im Vorfeld bei der Angebotsvorstellung dem Kunden eine schlüssige Nutzenargumentationskette geliefert haben, dann wird er sich sogar freuen, dass er sich durchgesetzt hat. Und Sie freuen sich, weil Sie sich der 20 %-Forderung widersetzt haben und nur 5 % Preisnachlass gewähren mussten.

Kennen Sie den Columbo-Effekt? Sie kennen bestimmt den scheinbar einfältigen Inspektor, der ständig seinen Block in einer seiner Jackentaschen sucht und während seiner Befragungen die wichtigen Fragen scheinbar vergessen hat. Er verabschiedet sich, geht zur Tür, öffnet diese und dann fällt ihm vermeintlich diese eine Killerfrage wieder ein. Vergleichen Sie Ihren Bluff mit dem Verhandlungsabbruch mit diesem Columbo-Effekt.

Abb. 9.2 Die Preisverhandlung (Teil 2)

Die Abb. 9.2 veranschaulicht Ihnen den **weiteren** Verlauf der Preisverhandlung.

9.6.1 Wenn der Kunde vorab den Preis wissen möchte

Im Sommer kam meine Frau eines Tages in mein Büro und sagte: „Ich habe gerade einen neuen Sonnenschirm für die Terrasse gekauft." Meine Erwiderung: „Und? Wie teuer war er?" Sie lächelte mich an und sagte:

„Schau Dir doch zuerst mal den Schirm an. Und dann rate, wie viel er gekostet hat."

Diese Antwort verblüffte mich. Wer ist hier eigentlich der sogenannte Verkaufsprofi? Meine Frau oder ich?

Sie hat noch nie ein Verkaufstraining absolviert und liefert geballte Qualität einfach so aus dem Bauch heraus. Diese Geschichte muss ich unbedingt in mein nächstes Training einbauen, dachte ich. Ich war auf jeden Fall entwaffnet und sehr gespannt, mir den Schirm anzuschauen. Nachdem ich mir den Sonnenschirm angeschaut hatte, riet ich den Preis. Und war mit meiner Einschätzung um ca. 50 € zu teuer.

Wie in diesem Beispiel, kommt es häufig vor, dass auch Kunden den Preis bereits vor der Angebotspräsentation kennen möchten.

Es hat einen speziellen Grund, dass Sie den Preis Ihres Angebots stets am Ende der Angebotspräsentation nennen sollten: In der Angebotspräsentation muss der Nutzen für den Kunden im Vordergrund stehen, nicht der Preis. Sollte der Kunde vor der Präsentation des Angebots nach dem Preis fragen, gibt es eine hervorragende mehrstufige Argumentationskette zur Entgegnung seiner Forderung:

- Stufe 1:
    - **Kunde:** *„Bevor Sie mir das Angebot zeigen, sagen Sie mir bitte zuerst, wie hoch der Preis ist. Dann weiß ich, was auf mich zu kommt."*
    - **Verkäufer** *„Frau Schulze, ich kann verstehen, dass Sie auf den Preis gespannt sind. Lassen Sie mich Ihnen bitte zuerst die Inhalte des Angebots und seine Wirkung für Ihr Zielvorhaben vorstellen. Sollte das Angebot nicht Ihren Erwartungen entsprechen, dann kostet Sie dieses Angebot eh nichts."*

Übersicht

In aller Regel akzeptiert der Kunde diese Argumentation und versteht, dass der genannte Preis in keiner Relation zu irgendetwas steht, da er die Leistungen des Angebots nicht kennt und somit den daraus resultierenden Nutzen noch nicht bemessen kann.

Sollte der Kunde dennoch auf die Benennung des Preises bestehen, folgen Sie bitte den folgenden zwei Stufen.

- Stufe 2:
  - **Kunde:** *„Ich möchte es gerne jetzt wissen. Ich bitte Sie darum."*
  - **Verkäufer:** *„Ok. Das Angebot, dass ich Ihnen gleich vorstelle, kostet 11.480 €."*
- Stufe 3:
  - **Kunde:** *„Wow. Das ist doch mehr als ich dachte."*
  - **Verkäufer:** *„Ja, Frau Schulze, dieses Angebot ist nicht billig. Aber es gibt sehr gute Gründe für diesen Preis und die möchte ich Ihnen jetzt kurz vorstellen. Es gibt hunderte von Kunden, die unsere Preisgestaltung geprüft haben und sich aus sehr guten Gründen für unser Angebot entschieden haben. Möchten Sie die Gründe wissen? Möchten Sie das?"*
  - **Kunde:** *„Dann schießen Sie los."*

Übersicht

In der dritten Stufe passiert genau das, was zu befürchten ist. Der Kunde findet den Preis zu hoch. Natürlich wissen wir nicht, ob der Kunde das ehrlich meint, oder ob er blufft. Vielleicht ist es auch nur ein Automatismus: Wie viel? – So viel! – Zu viel!

Sie relativieren das scheinbar Teure, indem Sie entgegnen, dass das Angebot nicht billig ist. „Billig" ist im Verkaufsgespräch negativ besetzt und wird mit schlechter Qualität in Verbindung gebracht. Vermeiden Sie also die Aussage bei Kunden, dass Ihr Angebot billig sei. Aber nutzen Sie das Wort, wenn der Kunde Ihren Angebotspreis als zu hoch ansieht. „Ja, lieber Kunde, unser Angebot ist in der Tat nicht billig."

Durch die Nutzung von „Referenzen", die unsere Preise geprüft und aus vielerlei Gründen für gut befunden haben, vermitteln Sie dem Kunden neben Ihrer Standfestigkeit auch die glaubhafte Rechtfertigung des Preises.

Die Wiederholung der Frage – *Möchten Sie die Gründe wissen? Möchten Sie das?* – ist ein Stilmittel, das die Glaubwürdigkeit einer Aussage wie ein Katalysator boostet. In diesem Beispiel wird der Kunde denken, dass die Preisgestaltung wirklich sehr gut begründet ist. Zusätzlich zwingt die Wiederholung der Frage förmlich zur Antwort in Ihrem Sinne – zu einem „Ja". Wiederholen Sie die Frage ohne Ihre Stimme anzuheben und die Tonalität zu ändern. Sonst kann sich die Frage aggressiv anhören.

Danach folgen Sie bitte dem weiteren Verlauf des Verkaufsgesprächs, wie in den Kapiteln 7 bis 9 vorgestellt.

9.6.2 Ein gut gefüllter Verkaufstrichter lässt Sie besser schlafen

Rabattforderungen werden für Sie deutlich entspannter, wenn Sie ausreichend Angebote und Kundenkontakte im Markt haben. Denn dann halten Sie die Entscheidungshoheit zur Rabattforderung in IHRER Hand und können überzogene Forderungen in aller Sachlichkeit ablehnen, ohne dem inneren Druck ausgesetzt zu sein, dass Sie unbedingt den Auftrag abschließen müssen.

Denken Sie stets an den Leitsatz – **Verhandeln heißt nicht: nachgeben.**

Stellen Sie sich bitte folgende Ausgangssituation vor:

- Sie haben aktuell 10 Angebote im Markt.
- Der Durchschnittspreis der Angebote beziffert sich auf 15.000 €.
- Das gesamte Angebotsvolumen beläuft sich somit auf 150.000 €.
- Ihre Terminquote – Anruf zu Termin – liegt z. B. bei 20 %.
- Ihre Abschlussquote – Angebot zu Auftrag – beziffert sich auf 33 %.

Mit den insgesamt 150.000 € Angebotswert sind Ihnen also der Umsatz von 50.000 € schon mal sicher.

Haben Sie nur wenige Angebote und Kundenkontakte im Markt, so steigt der Umsatzdruck und Sie gewähren den geforderten Rabatt deutlich schneller.

Halten Sie aus diesem Grund Ihren Angebotstrichter stets gut gefüllt. Und kennen Sie Ihre Quoten.

Sie haben ein wichtiges Teilziel nach dem anderen gemeistert und auch das Thema der Preisverhandlung lässt sich im Voraus effizient planen. Fahren Sie besser mit einem Preisnachlass in Form eines

Naturalrabatts, eines Barrabatts, oder sind Sie bereit, die Fahrt auf den letzten Metern abzubrechen? Sie haben unterschiedliche Routen zur Auswahl. Setzen Sie sich mit den Alternativen und Konsequenzen Ihrer Entscheidung bereits im Vorfeld des Preisgesprächs auseinander. Und vergessen Sie nicht, dass Sie alleine die Entscheidungshoheit über den Preis haben.

10

Sie haben Ihr Ziel erreicht – Der Abschluss

Zusammenfassung Mit der Frage nach dem Auftrag ergeben die vorangegangenen Verkaufsanstrengungen erst einen Sinn. Der Verkaufsabschluss muss sowohl für den Verkäufer als auch für den Kunden einen verbindlichen und nachhaltigen Charakter hinterlassen. Das oberste Gebot beim Vertragsabschluss ist die Zufriedenheit bzw. die Begeisterung des Kunden, weil er versteht, wie er von dem Angebot profitieren wird. Das Risiko des Auftragsstornos ist minimal, weil der Kunde den Sinn und die Chancen des Angebots erkannt hat. Dieses Kapitel beschreibt zum einen verbale und nonverbale Kaufsignale des Kunden und zum anderen, wie Sie auf diese richtig reagieren. Zudem stellt es unterschiedliche Abschlusstechniken vor, die alle den gleichen Fokus haben: den Nutzen des Kunden hervorzuheben.

Viele Verkäufer bezeichnen sich selbst nur ungerne als Verkäufer. Eine vom Nürnberger Institut für Marktentscheidungen e. V. in 2018 in Auftrag gegebene Studie zum Vertrauen der Deutschen in Berufsgruppen, bescheinigt den Verkäufern ein seit Jahren unverändert schlechtes Image (GfK, 2018). Lediglich 51 % der Bevölkerung vertraut Verkäufern voll und ganz bzw. überwiegend. Schlusslichter dieser

© Der/die Autor(en), exklusiv lizenziert an Springer Fachmedien Wiesbaden GmbH, **171**
ein Teil von Springer Nature 2022
R. McKenna, *Das Verkaufsnavi für Medienberater,*
https://doi.org/10.1007/978-3-658-37704-5_10

Befragung waren Politiker mit 14 %, Versicherungsvertreter mit 23 % sowie Werbefachleute mit 25 %. Die Top-Scorer waren neben den Feuerwehrleuten und Sanitätern mit jeweils 96 % Zustimmung die Krankenschwestern/-pfleger mit 95 %.

Warum jedoch die Verkäufer so ein mieses Image haben, wird in dieser Studie nicht beleuchtet. Wenn man bedenkt, dass Verkäufer durch ihre Umsatzverantwortung in ihrer Tätigkeit den Kühlschrank auch ihrer Kollegen aus der Verwaltung und anderen Abteilungen füllen, dann wird dieses Image dem Verkäufer nicht gerecht.

In meinen Seminaren stelle ich den Teilnehmern immer die gleiche Frage: „Betrachtet Ihr Euch als Verkäufer oder als Berater?" Die meisten Verkäufer im Mediengeschäft tragen ja immerhin den Titel „Medienberater". Als wollten sie sich vor dem Titel „Verkäufer" schützen. Verkäufer zu sein ist keine ansteckende Krankheit.

Einige sehen sich in der Rolle des **Beraters** und einige sehen sich als **beratende Verkäufer.** Bei der anschließenden Diskussion wird das „entweder…oder" analysiert und die Mehrheit der Teilnehmer entscheiden sich dann für das „sowohl…als auch".

Jetzt stellt sich mir als nächste Frage, ob sie eher verkaufender Berater oder beratender Verkäufer sind. Was steht bei Ihnen im Vordergrund?

Spannend wird es bei meiner Frage nach den Assoziationen, die sie mit dem Begriff „Verkäufer" in Verbindung bringen: Unter den Top-3 genannten Begriffen befindet sich das Wort „schmierig". Wow.

Es geht um das Erkennen Ihrer inneren Geisteshaltung und Einstellung zum Wort „Verkäufer", da viele Verkäufer in der Endphase des Verkaufsgesprächs bei der Frage nach dem Auftrag regelrechte Hitzewallungen erfahren und ihre Angst vor der entscheidenden Frage auch dem Kunden nicht unerkannt bleibt.

Wenn ich die Schmerzen und Ziele des Kunden kenne und weiß, dass meine Lösung den Kunden bei diesen Zielen und Schmerzen positiv unterstützt, dann muss die Orientierung im Verkaufsgespräch rein abschlussbezogen sein. Und zwar mit Freude und Stolz. Wenn wir an dieser Stelle einen Rollentausch vornehmen und Sie der Kunde sind – was würden Sie denken, wenn Sie einen abschlussschwachen oder einen unentschlossenen Verkäufer vor sich sitzen haben?

Bestenfalls tut Ihnen der Verkäufer leid. Schlimmstenfalls sind auch Sie als Kunde verunsichert und da wabert vielleicht die Frage im Kopf, ob das Angebot vielleicht doch nicht so gut ist. Oder verheimlicht der Verkäufer vielleicht etwas?

Je höher die Investition, umso mehr braucht der Kunde das gute Gefühl, dass er die richtige Lösung gekauft hat. Und das ist Ihre Aufgabe.

Der Grund dieser Abschlussangst liegt häufig daran, dass der Verkäufer selbst zweifelt und sich vielleicht diese Fragen stellt:

- Löst es tatsächlich die Probleme des Kunden?
- Hat der Kunde irgendwelche Bedenken, die ich nicht kenne?
- Ist der Preis vielleicht doch zu hoch?
- Was mache ich, wenn er das Angebot nicht mag?

Wenn Sie ein solides Fundament aufgebaut haben, indem Sie den Bedarf kennen und dem Kunden den Nutzen der Lösung mitgeteilt haben, dann wartet der Kunde förmlich auf die Abschlussfrage.

10.1 Suchen Sie nach Kaufsignalen

Sicherlich ist es Ihnen schon passiert, dass Sie nach einer Angebotsbesprechung keine Ahnung hatten, wie das Angebot beim Kunden angekommen ist und der Kunde ohne zu zucken den Auftrag unterschreibt.

Das Erkennen und die Suche von Kaufsignalen sind im Verkaufsgespräch entscheidend, da sie eine Abkürzung zum Auftrag darstellen. Beim Erkennen von Kaufsignalen können Sie sofort den Kaufabschluss einleiten, wie im nachfolgenden Kapitel beschrieben. Daher ist es unerlässlich, den Kunden nicht aus den Augen zu lassen und ihn genau zu beobachten und ihm zuzuhören, was er zu dem Angebot sagt bzw. fragt.

Kaufsignale im Verkaufsgespräch geben eine Abkürzung des Verkaufsgesprächs vor, die die Phase des Abschlusses einläuten.

Anders als beim Autonavi, der Ihnen eine Abkürzung vorschlägt, müssen Sie beim Verkaufsnavi die Abkürzung auf jeden Fall wählen. Sie könnte eine einmalige Abschlusschance darstellen, die nicht mehr auftaucht, sollte sie ignoriert werden. Wenn der Kunde seine Kaufbereitschaft signalisiert, und Sie weitere (scheinbare) Vorzüge des Angebots thematisieren, dann können Fragen auftauchen, die das Angebot vielleicht in den Augen des Kunden abwerten. Da sendet der Kunde das eindeutige Kaufsignal, Sie freuen sich und legen mit dem weiteren Argument nach, dass die Reichweite gerade im Speckgürtel der Stadt gewachsen ist. *Moment,* denkt da vielleicht der Kunde, *das Umland spielt für mich doch keine Rolle. Meine Kunden sind in der Stadt. Und jetzt muss ich auch noch für das Umland zahlen?* Somit wurde aus dem sicheren Kaufkandidaten ein Wackelkandidat, dessen Einwand nun im Raum steht und behandelt werden muss.

> **Übersicht**
>
> Wann immer Sie ein Kaufsignal erkennen, stoppen Sie Ihre weiteren Ausführungen zum Angebot und stellen Sie eine Kauftestfrage bzw. fragen Sie nach dem Auftrag.
>
> Machen Sie es dem Kunden so einfach wie möglich, mit Ihnen eine Geschäftsbeziehung aufzubauen. Immerhin hat der Kunde sich in den meisten Fällen nicht aus Höflichkeit für ein Treffen mit Ihnen entschlossen.
>
> Gehen Sie deshalb immer davon aus, dass er schon zu Beginn Ihres Termins ein generelles Kaufinteresse an einer funktionierenden Werbelösung hat.

Wir unterscheiden zwischen verbalen und nonverbalen Kaufsignalen sowie nach Handlungen.

10.1.1 Verbale Kaufsignale

10.1.1.1 Ja, ich will

Der direkt geäußerte Kaufwunsch ist das stärkste Kaufsignal und benötigt keine weitere Erklärung. Für diese Erkenntnis haben Sie sicher nicht dieses Buch gekauft.

Die meisten Kunden sagen nicht direkt nach der Angebotspräsentation, dass sie Ihr Angebot kaufen werden. Vielmehr erwarten
sie, dass der Verkäufer nach der Auftragserteilung fragt. Wäre es anders,
gäbe es nicht derart viele Verkaufsabschlusstechniken, um zum „Ja, ich
will" zu gelangen.

10.1.1.2 Der Kunde stellt Fragen

Häufig spricht der Kunde über Dinge, die erst **nach** der Vertragsunterschrift passieren. So möchte er Details zur Bezahlung, zur Werbemittelerstellung oder vielleicht zum Service wissen. Hiermit ist der Kunde
gedanklich schon über der Unterschrift hinaus, was die Vermutung
nahelegt, dass er keine weiteren Fragen zum „davor" hat. Diese Fragen
nach dem „danach" signalisieren eindeutig, dass er die Werbelösung
gedanklich schon gekauft hat oder den Kauf in Erwägung zieht.

10.1.1.3 Häufig fragt der Kunde nach Referenzen

Referenzen geben Kunden Sicherheit, vor allem dann, wenn es
Referenzen aus der gleichen Branche und in vergleichbarer Firmengröße
sind. Ich empfehle Ihnen, einige Referenzen auf Anfrage benennen
zu können. Fragen Sie Ihre zufriedenen Kunden, ob sie bei Bedarf als
Referenz zur Verfügung stehen und anderen Kunden Auskunft über den
Kampagnenverlauf geben könnten.

10.1.1.4 Der Kunde teilt unaufgefordert seine Meinung mit
Ihnen

Vor einigen Jahren war ich bei einem Zeitungsverlag beratend tätig und
stellte der Anzeigenleitung und den Verkaufsleitern unser Neukunden-
gewinnungsprogramm vor. Dieses Programm war speziell auf die
individuellen Anforderungen des Verlags designt und beinhaltete neben
meiner Programmbegleitung fünf Schulungstage, die den Medienbe-
ratern ihre Arbeit auch im regulären Tagesgeschäft bei ihren Verkaufs-
aktivitäten helfen.

Nach meiner Programmvorstellung sagte mir der Anzeigenleiter, dass sich die Schulungsangebote meiner Mitbewerber nur auf das Programm und nicht auf das Tagesgeschäft konzentrierten. Ich teilte ihm mit, dass dies ein wichtiges Unterscheidungsmerkmal sei und fragte ihn, ob wir ins Geschäft kommen. Wir waren es.

Wenn der Kunde sich negativ über den Wettbewerber oder seine positive Meinung zu Ihren Angeboten äußert, dann betrachten Sie diese Aussage als Schuss auf das leere Tor. Gekauft.

10.1.2 Körpersprache und nonverbale Kaufsignale

Auch wenn wir nicht reden, kommuniziert unser Körper. Ob wir das möchten, oder nicht. Anhand des Gesichtsausdrucks, der Körperhaltung und der Körperbewegung erfahren wir wertvolle Informationen über das wahre Befinden von Menschen. Wenn wir uns mit der Körpersprache auseinandersetzen, andere Menschen beobachten und versuchen, deren Körpersprache zu analysieren, dann lernen wir auch unsere Körpersprache zu verstehen.

Nonverbale Kaufsignale sind unbewusste Veränderungen in Gestik, Mimik und Körperhaltung, von denen der Kunde meist selbst nichts merkt.

Wenn Sie den Kunden aufmerksam beobachten, können Sie eine Vielzahl an Signalen entschlüsseln und als Zustimmung zum Kauf deuten.

Aber Vorsicht: Nicht jede Geste oder Körperhaltung hat etwas zu bedeuten. Teilweise hat man sich diese mit der Zeit angewöhnt und sie könnten aus dem Kontext heraus fehlgedeutet werden. Es sind jedoch ihre plötzlichen Veränderungen, auf die Sie achten müssen.

- Der Kunde äußert (häufig) seine Zustimmung mit Nicken und hält festen Augenkontakt mit dem Verkäufer.
- Diese Signale zeigen Ihnen, dass der Kunde Ihnen mit höchster Aufmerksamkeit aktiv zuhört.
- Vergrößern sich die Augen des Kunden im Termin, so unterstreicht dies sein Interesse an Ihrem Angebot.

- Der Kunde liest sich das Angebot nach der Angebotspräsentation konzentriert durch.
- Schon das Lesen des Angebots zeigt grundsätzlich Interesse. Bleiben Sie still und geben sie ihm die Möglichkeit der konzentrierten Lektüre. Auch wenn die Stille mal länger dauert, glauben Sie mir, weitere Argumentationen können die positive Spannung zerstören und den Kunden vielleicht sogar zur Absage veranlassen, wenn das Argument für ihn unerheblich ist und er glaubt, dass er dafür zahlen muss.
- Der Kunde ist dem Verkäufer offen und frontal zugewandt. Das Kaufsignal wird weiter verstärkt, wenn er sich im Gespräch nach vorne beugt. Denn neigt sich der Kunde nach vorne, signalisiert er Interesse und Aufmerksamkeit.

Aber auch hier ist Vorsicht angesagt, denn sollte sich der Kunde sehr weit nach vorne lehnen, dann können Sie dieses Signal auch als Überlegenheit signalisieren.

Sollte der Kunde sich bei der Preisverhandlung weit nach vorne lehnen, dann bedeutet diese Körperhaltung unter Umständen auch der Beginn eines Säbelrasselns.

- Bleiben wir bei der Preisverhandlung. Diese spannen regelrecht den Körper an. Verläuft die Verhandlung positiv, entspannt sich der Körper des Kunden merklich, was Sie mit einer Zustimmung zu den Konditionen interpretieren können.
- Ein weiteres Kaufsignal ist im Reiben der Hände zu interpretieren, denn der Kunde ist mit der aktuellen Situation und dem Angebot zufrieden.

Schwer zu sehen sind die Füße. In seinem Buch „What every BODY is saying: An Ex-FBI Agent's Guide to Speed-Reading People" berichtet der Autor Joe Navarro (Navarro, 2008) vom wohl verräterischsten Körperteil des Menschen: den Füßen. Leider im Sitzen häufig schwer zu sehen, scheinen sie wohl die zweite Seele des Menschen zu sein.

Joe Navarro bildete Zollbeamte an Flughäfen aus und machte diese auf die Fußstellung von Fluggästen aufmerksam, die mit hoher Wahrscheinlichkeit verbotene Gegenstände ins Land schmuggeln wollten: Während der Oberkörper der Fluggäste den Zollbeamten zugewandt war, zeigten die Fußspitzen in eine komplett andere Richtung. Und zwar in Richtung Ausgang. Die Füße verrieten, dass der Fluggast so schnell wie möglich zum Ausgang gehen wollte.

Sind die Fußspitzen des Kunden Ihnen zugewandt, ist er an Ihrem Angebot interessiert und fühlt sich entspannt. Zeigen sie zur Tür, aber er möchte vor Ihnen fliehen.

Kaufsignale werden nicht einzeln ausgesandt. Sie kommen in Gruppen daher und so haben wir es häufig mit einer Kombination von Signalen zu tun.

So kann ein Lächeln mit einem Nicken und mit Fragen zum „danach" einhergehen. Sollten Sie also ein Kaufsignal erkennen, achten Sie sofort auf weitere Signale, die Sie sehr schnell erkennen werden.

Das Wichtigste ist jetzt: keine weiteren Argumente bringen, kein weiteres Aufzählen von Kundennutzen durchexerzieren. Der Kunde hat Ihnen eine tolle Möglichkeit zur Abkürzung geliefert. Nutzen Sie diese.

10.1.3 Der Kaufbereitschaftsfrage bei positivem Kaufsignal

Ich habe in meiner Verkaufstätigkeit noch nie erlebt, dass ein Kunde bei der Frage nach dem Auftrag negativ reagiert hat. Auch nicht, wenn er anschließend Nein gesagt hat. Jeder Kunde erwartet diese Frage, und ich als Kunde wäre persönlich enttäuscht, wenn mir die Frage nach dem Auftrag nicht gestellt würde.

Wenn Sie positive Kaufsignale des Kunden wahrnehmen, vergewissern Sie mit einer Frage, ob es tatsächlich ein Kaufsignal ist:

Verkäufer: *„Ich merke, dass Ihnen dieser Punkt besonders wichtig ist? Haben wir mit diesem Angebot den Nagel auf den Kopf getroffen?"*

Verkäufer: *„Bei diesem Element haben wir uns besonders viel Gedanken gemacht? Entspricht Sie Ihren Vorstellungen?"*

Sollte der Kunde zustimmend antworten, dann nehmen Sie die Abkürzung zur Auftragserteilung und leiten den Verkaufsabschluss mit nachfolgenden beispielhaften Fragen ein.

Verkäufer: *„Sind wir Partner?"*

Verkäufer: *„Was meinen Sie, kommen wir ins Geschäft?"*

Stellt der Kunde Fragen, die sich mit Prozessen nach der Vertragsunterschrift befassen, dann nutzen Sie die nachfolgende Next-Step-Methode für den Kauftest.

10.2 Verkaufsabschluss mit der Next-Step-Methode

Diese Abschlusstechnik verfolgt die Philosophie, dass wir von einem Abschluss ausgehen und gar nicht erst nach der Zustimmung fragen. Folgen Sie dem vierstufigen Leitfaden der „Next-Step-Methode" und sie werden erkennen, dass der Kunde sich nicht überrumpelt fühlt.

Beginnen wir mit den ersten drei Stufen:

1. Der Kunde stellt eine Frage zu einem Prozess nach dem Vertragsabschluss.
2. Sie beantworten die Frage und heben die Bedeutung des angesprochenen Prozesses im weiteren Verlauf der Zusammenarbeit hervor.
3. Sie fragen, welcher der genannten Termine für den Kunden passt.

Beispiel 1

1. **Kunde:** *„Sagen Sie, wird der Spot/die Anzeige auch von Ihnen erstellt?"*
2. **Verkäufer:** *„Ja, Frau Schulze, das Werbemittel ist in diesem Fall das wichtigste Erfolgselement und da unterstützen wir Sie natürlich bei der Erstellung einer wirksamen Werbebotschaft. Dafür haben wir das Folgegespräch, um gemeinsam mit Ihnen eine lupenreine Kernaussage zu entwickeln.*
3. **Verkäufer:** *„Was meinen Sie? Ist ein weiteres Treffen in der nächsten Woche eher am Dienstag oder am Donnerstag bei Ihnen möglich? An beiden Tagen ginge 15 Uhr bei mir."*

Wenn der Kunde Ihnen jetzt einen Termin nennt, dann haben Sie schon verkauft.

Und jetzt kommt die vierte Stufe: Sie läuten die Vertragsausfertigung (4) ein.

4. **Verkäufer:** *„Schön, Frau Schulze. Lassen Sie uns kurz die notwendige Papierarbeit hinter uns bringen und dann am kommenden Dienstag um 15 Uhr über die Anzeigen-/Spotgestaltung reden. Ich habe schon ein paar Ideen, wie wir Sie in unserem Medium richtig in Szene setzen können."*

Beispiel 2

1. **Kunde:** *„Ist es möglich, dass wir während der Kampagne auch eine Pause einlegen können und die nicht geschalteten Spots/Anzeigen als Verstärker für unsere Weihnachtsaktion nutzen können?"*
2. **Verkäufer:** *„Die Flexibilität ist ein wichtiger Punkt für Sie. auf jeden Fall mit dieser Kommunikationslösung machbar. Also das sind jetzt die nächsten Schritte: Wir vereinbaren für die nächste Woche ein weiteres Treffen, bei der wir Ihren Werbeplan detailliert durchsprechen, um auch Ihrer Weihnachtsaktionen eine hohe Aufmerksamkeit zu garantieren."*
3. **Verkäufer:** *„Ist ein weiteres Treffen in der nächsten Woche eher am Dienstag oder am Donnerstag bei Ihnen möglich, um dann die nächsten Schritte zu besprechen? An beiden Tagen ginge 15 Uhr bei mir."*

Wenn der Kunde Ihnen jetzt einen Termin nennt, dann haben Sie auch in diesem Fall verkauft.

Und jetzt läuten Sie die Vertragsausfertigung (4) ein.

4. **Verkäufer:** *„Schön, Frau Schulze. Lassen Sie uns kurz die notwendige Papierarbeit hinter uns bringen und dann am kommenden Dienstag um 15 Uhr über die Anzeigen-/Spotgestaltung reden. Ich habe schon ein paar Ideen, wie wir Sie in unserem Medium richtig in Szene setzen können."*

Dann schieben Sie lächelnd die Auftragsbestätigung zur Unterschrift rüber.

Beispiel 3

1. *Kunde: „Können wir die Sujets während der Kampagne austauschen?"*
2. *Verkäufer: „Die Flexibilität ist ein wichtiger Punkt für Sie. Das ist auf jeden Fall mit dieser Kommunikationslösung machbar.* ***Also das sind jetzt die nächsten Schritte:*** *Wir vereinbaren für die nächste Woche ein weiteres Treffen, bei der wir Ihren Werbeplan detailliert durchsprechen, und mögliche Sujetwechsel diskutieren. "*
3. *Verkäufer: „Ist ein weiteres Treffen in der nächsten Woche eher am Dienstag oder am Donnerstag bei Ihnen möglich, um dann die nächsten Schritte zu besprechen? An beiden Tagen ginge 15 Uhr bei mir."*

Sie kennen bereits Schritt 4.

4. *Verkäufer: „Schön, Frau Schulze. Lassen Sie uns kurz die notwendige Papierarbeit hinter uns bringen und dann am kommenden Dienstag um 15 Uhr über die Anzeigen-/Spotgestaltung reden. Ich habe schon ein paar Ideen, wie wir Ihre Werbebotschaft in unserem Medium richtig in Szene setzen können."*

10.3 Verkaufsabschluss mit der AREA-Methode

Die AREA-Methode ist eine alte Abschlusstechnik, die ich seit über 20 Jahre kenne und in den letzten Jahren immer weiter verfeinert habe. Ursprünglich kam ich mit dieser Abschluss-Methode während eines Neukundengewinnungsprogramms einer neuseeländischen Firma in Kontakt. Sie nannten sie „Statement – Reference – Recommendation – Action". Ich nutze sie aufgrund ihrer unbestechlichen Logik bis zum heutigen Tag in zahlreichen Abschlussgesprächen.

Vier Buchstaben – vier logisch aufeinanderfolgende Stufen zur Endspurtzündung.

- **A**ussage
- **R**eferenz
- **E**mpfehlung
- **A**bschluss

Die Magie der Methodik erklärt sich in der Stringenz der Argumentations-kette, die den Kunden Schritt für Schritt zur Entscheidung führt.

Die Aussage

Die Aussage verbindet die Positionierung des Verkäufers als Spezialisten mit einer glasklaren Meinung zum vorliegenden Angebot. Wir sind die Fachleute, wenn es um Kommunikationsfragen geht. In anderen Worten sind wir der Arzt, der nach der Untersuchung die Diagnose stellt und ein Rezept ausstellt.

Verkäufer: „Frau Schulze, meiner Meinung nach passt diese Kommunikationslösung perfekt zu Ihnen."
Oder: „Frau Schulze, dieses Angebot passt wie ein Handschuh zur Erreichung Ihrer Kommunikationsziele."
Oder: „Frau Schulze, ich bin überzeugt, dass dieses Angebot genau das Richtige für Sie ist."

Die Referenz

Unsere Aussage im ersten Schritt zwingt natürlich zur Erklärung, warum das Angebot perfekt auf den Kunden zugeschnitten ist. Wem glaubt der Kunde am meisten? Sich selbst.

Deshalb begründen wir die Aussage mit Kerninformationen, die uns der Kunde im Zuge der Bedarfsermittlung mitteilte. Wir nehmen also den Kunden als Referenz zur Hilfe, was für mich persönlich die stärkste Glaubwürdigkeit vermittelt, da der Kunde sicherlich nicht an seinen eigenen Worten zweifelt.

Verkäufer: „Bei unserem Telefonat erklärten Sie mir, dass Sie Ihre Bekanntheit steigern müssen und richtigerweise Neukunden für die Stabilisierung Ihres Umsatzes benötigen."
Oder: „Als wir gemeinsam über Ihre Ziele sprachen, haben Sie vor allem das Neukundengeschäft hervorgehoben, welches Sie erst durch nachhaltige Bekanntheitssteigerung forcieren können."

Die Empfehlung

An diesem Punkt verweise ich auf die MVN-Methodik, die den Nutzen des Angebots mit den Merkmalen des Angebots begründet.

Bei Ihrer Empfehlung müssen Sie den direkten Bezug Ihres Angebots mit dem Kernziel des Kunden herstellen.

1. Die Merkmale:

Verkäufer: *„Frau Schulze, mit dieser Kommunikationslösung haben Sie im Zeitraum von zwei Monaten (Merkmal) insgesamt 90 Radiospots/20 Anzeigen (Merkmal).*
Die Radiospots wiederholen wir täglich dreimal (Merkmal) und strahlen sie zu unterschiedlichen Zeiten aus (Merkmal)/ die Anzeigen sind im Format einer Viertelseite (Merkmal) und werden im Regionalteil der Zeitung geschaltet (Merkmal). "

2. Die Vorteile:
Die Benennung der Vorteile ist an dieser Stelle ausschließlich auf die Ziele des Kunden gerichtet.

Verkäufer: *„Durch die Wiederholung Ihrer Kernaussage zu den unterschiedlichen Tageszeiten (Merkmal) erreichen Sie nicht nur das Maximum an Hörern (Vorteil), weil nicht jeder Hörer zur gleichen Zeit Radio hört (Merkmal), sondern Ihre Zielgruppe hat sogar mehrfach am gleichen Tag den Kontakt mit Ihrer Botschaft (Merkmal), so dass Ihr Angebot deutlich schneller in Erinnerung bleibt (Vorteil). "*
„Durch die ständige Wiederholung Ihrer Anzeige im Regionalteil unserer Zeitung (Merkmale) wird Ihre Bekanntheit deutlich schneller steigen (Vorteil). Die Platzierung der Anzeigen im Regionalteil ist insofern für Sie besonders vorteilhaft, weil diese Seiten von den meisten Lesern als wichtigster Teil der Zeitung angesehen werden – Informationen aus der Region. "

3. Der Nutzen:
Denken Sie bei der Nutzenargumentation ausschließlich mit dem Hirn des Kunden. Also nur, was die Kommunikationslösung dem Kunden bei seiner Zielerreichung/Schmerzlinderung für Erfolge bringen kann.

Verkäufer: *„Frau Schulze, wenn Ihre Zielkunden also Ihre Dienstleitung/ Ihr Produkt benötigen, dann werden sie sich durch die ständige Wiederholung der Werbung mit großer Wahrscheinlichkeit an IHR Unternehmen erinnern und bei Ihnen kaufen (Nutzen: mehr Umsatz, höhere Besucherfrequenz, neue Kunden).*
Oder: „Frau Schulze, durch Ihre Werbung werden nicht nur Ihre Stammkunden an Ihr Angebot erinnert. Sie werden viele neue Kunden in Ihr Geschäft/Lokal lotsen, die Sie vorher noch nicht gekannt haben. Also höherer Umsatz für Sie durch hohe Bekanntheit."

Der Abschluss

Wenn Sie sich als Arzt bzw. als Meister Ihres Fachs positioniert haben, dann bleiben Sie dieser Rolle treu. Zeigen Sie Selbstbewusstsein und gehen Sie davon aus, dass Sie den Auftrag in der Tasche haben. Wie in der oben beschriebenen „Next-Step-Technik" lenken Sie das finale Verkaufsgespräch auf Prozesse, die sich NACH der Vertragsunterschrift befinden.

Sie kennen die möglichen Folgen einer geschlossenen Frage. Wenn Sie die geschlossene Frage stellen „Was sagen Sie, wollen wir das so machen?", dann ist ein „Nein" des Kunden nach wie vor nicht ausgeschlossen, welches Sie wieder im weiteren Gesprächsverlauf hinterfragen müssen.

Sagen Sie einfach: „Also, lassen Sie uns über die nächsten Schritte reden." Sie lenken somit die Gedanken des Kunden bereits hinter die Ziellinie und geben ihm einen positiven Vorgeschmack auf das nächste Meeting.

Verkäufer: *„Frau Schulze, lassen Sie mich die nächsten Schritte kurz erklären. Wir vereinbaren einen Termin in der nächsten Woche, um den kreativen Teil des Spots zu besprechen und fixieren den Start der Werbekampagne. Das wird ein spannender und wichtiger Termin, bei dem wir die Kernaussage Ihrer Kommunikationsstrategie auf den Punkt definieren. Immerhin möchten wir ja Ihre Zielgruppe mit eindeutigen Aussagen für Ihr Angebot interessieren und zu Kunden umwandeln.*"

Und **genau jetzt** fügen Sie die Masterfrage hinzu. Und zwar die Frage nach dem Termin: *„Passt Ihnen jetzt am Donnerstag am Nachmittag oder eher der kommende Dienstag ab 15 Uhr für ein Treffen?"*
Wenn der Kunde einen Termin bestätigt, dann ist der Vertrag in Sack und Tüte, und Sie holen mit folgender Ergänzung die Vertragsunterschrift:

Verkäufer:	*„Dann schlage ich vor, dass wir die Papierarbeit hinter uns bringen und uns dann in der nächsten Woche treffen, um eine klare Kernaussage für Ihre Werbebotschaft zu besprechen. Ist das ok für Sie?"*

10.4 Die Technik der Nebensächlichkeiten

Eine weitere hocheffektive Methode für den erfolgreichen Vertragsabschluss ist die Technik der Nebensächlichkeiten. Dinge, die nicht im direkten Fokus stehen, können auf einmal zum wahren Grund des Verkaufsabschlusses werden.

Nutzen Sie die AREA-Methode wie oben beschrieben und fragen Sie proaktiv nach dem „danach".

Sie führen den Kunden in die Zukunft, in der Ihre Kooperation bereits beschlossene Sache ist und schließen den Auftrag mit einer vermeintlich unwichtigen Frage ab. Im Folgenden drei Beispiele:

1. Beispiel

Verkäufer:	*„Frau Schulze, kurze Frage: Wer ist bei Ihnen im Unternehmen mein Ansprechpartner bei der Umsetzung der Werbeaussage?"*
Kunde:	*„Das bin ich."*
Verkäufer:	*„Wir sollten uns in der nächsten Woche treffen, um Ihr Ziel zur Bekanntheitssteigerung in eine knackige und erfolgreiche Werbeaussage zu formulieren. Was halten Sie von Mittwoch um 15 Uhr, oder passt Ihnen der Freitag um 11 Uhr besser?"*
Kunde:	*„Freitag um 11 Uhr passt mir sehr gut."*

Verkäufer: *„Dann machen wir das Vertragswerk jetzt fertig und treffen uns dann am kommenden Freitag. Dann finden wir eine richtig gute Kernaussage zu Ihrer Werbung, damit Sie Ihr Ziel zur Bekanntheitssteigerung auch wirklich erreichen."*

2. Beispiel

Verkäufer: *„Frau Schulze, kurze Frage: Ist Ihre Geschäftsadresse auch Ihre Rechnungsadresse?"*
Kunde: *„Die Adresse ist die gleiche."*
Verkäufer: *„Dann machen wir das Vertragswerk fertig und sollten uns in der nächsten Woche treffen, um Ihr Ziel zur Bekanntheitssteigerung in eine knackige und erfolgreiche Werbeaussage zu formulieren. Was halten Sie von Mittwoch um 15 Uhr, oder passt Ihnen der Freitag um 11 Uhr besser?"*

3. Beispiel

Verkäufer: *„Frau Schulze, kurze Frage: Wann sollte die Kampagne spätestens bei uns starten?"*
Kunde: *„Am Ende des nächsten Monats."*
Verkäufer: *„Dann machen wir das Vertragswerk fertig und sollten uns in der nächsten Woche treffen, um Ihr Ziel zur Bekanntheitssteigerung in eine knackige und erfolgreiche Werbeaussage zu formulieren. Was halten Sie von Mittwoch um 15 Uhr, oder passt Ihnen der Freitag um 11 Uhr besser?"*

Literatur

GfK-Verein Trust Professions 2018h – eine Studie des Gfk-Vereins, März 2018h https://www.nim.org/sites/default/files/medien/135/dokumente/2018h_-_trust_in_professions_-_deutsch.pdf

Navarro, J. (2008). What every body is saying. HarperCollins Publishers Inc. ISBN 978-0-06-164486-3, S. 77–78.

11

Die Service-Etappe zur erfolgreichen Zielumsetzung

Zusammenfassung „Sie haben Ihr Ziel erreicht." Noch nicht ganz. Denn nach dem Verkaufsabschluss müssen Sie noch die wichtigste Teilstrecke zurücklegen. Die gesamte Fahrt soll die Kundenerwartungen erfüllen bzw. übertreffen. Und zur gesamten Fahrt gehört auch die Zielerreichung in Form der funktionierenden Kommunikationslösung. Sofern nicht bereits mit dem Kunden besprochen, müssen Sie den Zeitraum der Kampagne und die zündende Kommunikationsidee für die Werbemittelerstellung mit dem Kunden festlegen.

Dieses Kapitel behandelt wichtige Besonderheiten unterschiedlicher Werbemittel zur Erzielung einer erfolgreichen Werbekampagne. Eine herausragende Unterstützung zur erfolgreichen Kommunikation ist das Alleinstellungsmerkmal eines Unternehmens. Dieses Merkmal ist für deren Kunden von hoher Kaufrelevanz und muss einen fixen Platz als Aussage in der Kampagne erhalten.

© Der/die Autor(en), exklusiv lizenziert an Springer Fachmedien Wiesbaden GmbH, ein Teil von Springer Nature 2022
R. McKenna, *Das Verkaufsnavi für Medienberater*,
https://doi.org/10.1007/978-3-658-37704-5_11

Kennen Sie diese Kundenaussagen?

- „Ich habe im Radio geworben und Radio funktioniert nicht."
- „Bei den vergangenen Anzeigen hatte ich null Resonanz im Geschäft. Zeitungswerbung funktioniert nicht für unsere Angebote."
- „Die Klicks führen nicht zur gewünschten Conversion. Das kostet nur Geld."

Mediaberater dürfen Ihre Werbeplätze nicht als das zu verkaufende Produkt ansehen. Unser Angebot ist keine Fläche oder Zeit, die wir dem Kunden verkaufen. Vielmehr ist unser Angebot der Problemlöser bzw. der Zielerreicher. Er ist der Nutzenbringer für den Kunden. Der Werbeplatz ist lediglich die Plattform, auf der die Problemlösung zum Endverbraucher transportiert wird. Wir haben anhand unseres Sales-Navis unser Ziel, den Abschluss, erreicht. Nun gilt es, auch das Ziel unseres Kunden zu erreichen.

Unsere Anstrengung muss nach der Auftragserteilung weiter Fahrt aufnehmen, damit wir als Werbemedium nicht die oben genannten Negativaussagen des Kunden zu hören bekommen. Denn eines ist klar: Jedes Werbemedium trägt zur Zielerreichung des Kunden bei.

11.1 Zügeln Sie zu hohe Kundenerwartung

Meine Verkaufsexpertise gilt vor allem den regionalen kleinen und mittelständischen Unternehmen. Viele Entscheider in dieser Firmenkategorie wissen nicht, wie eine wirksame Werbung erstellt wird. Woher auch?

Häufig sind sie Spezialist im Kerngeschäft, Einkäufer, Verkäufer, Personalleiter, Buchhalter in Personalunion. Mit diesen Mehrfachjobs fehlt Ihnen einfach die Zeit, um sich noch als Werbeprofi zu etablieren.

Kunden müssen an die Wirkungsweise der Kommunikation herangeführt werden und verstehen, dass nur eine Zeitungsanzeige oder nur zehn Radiospots eben nicht zum Kampagnenerfolg führen.

11.2 Kernaufgaben der Werbung

Konsumenten werden täglich mit tausenden von Informationen und Botschaften bombardiert. Vor allem mit Werbebotschaften zu Angeboten, die sie aktuell nicht benötigen. Regional tätige Firmen verfolgen in aller Regel die nachfolgenden Werbeziele.

Bekanntheitssteigerung

Wenn der Konsument regelmäßig die Werbung zu einem Angebot wahrnimmt, dann steigert sich klarerweise die Erinnerung. Sollte er in der Zukunft ein vergleichbares Angebot benötigen, dann erinnert er sich mit deutlich größerer Wahrscheinlichkeit an den Anbieter, der durch die Werbekontinuität erinnerungswürdig wurde.

Aus diesem Grund unterscheide ich zwischen dem Heute- und dem Morgenkunden.

Der Heutekunde benötigt aktuell das beworbene Angebot, nimmt die Werbung wahr und entscheidet sich zum Kauf des beworbenen Produkts. Dieser Kundenmarkt macht jedoch nur den weitaus kleinsten Teil des Zielmarktes aus.

Der „Morgenkunde" benötigt das beworbene Angebot aktuell nicht. Es gehört jedoch zu den Kernaufgaben der Werbung, dass dieser Morgenkunde immer wieder in Kontakt mit der Werbebotschaft kommt. Denn zum Zeitpunkt des konkreten Kaufwunsches soll er sich an genau diesen Lieferanten erinnern, der regelmäßig für dieses Angebot geworben hat. Dieser Morgenkundenmarkt ist weitaus größer als der Heutekundenmarkt und muss regelmäßig an das Angebot erinnert werden. So steigert sich die Bekanntheit und der Werbekunde wird in weiterer Folge seine Werbeziele leichter erreichen.

Bedürfnissteigerung

Die beworbenen Angebote sollen das Interesse des Zielkunden und seinen Wunsch zum Kauf steigern. Die Vielzahl an vergleich- und austauschbaren Angeboten macht es notwendig, dass sie mit einer „Duftmarke" ausgestattet werden, die Ihnen ein kaufrelevantes Alleinstellungsmerkmal verleiht. Dieses Alleinstellungsmerkmal muss als

„roter Faden" ständiger Bestandteil des Werbeauftritts sein, weil er das Angebot von den Angeboten der Wettbewerber unterscheidet. Somit werden die Vorteile des Angebots gegenüber anderen Produkten hervorgehoben, die der Käufer beim Erwerb des Produkts genießt.

Imagebildung
Die Kommunikationsmaßnahmen verfolgen das Ziel, die beworbene Firma bzw. die Angebote in ein positives Licht zu rücken. Der positive Eindruck durch die Imagewerbung für eine Firma soll sich auf sämtliche seiner Produkte bzw. Dienstleistungen übertragen und das Unternehmen unter Umständen auch als attraktiven Arbeitgeber positionieren.

Impuls- bzw. Aktionsauslösung
Die Aktionsbewerbung verfolgt das Ziel, den Käufern mitzuteilen, zu welchem Zeitpunkt sie das Produkt oder die Dienstleistung kaufen sollen. Es kann sich um saisonale Schwerpunkte, wie ein Schlussverkauf handeln, oftmals steht die Produkteinführung bzw. eine Produkterweiterung im Fokus. Die Aktionswerbung gehört zu den am stärksten genutzten Maßnahmen zur Verkaufsförderung.

11.3 Die Werbemittelgestaltung – High Noon für die erfolgreiche Werbewirkung

Der Erfolg einer Kommunikationslösung ist ein wichtiger Gradmesser für Werbekundentreue und somit für den weiteren Ausbau seiner Werbeaktivitäten beim Medienunternehmen. Deshalb muss die nachfolgende Frage im Mittelpunkt der Gespräche nach der Auftragserteilung stehen: Wie kann die verkaufte Fläche oder Werbezeit das Ziel des Kunden bestmöglich erreichen?

Und hier müssen Sie den Kunden an die Hand nehmen und ihn bei der optimalen Gestaltung unterstützen.

Während einige Medienunternehmen den erzielten Umsatz als eigentlichen Unternehmenserfolg bewerten, muss der Fokus vor allem mit Blick auf die Kundenbindung zusätzlich auf die erfolgreiche Problemlösung durch die Werbemittelgestaltung gelegt werden. In anderen Worten: Die Werbung muss für den Werbekunden wirken. Ergo muss sie den Käufer ansprechen, im Kopf bleiben, die Neugier wecken und den Kaufwunsch stimulieren.

Bei jedem Werbemedium gibt es in der Werbemittelgestaltung unterschiedliche Faktoren, die die Aufmerksamkeit und Neugier des Sehers/Lesers/Hörers boosten. Diese Erfolgsfaktoren müssen Sie Ihren Werbekunden mitteilen, damit Sie nicht mit der nachfolgenden Kundenaussage konfrontiert werden:

Kunde: *„Ach ja, ich will in der Anzeige noch diese Aktion und zusätzlich noch den Sonderpreis für dieses Angebot drin haben. Und die Öffnungszeiten haben sich auch geändert – müssen wir auch in die Anzeige reinbringen."*

Jetzt beginnt der zweite Teil Ihrer Verkaufsarbeit. Sie müssen vielen Unternehmen erst einmal klarmachen, welche Faktoren für eine erfolgreiche Werbemittelgestaltung zu berücksichtigen sind. Wenn Sie eine Werbelösung verkauft haben, dann haben Sie eine LÖSUNG verkauft und nicht eine Fläche oder reine Sekunden. Je mehr unterschiedliche Werbebotschaften Sie zulassen, umso stärker verwässert sich die eigentliche Kernaussage und somit auch Ihre Lösung.

Häufig gleichen die Anzeigen diesem Gedankengang des Kunden: „Na ja, wenn ich schon mal 200 mm gekauft habe, dann kann ich ja 200 Infos kommunizieren, weil jeder Millimeter auch bares Geld gekostet hat." Aus Kundensicht ist diese Kalkulation natürlich nachvollziehbar. Für eine funktionierende Kommunikationslösung ist sie jedoch reines Gift.

Zur Erstellung einer wirkungsvollen Werbemittelgestaltung passt ein wunderschöner Satz, der dem französischen Mathematiker und Philosophen Blaise Pascal (Pascal, 1656) zugeschrieben wird:

„Ich habe diesen Brief nur deshalb länger gemacht, weil ich nicht Muße hatte, ihn kürzer zu machen."

Also nichts anderes als: Komme zum Punkt! Verdichte Deine Aussage zu einer aussagekräftigen Essenz mit einem Minimum an Worten und nur einer glasklaren Bedeutung, damit die Kernaussage wie ein strahlender Held rüberkommt.

Ansonsten wird die Anzeige mit zahllosen Informationen überfrachtet und die Kernaussage steht ohne herausragende Bedeutung neben den übrigen unwichtigeren Aussagen.

Auch die israelische Schauspielerin, Schlager- und Chansonsängerin Daliah Lavi, brachte die Kunst der Werbekreativität mit ihrem 1972 veröffentlichten Lied – *Meine Art Liebe zu zeigen* – ganz unbewusst auf den Punkt. Die ersten zwei Sätze des Lieds gelten auch nach 50 Jahren für viele Topkreative als heiliger Gral der kreativen Werbung:

> „Meine Art Liebe zu zeigen ist ganz einfach zu schweigen
> Worte zerstören, wo sie nicht hingehören."

Wenn eine Werbekampagne nicht die gewünschte Wirkung erzielt, dann wird häufig das Werbemedium infrage gestellt, auch wenn einzig die falsche Kreation Schuld daran hat.

Viele Medienunternehmen kooperieren mit Werbeagenturen und Anzeigengestaltern, die anhand der Bedarfsanalyse und der ermittelten Kernaussage die Werbemittel für die Kunden kreativ umsetzen. Es gehört natürlich nicht zur Aufgabenbeschreibung des Medienberaters, dass er prämierte und hochkreative Werbemittel für den Kunden aus dem Hut zaubert, jedoch sind dem Kunden die Erfolgsfaktoren für die gelungene Umsetzung der Werbemittel verständlich zu machen und durchzusetzen.

Bei der Besprechung zur Werbemittelgestaltung muss der Verkäufer in jedem Fall das Kernziel des Kunden sowie die EINE gewünschte Kernaussage für die Kommunikation erörtern. Diese Kernaussage muss in allen Werbeformen wie ein roter Faden als DER STAR der Botschaft verstanden werden und darf nicht in weiteren – untergeordneten – Aussagen untergehen. Wenn ich Ihnen fünf Tennisbälle gleichzeitig zuwerfe, dann werden Sie wahrscheinlich keinen einzigen fangen. Werfe ich Ihnen einen einzigen zu, dann fangen Sie ihn als Rechtshänder sogar mit links.

Ich erhebe keinen Anspruch hinsichtlich der Vollständigkeit der nachfolgenden Gestaltungselemente für die jeweiligen Mediengattungen. Sie erklären die für mich wichtigen Funktionsweisen der Einzelmedien, die die Kreativarbeit bei der Erstellung wirkungsvoller Werbemittel maßgeblich beeinflussen.

Radio

Wer herausragend im Radio werben möchte, der muss vor allem eines: aus dem Werbeblock herausragen. In einem Werbeblock buhlen mitunter 10 Radiospots um die Gunst des Hörers. Natürlich stellt sich prompt die Frage, wie man in einem klassischen Werbeblock eine Duftmarke setzen kann? Es ist sicherlich nicht der lauteste Spot. Auch nicht der mit den meisten Produktinformationen oder mit dem größten Preisnachlass.

Grundregeln für wirkungsvolle Radiospots:

1. Radio arbeitet ausschließlich mit Akustik und ist das einzige Medium, das mit Sound die Fantasie der Hörer anregt und individuelle Bilder im Kopf der Hörer erzeugt. **Stellen Sie sich einen Berg mit schneeverhangenem Gipfel mit einem von Schneeschmelze gespeisten Wasserfall vor. Jeder Hörer stellt sich ein anderes Bild vor. Und zwar das Bild, das ihm gefällt. Kein Bild gleicht dem anderen.** Wenn wir eine Anzeige sehen, werden wir mit dem fertigen Bild „versorgt". Auch wenn wir uns davon unter Umständen nicht angesprochen fühlen, weil wir zum Beispiel blonde Haare anstelle der abgebildeten braunen Haare bevorzugen.

2. Der reinen Akustik sind jedoch auch Grenzen gesetzt. Durch die fehlende Visualität des Logos wird der Markenname häufiger genannt, um die Markenbekanntheit zu steigern. Anstelle der reinen Nennung unterstützen auch der Slogan und das Soundlogo die Steigerung der Markenbekanntheit durch ihren Einsatz im „Off".

3. Gute Radiospots zählen keine Produktinformationen auf, sondern erzählen eine kurze Geschichte. Natürlich muss die Geschichte am Ende des Spots eine direkte Verbindung zur beworbenen Marke

herstellen. Wirkungsvolle Spots leben von Storytelling, mit einem überraschenden Ende der Geschichte. Wann man bereits am Anfang des Spots die Auflösung der Geschichte erahnt, besteht die Gefahr, dass der Hörer gedanklich abdriftet und nicht mehr zuhört.

4. Humor erhöht die Markensympathie. Hat der Spot eine gute Pointe, garantiert diese auch hohe Aufmerksamkeit bei den Hörern. Humor öffnet den Geist und somit wird bei einem humorvollen Spot auch die Werbebotschaft des Spots intensiver und positiver aufgenommen. Die Voraussetzung für die Steigerung der Markenbekanntheit ist jedoch der unmittelbare Bezug des Humors mit der Marke. Viele Hörer erinnern sich an den witzigen Spot, können ihn aber der beworbenen Marke nicht zuordnen, weil der Witz keinen Bezug zur Marke herstellt.

5. Dialekte steigern die Sympathie und Aufmerksamkeit. Gerade mit dem Dialekt der eigenen Region punkten Radiospots mit positiven Bewertungen. Zugegebenermaßen gibt es regionale Dialekte, die für eine nationale Ausstrahlung eines Radiospots nicht infrage kommen, da sie nur wenige Menschen verstehen. Da die meisten Radiosender ihr Programm regional ausstrahlen, ist diese Einschränkung für die Werbung von regional tätigen Firmen zu vernachlässigen. Der Radiospot wirkt bei der Zielgruppe authentischer, wenn in der Sprache der Zielgruppe gesprochen wird.

6. Widersprüche erzeugen hohe Aufmerksamkeit und lassen Hörer den Spot noch aufmerksamer verfolgen. Wenn zu Beginn des Spots das Interview vom Tierautor Professor Grzimek angekündigt wird und es ist die Synchronstimme von Forrest Gump zu hören, nimmt der Hörer einen Widerspruch wahr, der aufgelöst werden muss. Daher werden Radiospots mit Widersprüchen mit überdurchschnittlicher Aufmerksamkeit verfolgt.

7. Filmstars als kostengünstige Werbesprecher: Synchronsprecher von Hollywood-Stars kosten nur einen Bruchteil der echten Stars in Anzeigen und TV-Spots. Die bekannten Synchronstimmen transportieren jedoch das Bild des Filmstars ins Innere Auge des Hörers und erhöhen somit die Aufmerksamkeit des Werbespots enorm.

Zeitung

1. Entgegen dem Glauben vieler Werbekunden ist der Weißraum ein höchst aufmerksamkeitsstarkes Gestaltungselement in einer Anzeige. Wie der Name schon ausdrückt ist der Weißraum eine leere weiße Fläche in der Anzeige. Gemäß dem Motto „Ein schönes Gesicht braucht Platz!" muss der Kernbotschaft der Werbung in der Anzeige der notwendige Platz zu seiner Entfaltung geschaffen werden. Wird die Anzeige mit Inhalten überfrachtet, so werden sie einfach vom Auge überflogen. Deshalb bietet der Weißraum dem Auge einen Ruhepol zum Verweilen und verleiht der Kernbotschaft – sei es das Bild, die Überschrift, der Text oder das Logo – eine deutlich stärkere Aussagekraft durch ihre Abgrenzung zu den anderen Elementen.

2. Fassen Sie sich kurz: Der Leser soll beim Blick auf eine Anzeige in Windeseile folgende drei Fragen beantworten:

    a. Um was geht's? (Die Anzeige muss sofort verständlich sein.)

    b. Was ist für mich drin? (Der Nutzen für den Konsumenten muss ersichtlich sein)

    c. Was soll ich tun? (Die Handlungsaufforderung muss den Konsumenten zur Interaktion mit dem Unternehmen motivieren. Beliebte Handlungsaufforderungen sind: Rufen Sie uns an! Vereinbaren Sie einen Termin! Besuchen Sie unsere Webseite!)

    Zusatzinformationen, wie z. B. Öffnungszeiten und Telefonnummer lenken von der Kernbotschaft ab und verwässern sie. Diese Zusätze sollten auf der Kundenwebseite aufgeführt werden.

3. Beschränken Sie sich auf vier Elemente in Ihrer Anzeige

    a. Kurze Überschrift

    b. Ein Bild, welches den Zusammenhang mit der Kernaussage herstellt

    c. Ein kurzer Text mit der Kernbotschaft

    d. Das Firmenlogo

    e. Die Handlungsaufforderung

4. Das Bild wird zuerst verarbeitet.

    Laut dem bekannten deutschen Kommunikationsexperten Michael Geffken wird das Bild (Visual) in den meisten Fällen zuerst vom

Leser aufgenommen. Dann kommt die Überschrift, gefolgt vom Fließtext.

Die Werbeanzeige wird nicht wie ein normaler Text gelesen. Aus diesem Grund ist es sinnvoll, die Anzeigengestaltung entsprechend der Aufnahmereihenfolge von oben nach unten zu reihen.

– Oben – Bild (Visual)
– Darunter – Überschrift (Headline)
– Darunter – Fließtext (Copy)
(Geffken & Kalka, 2001)

5. Das Visual muss einen direkten Bezug zum beworbenen Produkt haben, oder sein Bezug muss durch die Headline gelöst werden. Ein tolles Beispiel hierfür liefert die Anzeige von FCL Laboratories auf deren Copy ein Zebra einer Löwin nachjagt. Beworben wird Enervit, Vitamine als Nahrungsergänzung für Tiere (Pricken, 2007).

6. Das wichtigste Element verbaler Natur ist die Headline und spielt nach dem Visual die zweitwichtigste Rolle in der Anzeige. Ihre Aufgabe besteht darin, das Visual in seiner Aussagekraft zu unterstützen. Setzen Sie eine Headline unter das Visual, so findet sie deutlich höhere Beachtung (siehe auch Punkt 4).

7. Fließtexte werden nur selten gelesen. Bei erklärungsbedürftigen Produkten kann der Fließtext natürlich länger sein. Jedoch auch hier gilt der sinngemäße Satz von Blaise Pascal: Sorry für den langen Brief, aber ich hatte keine Zeit ihn zu kürzen, ohne dass wichtige Informationen verloren gingen. Gerade bei kleinen Anzeigen ist die Kürze des Texts von entscheidender Bedeutung, in der Sie nur eine Kernaussage kommunizieren.

8. Zum Hinweis auf Ereignisse, Termine oder für Handlungsaufforderungen werden Störelemente in die Anzeige integriert. Wie der Name schon sagt: Störer stören. Und zwar die Gesamtharmonie des Erscheinungsbilds der Anzeige. Deshalb finden sie auch bei Lesern ihre Beachtung. Gerade bei regionalen Firmen mit dem Ziel der Neukundengewinnung bzw. der Abverkaufssteigerung sind die Störer mit Handlungsaufforderungen ein wichtiges Gestaltungselement: „Vereinbaren Sie jetzt einen Termin", „Nur für kurze Zeit", „Besuchen Sie uns", …

Plakate, Litfaßsäulen und Citylights

1. Die durchschnittliche Kontaktchance mit Plakaten beträgt nur wenige Sekunden. Die Dauer der Kontaktchance sollte zwischen 5 und 9 s betragen. Sie ist in der Realität jedoch häufig kürzer. Kein Wunder also, dass die Kernbotschaft kurz und knackig auf den Punkt kommen muss. Die VISATT-Analyse (**VI**sual **ATT**ention) analysiert Gestaltungsmerkmale effizienter Plakatmotive und entwickelt Gestaltungsrichtlinien aufgrund ihrer Analyse zur Messung der Aufmerksamkeit. Die VISATT-Analyse finden Sie im Internet unter https://docplayer.org/10843431-Merkmale-effizienter-plakatmotive-erkenntnisse-aus-der-visatt-analyse.html

2. Die Textmenge sollte zum optimalen Transport der Kernbotschaft maximal sieben Worte betragen, um auch bei einem flüchtigen Kontakt die gewünschte Botschaft zu verstehen. Eine weitere entscheidende Rolle für die Werbewirkung ist aus gleichem Grund die Schriftgröße, die mindestens 5 % der Plakathöhe betragen soll.

3. Durch die kurze Wahrnehmung von Plakaten, darf auch mit der Größe des Produkts nicht gegeizt werden. Mindestens 15–20 % der Plakatfläche müssen dem „Hero" gewidmet sein. Es gibt Plakatmotive, die 100 % der Fläche für die Produktdarstellung nutzen.

4. Die Verwendung starker Kontraste ist ein absolutes Muss in der Plakatgestaltung. Sie erhöhen zum einen die Lesbarkeit, heben die Elemente, wie Produkt, Text und Logo hervor, und ziehen die Aufmerksamkeit des Betrachters auf sich. Starke Kontraste unterstützen die Aufmerksamkeit auch bei „grauem" Wetter. Es empfiehlt sich, den Kontrast mit nur wenigen Farben herzustellen, um den Blickverlauf des Betrachters optimal zu navigieren.

5. Zur weiteren Erhöhung der Aufmerksamkeit ist das Produktbild in die Nähe der Bildmitte zu positionieren.

Onlinewerbung

Das „Gefunden werden" ist das Kernziel der Onlinewerbung. Onlinewerbung zeichnet sich vor allem durch seine genaue Messbarkeit der Werbemaßnahmen aus. Seine zielgerichtete Ausrichtung führt zur zielgruppengenauen Auslieferung der Werbemittel mit sehr geringen

Streuverlusten. Für Onlinewerbung stehen unterschiedliche Werbeformen zur Verfügung, die je nach Werbeziel eingesetzt werden:

- **Displaywerbung:** Bei dieser Kategorie handelt es sich um die klassische Bannerwerbung, die in unterschiedlichen Größen zum Beispiel als Skyscraper oder Wallpaper auf Internetseiten Dritter ausgespielt werden und mit der Seite des Werbetreibenden verlinkt sind. Die Bannerwerbung kann als Text, als Bild oder auch in animierter Form dargestellt werden.
- **Suchmaschinenmarketing:** Bei der Onlinesuche werden bezahlte Suchanzeigen von Unternehmen eingeblendet, deren angegebenen Keywords sich mit dem Suchbegriff decken.
Wer beispielsweise im Internet nach Musiknoten sucht, wird keine Werbung für dänische Ferienhäuser ausgeliefert bekommen. Suchmaschinenmarketing erzielt aufgrund seiner hohen Zielgruppengenauigkeit hervorragende Ergebnisse in seiner Performance. Da Kosten nur beim Klick auf die Textanzeige verursacht werden und die Einstellung des maximalen Budgets definiert werden, haben die Werbetreibenden eine optimale Kostenkontrolle. Der Erfolg beim Einsatz von Suchmaschinenmarketing steht und fällt mit der Identifikation der themenrelevanten Keywords. Die Nachfrage nach geeigneten Keywords bestimmt den CPC, den Cost-per-Click. Ein hervorragendes Tool für die Keyword-Suche ist der Keyword-Planer von Google-Ads. Dieser liefert den Nutzern eine Übersicht über die Zahl der Anfragen pro Monat und weist die möglichen Kosten pro Klick aus.

Die Gestaltungsgrundsätze der Bannerwerbung gleichen denen der Plakatwerbung.

User lesen Online anders als Offline. Sie überfliegen die Seite nach gewünschten Informationen und achten nicht auf Bannerwerbung. Somit muss die Bannerwerbung aufmerksamkeitsstark sein und je nach Bannergröße ihre Botschaft mit nur wenigen Worten in großer Schrift transportieren. Starke Kontraste erhöhen die Sichtbarkeit der Gestaltungselemente Logo, Text und Bild und steigern somit die Aufmerksamkeit des Banners.

Es ist darauf zu achten, dass der Banner mit der Seite verlinkt ist, die weiterführende Informationen zum Angebot gibt. Wenn der User auf die Startseite des Werbetreibenden geführt wird, und es keine relevanten Informationen zur Werbeaussage gibt, dann besteht die Gefahr, dass der User direkt wieder wegklickt.

Die Wiedererkennung der optischen und inhaltlichen Elemente der Bannerwerbung muss auf der Landingpage gegeben sein. Weichen diese voneinander ab, kann es den Besucher irritieren. Er muss sofort das Gefühl haben, auf der richtigen Seite gelandet zu sein.

Video trumpft Bild trumpft Text: Animierte, dynamische Banner erhöhen die Aufmerksamkeit und erlauben dem Werbetreibenden, mehr Informationen im Gegensatz zu den statischen Bannern zu transportieren. Wenn einzelne Bilder, Frames, in der Animation wechseln, muss dem Auge genügend Zeit für die Informationsaufnahme gegeben werden. Daher dürfen die Frames nicht zu schnell wechseln. Die Animationszeit beträgt oftmals maximal 30 s und endet mit dem letzten Frame. Darauf muss die Kernaussage der Werbung wiederholt werden. Banner werden sowohl als Instrument der Bekanntheitssteigerung, für Imagebildung und Bekanntmachung eines aktuellen Angebots eingesetzt. Da sie für die Nutzer meist eine Aufforderung zum Klicken enthalten, besteht das Hauptziel der Bannerwerbung in der Interaktion mit der Unternehmenszielgruppe.

TV-Werbung
Während Radiowerbung mit Telefonverkauf zu vergleichen ist, steht die TV-Werbung für Face-to-Face-Verkauf. Durch die Kombination aus Bewegtbild, Ton und Text spricht sie mehrere Sinne an und transportiert somit die Botschaft auf emotionale Weise. Bei TV-Spots gibt es bestimmte technische Herausforderungen, sodass die Erstellung über eine professionelle Produktionsfirma empfohlen wird.

Weniger ist mehr, denn jede Sekunde zählt. Ein TV-Spot hat eine durchschnittliche Länge von 25–30 s. Daher sind die Reduktion auf das Wesentliche und die Beschränkung auf eine Werbebotschaft oberste Maxime. Die EINE Kernaussage darf nicht durch weitere, untergeordnete und ablenkende Botschaften verwässert werden. Kürzere

Spots mit 15–20 s unterstreichen die Notwendigkeit der Konzentration auf die Kernaussage in der Werbung. Alle anderen Informationen sollten auf der Homepage nachzulesen sein.

Die Wortwahl sollte die Sprache der Zielgruppe widerspiegeln, damit diese sich unmittelbar angesprochen fühlen. Beim Einsatz von Testimonials ist darauf zu achten, dass sich die Zielgruppe mit dem Testimonial identifiziert – und die Werbebotschaft somit durch ihre Glaubwürdigkeit punktet.

Marken werden durch die Vorführung der Verwendung erlebbar. Gerade bei erklärungsbedürftigen Produkten sind Beispiele, wie und wann man sie am besten verwendet sehr einfach umzusetzen.

Wie beim Radiospot ist auch in der TV-Werbung das Storytelling bestens geeignet zum Transport der Markenbotschaft. Geschichten, die uns bewegen, lösen Emotionen aus und dringen tiefer ins Gedächtnis.

Nehmen wir an, wir möchten ein Mountainbike bewerben. Es hat 27 Gänge, verfügt über eine Doppelfederung, Scheibenbremsen und wiegt 13,9 kg. Die Zielgruppe sind junge Erwachsene mit Liebe zu Outdooraktivitäten.

Der TV-Spot erzählt folgende Story: Ein junger Mann mit einem Rucksack springt auf sein Mountainbike und fährt bei Regen durch den Wald. In seinem Rucksack ist ein Strauß Blumen. Alles ist voller Matsch und der Mountainbikefahrer freut sich sichtlich darüber, dass er auch langsam mit Matsch bedeckt wird. Er fährt in eine Straße, hält an einem Haus und klingelt. Die Tür wird von einer jungen Frau geöffnet. Der Mann holt die Blumen hinter seinem Rücken hervor, die mit Matsch durchtränkt sind. Beide lachen und umarmen sich. Im Abbinder erscheint der Text „Abenteuer vorprogrammiert. Offroad XYZ. Jetzt neu im Handel." Diese kleine Story lässt sich in 20 s locker erzählen und vermittelt Emotionen pur.

11.4 Der USP als Neukundenmagnet

Der USP (Unique Selling Point) definiert sich als das Alleinstellungsmerkmal eines Unternehmens, das von Kunden als relevanter Faktor für den Kauf eines Produkts oder Services betrachtet wird. Dieses Merkmal unterscheidet das Unternehmen von den anderen Unternehmen in der Branche, weil es nur bei diesem einen Anbieter erhältlich ist. Darin liegt auch der Grund der Kundentreue. Der USP gibt den Kunden einen Grund, warum sie bei dieser Firma kaufen sollen und nicht zur Konkurrenz abwandern. Es geht dabei um die Beantwortung der Frage, welchen Nutzen der Kunde beim Kauf von Produkten oder Services hat. Der USP muss Bestandteil von jeder Kommunikationsmaßnahme sein. Daher sollten Sie bei ihrem Kundengespräch in Erfahrung bringen, welchen USP Ihr Kundenunternehmen hat, um ihn im Werbemittel zu integrieren. Im Zuge meiner Neukundengewinnungsprogramme für Medienunternehmen gehört die Frage nach dem USP zur zentralen Frage in der Qualifizierung der Kundenpotenziale. Bei der Analyse von tausenden Kundenkontakten konnte ich die genannten USPs unterschiedlichen Kategorien zuordnen, die das jeweilige Bedürfnis der Käufer beschreiben:

- **Angebotsvielfalt:**
  - Der Getränkeshop mit der größten Craft-Bier-Auswahl.
  - Das Schuhgeschäft mit der größten Auswahl an Übergrößen
- **Bequemlichkeit:** Baby-Abo-Service – monatlich wird Babykleidung ins Haus geliefert
- **Individualität:** Maßschuhe, Maßanzüge, Maßfahrräder
- **Überraschung:** Restaurant ohne Speisekarte mit der einzigen Auswahlmöglichkeit zwischen, Fleisch, Fisch, Vegetarisch
- **Pünktlichkeitsgarantie:** Der Lieferservice mit maximal 30 min Wartezeit. Ansonsten ist die Pizza bei der nächsten Bestellung 30 % günstiger.
- **Schnelligkeit:**
  - Bad-Installation an einem Tag
  - Sprachschule – in nur zwei Wochen das nächste Sprachlevel erreichen
- **Erreichbarkeit:** Handwerker garantiert einen Rückruf in einer Stunde.
- **Beständigkeit:** Der Hotelgast bekommt immer das gleiche Zimmer.
- **Tradition:** Restaurant mit Speisekarte aus Omas Zeiten

- **Service:** Modegeschäft bietet wartenden Partnern Kaffee und Zeitung an
- **Zeitersparnis:** Maximal ein Tag Wartezeit für Anzugsreinigung bei der Wäscherei
- **Sicherheit:** Servicegarantie für Waschmaschine. Ist sie innerhalb von zwei Jahren defekt, wird ein Servicebesuch nach drei Tagen garantiert.

Der Preis ist zwar ein Unterscheidungsmerkmal, jedoch kein USP, da der Wettbewerb sofort darauf reagieren und seine Preise entsprechend anpassen kann.

Viele Unternehmen beantworten die Frage nach ihrem USP mit „gutem Service". Diese Aussage bedarf einer Eingrenzung, denn Service hat viele Facetten und kann in bestimmten Kategorien unterteilt werden:

1. produktbezogener Service mit den Serviceelementen Montage, Reparatur, Bereitstellung von Gebrauchsanweisung, Verkauf von Zubehör und Ersatzteilen, …
2. kundenbezogener Service mit den Serviceelementen gratis Obst und Wasser, Parkplätze, Sitzecken, Spielplatz, …
3. zahlungsbezogener Service mit den Serviceelementen Ratenzahlung, Zahlung auf Rechnung, Zahlung mit Kundenkarte, …
4. transportbezogener Service mit den Serviceelementen Lieferung, Montage, Transportversicherung, …
5. informationsbezogener Service mit den Serviceelementen Kundenberatung, Homepage/Landingpage, Katalog, …

Alleine diese **18** Serviceelemente in den genannten Kategorien verdeutlichen die Notwendigkeit der Konkretisierung des USP „guter Service".

Es ist sehr einfach, einen USP zu erkennen, wenn man es beim Kauf oder bei der Verwendung unmittelbar erlebt. Gerade ein herausragender Service kann die oftmals freiwillige und unentgeltliche Leistung zu einem magischen Moment und kundenrelevanten Unterscheidungsmerkmal im Vergleich zum Wettbewerber führen:

Übersicht

Nach einer Wanderung an der Nordseeküste an einem bitterkalten Wintertag suchten mein Wanderkollege Marco und ich ein Café, um uns mit einer Tasse Tee wieder aufzuwärmen. Mama's Allee Café in Burhave hatte noch geöffnet und wir fragten aus Mangel an Bargeld, ob sie auch Kartenzahlung akzeptieren. Die Antwort war nein, aber wir könnten auch auf Rechnung zahlen, die uns per E-Mail zugesandt würde. Ich war fassungslos. Solch eine Zahlungsweise hatte ich noch nie in irgendeinem Café erlebt. Da ich einige Wochen vorher mit dem Schreiben dieses Buchs begonnen hatte und ein Kapitel über USPs für die Entwicklung einer aussagekräftigen Werbebotschaft vorgesehen hatte, war ich Feuer und Flamme und löcherte den Besitzer mit einigen Fragen.

Bei Kartenzahlung fallen Transaktions- und weitere variable und fixe Kosten an, die der Besitzer vermeiden wollte. Da viele Tagesgäste in dem Urlaubsort auf Kartenzahlung setzen und kein Bargeld mit sich führten, entschied sich das Café für ein neues Kassensystem, welches alternativ zur Bargeldzahlung die Zahlung auf Rechnung anbot. Nun sehen die meisten Kassensysteme diese Zahlungsart vor, sie wird jedoch von den wenigsten Gastronomen angewendet, da diese den Mehraufwand in der Buchhaltung vermeiden möchten. Die Zahlung auf Rechnung führt jedoch dazu, dass die Gäste häufig mehr konsumieren und somit der Umsatz gesteigert werden kann. Die Vorteile dieses Buy-now-pay-later-Ansatzes für das Café:

- hohe Kundenzufriedenheit durch eine alternative Zahlungsweise
- Kundenerlebnis durch eine in der Gastronomie unübliche Zahlungsabwicklung
- Neukundengewinnung
- höherer Pro-Kopf-Umsatz
- ein kundenrelevanter USP

Hat ein Unternehmen einen USP für sich entwickelt, dann ist er in sämtliche Kommunikationskanäle aufzunehmen, mit denen seine Zielgruppe in Berührung kommt. Sei es auf der Webseite, in der E-Mail-Signatur, im Briefkopf, am Point of Sale und natürlich in der Werbekampagne.

11.5 Fragen Sie auch den Kunden nach Service – Empfehlungsmarketing

Stellen Sie sich bitte die beiden folgenden fiktiven Geschichten vor, in der Sie ein Teilnehmer waren, und beantworten Sie nach dem Lesen dieser Geschichten die darauffolgende Frage.

1. Sie waren vor einigen Tagen mit Freunden in einem Restaurant. Das Essen wurde keine 15 min nach der Bestellung serviert und es schmeckte so gut wie bei jedem Ihrer Restaurantbesuche. Die Kellnerin war wie immer sehr freundlich und zuvorkommend und in regelmäßigen Abständen in die Nähe Ihres Tisches, um Ihnen die Möglichkeit weiterer Bestellungen zu geben. Da Sie bereits häufig Gast in diesem Restaurant waren, servierte man Ihnen zum Abschluss einen Schnaps aufs Haus. Zufrieden mit dem Treffen der Freunde und der Restaurantauswahl fuhren Sie nach Hause.
2. Vor knapp zwei Wochen fuhren Sie mit Ihrer Familie in ein Restaurant an einem Waldteich. Die Speisekarte führte entsprechend der Jahreszeit Reh und Wildschwein. Während Ihre Familie sich für die Kalbsmedaillons entschied, waren Sie auf Wild eingestellt und bestellten Hirschkeule mit Rotkraut, Klößen und Rotweinsauce. Wie erwartet, dauerte die Zubereitung 25 min. Das Warten hatte sich gelohnt und es schmeckte allen sehr gut. Nachdem Sie die Rechnung beglichen, gab die Kellnerin Ihnen zwei mit Schleife gebundene Papierrollen und bat Sie, diese zu öffnen. Verblüfft entrollten wir das Papier und staunten nicht schlecht, als wir die „Geheimrezepte" unserer Speisen in unseren Händen hielten.

Meine Frage an Sie: Welche Geschichte würden Sie Ihren Freunden und Bekannten spontan und ohne Aufforderung erzählen?

Es ist offensichtlich, dass wir über Dinge und Ereignisse reden, die uns überrascht haben.

Genauso verhält es sich im B-to-B Geschäft. Wenn der Kunde den Service erhält, den er auch erwartet, dann ist er zwar zufrieden, aber er wird nicht mit Entscheidern anderer Firmen über seine Zufriedenheit reden.

Gerade in Branchen mit vergleichbaren und austauschbaren Angeboten ist die Suche nach einer Begeisterungsduftmarke unerlässlich, um dem Kunden **Ihr** Alleinstellungsmerkmal zu vermitteln. Unternehmen müssen sicherstellen, dass sie die sogenannte „Extrameile" für ihre Kunden gehen und sie durch außergewöhnlichen Service begeistern.

Während man noch vor zehn Jahren von Kunden**bindungs**maßnahmen sprach, so müssen Firmen heute Maßnahmen ergreifen, um die Kunden zu **begeistern.**

Was ein Werbekunde nur von Ihnen und von keinem anderen Werbemedium erhält, das sind Sie als direkter Ansprechpartner. In diesem Buch habe ich detailliert über die Notwendigkeit des Vertrauensaufbaus gesprochen. Der Kunde muss denken: Ich glaube an Deine Kommunikationslösung, weil ich **Dir** glaube.

Empfehlungsmarketing gehört zu den effektivsten und kostengünstigsten Maßnahmen zur Neukundengewinnung, weil Kunden sich mit anderen Menschen positiv über Produkte und Dienstleistungen austauschen.

Warum ist Empfehlungsmarketing so effektiv?
Der Grund liegt in der hohen Glaubwürdigkeit dieses positiven Austauschs. Der Bericht eines Betroffenen übersteigt bei Weitem die Glaubwürdigkeit einer Eigenwerbung. Denn immerhin hat die Person das Produkt bzw. die Dienstleistung selbst genutzt. Zusätzlich stärkt die Vermittlung positiver Erfahrungen das emotionale Image des Unternehmens.

Wie bereits beschrieben liegt die Voraussetzung des Weitererzählens in der Begeisterung des Kunden. Prüfen Sie in Ihrem persönlichen Kundenstamm, welche Entscheider Sie mit Ihren Angeboten und mit der daraus resultierenden Werbewirkung wahrlich begeistert haben. Und bitten Sie diese um Empfehlungen.

Meine persönliche Erfahrung im Verkauf hat mir gezeigt, dass nur wenige begeisterte Entscheider auf die Idee kommen, ohne meine Bitte um Empfehlungen von sich aus mit anderen Firmen über ihre Erfolge zu sprechen.

Meine Bitte um Empfehlungen erweist sich als erfolgreich, wenn der Kunde in Quid-pro-quo-Manier eine Gegenleistung von mir erhält.

Es geht hier im Zuge der Compliance-Richtlinien vieler Unternehmen nicht um ein persönliches Geschenk, sondern vielmehr um zusätzliche Leistungen bei Folgeaufträgen bzw. um einen Rabatt bei seiner nächsten Auftragserteilung, sollte die Empfehlung zu einem Auftrag führen.

Kennen Sie das Gesetz der Reziprozität?

Es ist das Gesetz der Gegenleistung. Anders ausgedrückt geht es im positiven Sinne um „Wie Du mir, so ich Dir". In seinem Buch „Die Psychologie des Überzeugens" beschreibt der amerikanische Autor und Psychologe Robert B. Cialdini über die sechs Prinzipien der Überzeugung. Eines dieser Prinzipien handelt von der Reziprozität (Cialdini, 2009). Menschen möchten sich revanchieren, wenn sie etwas Gutes von anderen erhalten haben. Der Mensch benötigt Harmonie, damit er sich wohl fühlt. Wenn Sie einem Menschen etwas Gutes tun, sei es z. B. ein Geschenk oder eine wichtige Information, dann steht das Harmoniegefühl des Empfängers auf der Kippe.

Vergleichen Sie einfach die Harmonie mit einer alten Apothekerwaage. Sie kennen diese beiden Waagschalen mit dem Pulver in der einen Schale und den kleinen Gewichten in der anderen, um beide Schalen auszubalancieren und ins Gleichgewicht zu bringen. Genauso können Sie sich die Waage vorstellen, wenn Sie jemandem ein Geschenk machen: Die Schale mit dem Geschenk ist schwer nach unten geneigt und in der anderen Schale ist nichts. Es besteht also ein Missverhältnis, eine Disharmonie. Jetzt fühlt der Beschenkte eine innere Verpflichtung, möchte gerne diese Waage wieder ausgleichen und lädt Sie vielleicht auf ein Bier in der Eckkneipe ein. Das Ergebnis: Die Waagschalen stehen wieder im Gleichgewicht zueinander.

Der Wunsch zum revanchieren lässt jedoch mit der Zeit nach. Wenn Sie also den Kunden mit Ihrer Kommunikationslösung begeistert haben, dann sollten Sie ihn sehr zeitnah um Empfehlungen bitten.

Ok, derzeit sind doch Leistung (Werbelösung) und Gegenleistung (Bezahlung) in einem ausgeglichenen Verhältnis, denken Sie vielleicht.

Wenn Sie für den Kunden diese Extra-Meile an Beratung und Service gelaufen sind, so betrachtet er dies als **Mehrwert.** Die Waage ist somit einen Tick linkslastig. Dieser Mehrwert ist zudem angereichert mit der Freude durch den Erfolg. Gibt es einen besseren Zeitpunkt, um das Gleichgewicht seiner inneren Waageharmonie herzustellen? Wohl kaum.

Sichten Sie also Ihren Kundenstamm und überlegen Sie, welcher Kunde Ihnen sonst sehr wohlgesonnen ist und fragen Sie nach der Empfehlung. Sollte der Kunde Ihnen keine Firmen nennen können oder wollen, dann bohren Sie keinesfalls weiter, da er sich unter Umständen unter Druck gesetzt fühlt. Nutzen Sie folgenden beispielhaften Leitfaden:

1. Empfehlungsfrage stellen

Verkäufer: *„Frau Schulze, ich gehe davon aus, dass Sie sicherlich mit vielen anderen Firmen sehr gut vernetzt sind und sich mit ihnen regelmäßig austauschen. Wir profitieren genauso wie Sie von Kundenempfehlungen. Da wäre ich Ihnen sehr dankbar, wenn Sie mich dabei unterstützen könnten. Wer fällt Ihnen ein, der sein Neukundengeschäft ankurbeln möchte/der seine Bekanntheit steigern möchte/der neue Mitarbeiter benötigt/… und dem Sie über unseren Kommunikationserfolg berichten könnten?"*

Übersicht

Sie erhöhen die Legitimität und die Bedeutung des Empfehlungsmarketings für den Kunden, indem Sie ihm mitteilen, dass auch er von Empfehlungen lebt. Danken Sie dem Kunden im Vorfeld für seine Hilfe. Dankbarkeitsbekundungen erhöhen die gegenseitige Wertschätzung und das Vertrauen zueinander.

Nutzen Sie die offene Fragetechnik, um nach der Empfehlung zu fragen. Wenn Sie eine geschlossene Frage stellen: „Kennen Sie andere Firmen, die …?", dann ernten Sie oftmals ein Nein.

2a. Negative Antwort des Kunden

Kunde: *„Also ad hoc fällt mir da keiner ein. Da kann ich Ihnen jetzt gerade nicht helfen."*

Verkäufer: *„Das verstehe ich, dass Sie mir auf die Schnelle keine Empfehlungen geben können. Bei unserem Empfehlungsprogramm geben wir den Empfehlern bei ihrer Folgebuchung als Dank für eine erfolgreiche Empfehlung 15 % Zusatzleistung auf die Anzahl der gebuchten Schaltungen. Sollte Ihnen also der eine oder andere Firmenname einfallen, dann freue ich mich darüber sehr, und Sie freuen sich auf die Zusatzleistung bei der nächsten Kampagne."*

Übersicht

„Was ist für mich drin?" Diese Frage stellen wir uns ständig und in allen Lebenslagen. Thematisieren Sie Ihr Empfehlungsprogramm, in der der Empfehler ein „Goody" erhält. Naturalrabattleistungen helfen dem Empfehler bei seiner nächsten Buchung und diese sind in aller Regel compliancekonform.

Stellen Sie bitte nicht die Frage, ob der Kunde keine Firma **kennt** oder keine Empfehlung **geben möchte.** Sie bedrängen damit den Kunden und das Glücksgefühl über die erfolgreich verlaufene Kampagne droht damit geschmälert zu werden.

Geben Sie dem Empfehler in jedem Fall ein Feedback zu ihrer Kontaktaufnahme mit dem empfohlenen Unternehmen, zum Termin und zu dem Ergebnis des Termins.

2b. Positive Antwort des Kunden

Kunde: *„Sie sollten auf jeden Fall mit Herrn Peters von der Firma XYZ Kontakt aufnehmen. Der ist immer an neuen Ideen interessiert."*

Verkäufer: *„Vielen Dank, Frau Schulze. Das ist eine tolle Empfehlung und die wissen wir auch zu schätzen.*

Bei unserem Empfehlungsprogramm geben wir den Empfehlern bei ihrer Folgebuchung als Dank für eine erfolgreiche Empfehlung 15 % Zusatzleistung auf die Anzahl

der gebuchten Schaltungen. Können Sie mir bitte kurz mit-
teilen, wie Sie gerade auf die Firma XYZ kommen?"

Kunde: *„Herr Peters sagt garantiert nicht nein zur Neukunden-*
gewinnung und weiß, dass der Bekanntheitsaufbau dafür sehr
wichtig ist."

Verkäufer: *„Das ist sehr interessant. Wissen Sie, was die Firma XYZ*
aktuell für die Neukundengewinnung macht?"

Kunde: *„Nein. Da müssen Sie ihn schon selbst fragen."*

Verkäufer: *„Das mache ich. Wie kann ich Herrn Peters am besten*
erreichen? Könnten Sie mir seine Kontaktdaten geben?"

Kunde: *„..."*

Verkäufer: *„Frau Schulze, wenn ich Herrn Peters kontaktiere, dann*
werde ich ihm von Ihnen einen Gruß ausrichten."

Übersicht

Ihre Antwort auf die Empfehlung hat einen außerordentlichen „Wumms"
in ihrer Wirkung: Der Kunde gibt Ihnen in Eigenmotivation und ohne
Aussicht auf eine Gegenleistung einen Namen. Erst danach informieren
Sie ihn über die Zusatzleistung bei erfolgreichem Abschluss mit der
empfohlenen Firma. Somit hat der Kunde Grund zur doppelten Freude.
Zum einen, dass er Ihnen helfen konnte, andererseits, dass er NACH der
Benennung einer Firma von Ihrem Empfehlungsprogramm und dem
daraus resultierenden Nutzen für ihn erfährt.

Wenn Sie ein eigenes Empfehlungsprogramm installieren, dann
installieren Sie eine Staffelung des Naturalrabatts. Der Kunde würde
ansonsten bei der Nennung von z. B. drei Firmen 3 × 15 % Naturalrabatt
auf die Folgebuchung erhalten. Das „frisst" jedoch verfügbare Zeit und
Fläche.

Beispiel einer Naturalrabatt-Staffel:

- Naturalrabatt bei einer erfolgreichen Empfehlung: 15 %
- Bei zwei erfolgreichen Empfehlungen: 25 %
- Bei drei und mehr Empfehlungen: 30 %

Wenn Ihnen ein Kunde eine Empfehlung gibt, dann hat er vielleicht erste
wichtige Hintergrundinformationen, die er Ihnen mitteilen kann. Fragen
Sie danach. Je mehr Informationen Sie im Vorfeld erhalten, umso einfacher werden Sie einen Termin mit dieser Firma machen können.

> Vergessen Sie nicht, Frau Schulze zu sagen, dass Sie Herrn Peters von ihr grüßen werden. Dieser Gruß ist Bestandteil des Erstgesprächs mit Herrn Peters und dient dem Aufbau des Interesses und dem Abbau des Widerstands vonseiten des neuen Kundenpotenzials.

Nun haben Sie einige Empfehlungen erhalten, die Sie im weiteren Verlauf kontaktieren.

3a. Der Erstkontakt mit dem Empfohlenen – Termin ist erwünscht

Verkäufer: *„Herr Peters, ich möchte Ihnen erst einmal viele Grüße von Frau Schulze von der Firma … ausrichten. Der Grund warum ich Sie heute anrufe ist, dass Frau Schulze mir empfohlen hat, Sie zu kontaktieren.*
Wir kooperieren sehr erfolgreich im Thema der Neukundengewinnung und Bekanntheitssteigerung und Frau Schulze sagte mir, dass Sie immer an neuen Möglichkeiten zur Neukundengewinnung und zur Steigerung Ihrer Bekanntheit interessiert sind. Ist das der Fall?"

Kunde: *„Ja, das ist so."*

Verkäufer: *„Herr Peters, in diesem Fall schlage ich Ihnen ein gemeinsames Treffen vor, in dem ich Ihnen unsere Lösung vorstellen kann, die wir bei Frau Schulze sehr erfolgreich umgesetzt haben. Wie sieht Ihr Kalender in der nächsten Woche aus? Geht bei Ihnen der Dienstagvormittag ab 11 Uhr oder vielleicht auch der Donnerstag ab 15 Uhr?"*

Kunde: *„Bei mir ginge der Donnerstag um 16 Uhr."*

Verkäufer: *„Prima. Unser Treffen dauert knapp 45 Minuten. Wenn das zeitlich für Sie in Ordnung ist, dann freue ich mich auf unseren Termin am kommenden Donnerstag um 16 Uhr"*

Kunde: *„Ja, 45 Minuten sind ok."*

Verkäufer: *„Gibt es noch andere Mitarbeiter in Ihrem Haus, die auch an Marketingentscheidungen mitwirken und dabei sein sollten?"*

Kunde: *„Nein, ich mache das alleine."*

Übersicht

Indem Sie Herrn Peters die besten Grüße von Frau Schulze ausrichten, weiß Herr Peters sofort, dass Sie eine gemeinsame Bekannte haben und Sie sind sich der vollen Aufmerksamkeit von Herrn Peters sicher. Er ist nun gespannt, um was es geht. Frau Schulze nimmt Sie quasi per Huckepack durch das Gespräch mit Herrn Peters, weil Sie ihm mitteilen, dass sie Ihnen den Anruf empfohlen hat.

Diese Empfehlung steigert automatisch Ihre Glaubwürdigkeit, denn Frau Schulze ist ja eine gute Bekannte. Der Gedankengang von Herrn Peters: Wenn sie ein Gespräch empfiehlt, dann wird das schon einen guten Grund haben.

Fragen Sie nach, ob Frau Schulze in ihrer Einschätzung richtigliegt. Gerade die Ziele der Neukundengewinnung und des Bekanntheitsaufbaus gehören zu den am häufigsten genannten Zielen des regionalen Mittelstands. Somit ist die Wahrscheinlichkeit sehr hoch, dass Herr Peters Frau Schulzes Einschätzung zustimmt. Bei der Terminvereinbarung nutzen Sie dann wieder den Leitfaden des vierten Kapitels – Die Terminvereinbarung.

3b. Der Erstkontakt mit dem Empfohlenen – Termin wird nicht gewünscht

Ein häufig genannter Einwand beim Kontakt mit empfohlenen Firmen sind die aktuellen Werbeaktivitäten mit anderen Medien. Nachfolgend stelle ich Ihnen drei Möglichkeiten zur Behandlung dieses Einwands vor.

Verkäufer: *„Herr Peters, in diesem Fall schlage ich Ihnen ein gemeinsames Treffen vor, in dem ich Ihnen unsere Lösung vorstellen kann, die wir bei Frau Schulze sehr erfolgreich umgesetzt haben. Wie sieht Ihr Kalender in der nächsten Woche aus? Geht bei Ihnen der Dienstagvormittag ab 11 Uhr oder vielleicht auch der Donnerstag ab 15 Uhr?"*

Kunde: *„Hören Sie, Herr Verkäufer, wir werben bereits mit einem anderen Medium und ich denke, dass sich ein Termin mit Ihnen aktuell nicht lohnt"*

Verkäufer: *„Genau das hat mir Frau Schulze auch gesagt, dass Sie womöglich bereits mit anderen Medien kooperieren. Sie sagte, dass Sie sich unsere Kommunikationslösung unbedingt ansehen sollten, damit Sie gleich neue Ideen für das*

> *Neukundengeschäft geliefert bekommen. Ich gehe davon aus,*
> *dass Sie den Markt regelmäßig nach Verbesserungen Ihrer*
> *Werbeziele sondieren. Welche Informationen müsste ich Ihnen*
> *liefern, dass Sie einen Termin mit mir zustimmen würden?"*

Oder

Verkäufer: *„Genau das hat mir Frau Schulze auch gesagt, dass Sie*
womöglich bereits mit anderen Medien kooperieren. Davon
bin ich auch ausgegangen. Erlauben Sie mir bitte die Frage,
was Ihnen ein Gespräch mit mir bringen muss, damit der
Termin für Sie ein richtiger Gewinn ist?"

Kunde: *„Eigentlich zwei Dinge. Einmal möchte ich neue Werbe-*
möglichkeiten zur Neukundengewinnung kennenlernen und
zusätzlich müsste mir ein neuer Anbieter ein besseres Preis-
Leistungs-Verhältnis liefern."

Verkäufer: *„Dann ist Ihnen die Vorstellung von Best-Case-Lösungen*
und eine höhere Neukundengewinnung bei gleichbleibendem
Budget ganz besonders wichtig, habe ich Sie richtig ver-
standen?"

Kunde: *„Ja, so kann man es sagen."*

Verkäufer: *„Herr Peters, dann sollten wir uns wirklich zusammensetzen,*
weil wir mit unserer Lösung beide Voraussetzungen für Sie
erfüllen. Wie sieht Ihr Kalender in der nächsten Woche aus?"

Oder

Verkäufer: *„Genau das hat mir Frau Schulze auch gesagt, dass Sie*
womöglich bereits mit anderen Medien kooperieren. Davon
bin ich auch ausgegangen. Erlauben Sie mir bitte eine Frage:
Haben Sie grundsätzlich ein offenes Ohr für ein Gespräch,
wenn ich Ihnen zeigen kann, dass Sie Ihre Werbeziele deutlich
besser erreichen lassen?"

Kunde: *„Ja natürlich. Luft nach oben gibt es immer."*

Verkäufer: *„Dann lassen Sie mich bitte zwei, drei Fragen stellen, um zu sehen, ob wir Ihre Kommunikationsziele besser und punktgenauer erreichen können. Denn sonst lohnt sich ein Treffen wirklich nicht mit mir."*

(Achtung: Sie befinden sich nun auf der dritten Straße der Bedarfsanalyse. Nutzen Sie die in diesem Kapitel aufgeführten Top-Navi-Fragen.)

Verkäufer: *„Welches Unternehmensziel ist das wichtigste Ziel für Sie in den nächsten 12 Monaten?*
Was machen Sie derzeit, um dieses Ziel zu erreichen?
…?"

Verkäufer: *„Herr Peters, dann sollten wir uns wirklich zusammensetzen, weil wir mit unserer Lösung beide Voraussetzungen für Sie erfüllen. Wie sieht Ihr Kalender in der nächsten Woche aus?"*

Nach erfolgter Terminvereinbarung folgen Sie bitte der Route in den Kapiteln 6 bis 10 in diesem Buch.

Zum Abschluss

Nach über einem Jahr Bühnenabstinenz aufgrund der Pandemie spielten wir mit unserer Countryband wieder vor einem großen Publikum. Grund genug, im Vorfeld zahlreiche Bandproben anzusetzen. Jeder von uns merkte das eine oder andere Defizit, das sich bei uns eingeschlichen hatte. Wenn der Tonartwechsel bei „Blue Ridge Mountain Girl" von F-Dur nach G-Dur nur von der halben Band durchgeführt wird, ist die Melodie glücklicherweise so grottenschlecht und falsch, dass man sicherlich diesen Fehler nicht ein zweites Mal wiederholt. Wir kämpfen alle ab und an mit fehlender Routine in einem bestimmten Bereich, sei es bei der Musik, im Verkauf, beim Kochen.

Und diese Erkenntnis stärkt unser zukünftiges Output – **wenn wir üben,** und noch einmal üben, und wenn es beim dritten Mal nicht funktioniert, dann einfach weiterüben. Geben Sie allen Änderungen eine Chance, auch wenn diese Änderungen für Sie ganz neu sind und die „Zutaten" auf den ersten Blick überhaupt nicht zusammenpassen.

Liebe Leserin und lieber Leser, Sie sind meiner vorgestellten Route des Verkaufsnavis bis zum Ende dieses Buchs gefolgt. Jetzt bleiben Sie bitte auf diesen vorgegebenen Straßen und üben Sie die vorgestellten Techniken und Leitfäden – auch wenn nicht jeder Schuss ein Treffer wird. Das Erlernen der Inhalte dieses Buchs bedarf Übung und Routine, damit sie bei Ihnen in Fleisch und Blut übergehen. Wie ein Top-Fußballer, der regelmäßig nach dem Training noch 100mal den perfekten Flankenschuss übt, müssen Sie sich darauf einstellen, dass auch Änderungen in den Verkaufsprozessen ihre Zeit benötigen, bis sie routiniert und erfolgreich eingesetzt werden.

Als ich mich beim Verfassen dieses Buchs mit dem Verkaufstrainer und Coach, Udo Peilicke, über die Entwicklung der Digitalisierung im Verkauf unterhielt, da waren wir uns einig: Es bleibt kein Stein auf dem anderen. Immer mehr Prozesse werden im B-to-C-Bereich automatisiert und Verkäufer durch die zunehmende Nutzung von Algorithmen ausgemustert. Auch im B-to-B-Bereich führen die technischen Entwicklungen zu einem Umdenken in zahlreichen Bereichen des Verkaufs. Durch Intelligente CRM-Systeme, automatische Lead-Generierungssysteme und Email-Marketing-Aktivitäten werden immer mehr Aufgaben durch die Technik ausgeführt. Aber gerade im B-to-B-Verkauf ist der Faktor Mensch ein nicht zu ersetzendes Kernelement. Die Customer Journey lässt sich durch die Vielzahl an Touchpoints nicht alleine durch die digitale Welt ersetzen. Die Kommunikation unter Menschen bleibt auch in Zukunft der wichtigste Dreh- und Angelpunkt im Geschäftsleben. Denn je höher die Investition für eine Problemlösung ist, umso mehr benötigt man auch eine stabile Beziehung und das Vertrauen in den Lieferanten. Vor allem in dem Menschen, der Ihr Ansprechpartner ist. Sehen Sie es wie ich: Kein Vertrauen ohne Puls.

Durch die rapiden digitalen Änderungen in der Medienlandschaft ist der Job im Verkauf von Kommunikationslösungen spannender als jemals zuvor. Vielmehr noch: Erfolgreicher Verkauf lebt von Chancen durch Veränderungen.

Ich wünsche Ihnen viel Erfolg im Medienbusiness – mit großem Spaß am Navigieren.

Literatur

Cialdini, R. B. (2009). *Die Psychologie des Überzeugens* (S. 44–46, 6. Aufl.). Huber, Hogrefe AG.

Geffken, M., & Kalka, J. (2001). *Anzeigen perfekt gestalten* (S. 94 ff.). Moderne industrie.

Pascal, B. (2014). „Provinzialbriefe über die Sittenlehre und Politik der Jesuiten unter dem Namen Louis de Montalte an einen Provinzial, und an die Ehrwürdigen Väter aus der Gesellschaft Jesu geschrieben: Zweiter Theil", Bd. 2, Nationalbibliothek der Tschechischen Republik, S. 364, Digitalisiert am 23. September 2014 (Brief vom 4. Dezember 1656, veröffentlicht 1792 im Werk).

Pricken, M. (2007). *Kribbeln im Kopf* (S. 62, 4. Aufl.). Hermann Schmidt Mainz.

Anhang

In diesem Anhang finden Sie eine kurze grafische Zusammenfassung der jeweiligen im Buch beschriebenen Verkaufsprozesse.

R. McKenna, *Das Verkaufsnavi für Medienberater*, https://doi.org/10.1007/978-3-658-37704-5

Anhang 1

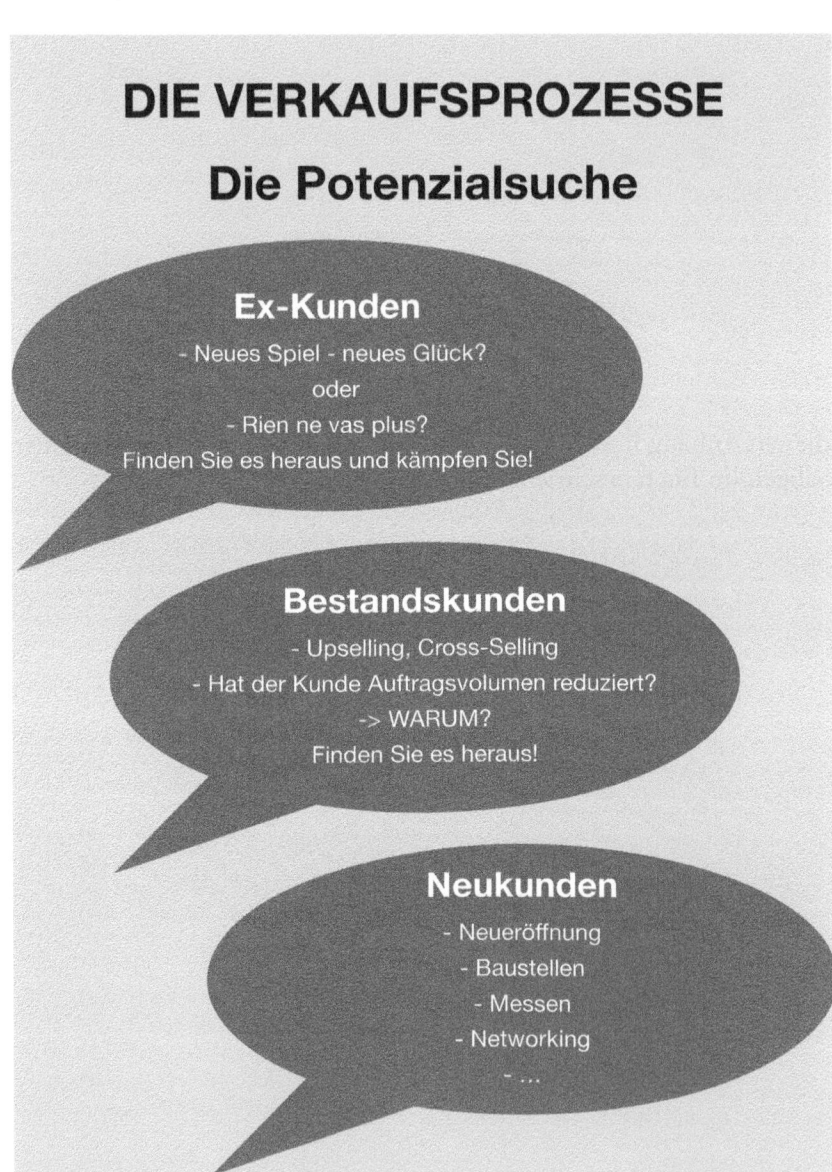

Anhang 2

Anhang 3

DIE VERKAUFSPROZESSE

Die Bedarfsermittlung:

Vergessen Sie Ihr Angebot und stellen Sie Fragen!

Was sind Ihre Ziele?
Was sind Ihre Schmerzen?
Was haben Sie in der Vergangenheit getan, um…?
Hatten Sie Erfolg?
Wann soll das Ziel erreicht werden?

Hinterfragen Sie die Antworten!

Sie sagen, dass …, meinen Sie damit …?
Was genau verstehen Sie unter …?
Wenn ich Sie richtig verstehe, dann möchten Sie …?
Haben Sie noch weitere Ziele?

Anhang 4

DIE VERKAUFSPROZESSE

Die Terminvereinbarung

Nicht fragen, sondern vorschlagen!

Wir haben mit unseren Lösungen tolle Erfolge für vergleichbare Firmen erzielt, die ich Ihnen gerne zeigen möchte. Wie sieht Ihr Kalender in der nächsten Woche am Dienstag gegen 15 Uhr aus?

Denken Sie an die anderen Entscheider!

Gibt es noch weitere Kollegen, die an Marketingentscheidungen mitwirken und am Treffen teilnehmen sollten?

Anhang 5

DIE VERKAUFSPROZESSE

Der Termin

a) Setzen Sie die Rahmenbedingungen für das Meeting!

Wir hatten eine Stunde veranschlagt.
Ist das ok für Sie?

In dieser Stunde werde ich noch einige Fragen stellen, Sie haben bestimmt auch noch Fragen.

Am Ende des Meetings werden wir wissen, wie es dann weitergeht.

b) Wiederholen Sie Bedarf und Schmerzen!

Sie hatten mir bei unserem Telefonat mitgeteilt, dass aktuell der Bekanntheitsaufbau für Sie besonders wichtig ist. Das habe ich doch richtig verstanden, oder?

Zusätzlich sagten Sie mir, dass die Auslastung ..., nicht wahr?

Anhang 6

DIE VERKAUFSPROZESSE

Der Termin

c) Stellen Sie das Angebot mit der MVN-Technik vor!

Merkmale
- Anzahl Anzeigen/Spots/digitale Ausspielungen
- Sonderwerbeformen
- Zeitraum
- ...

Vorteile
- Das führt zur Maximierung der ZG-Erreichung
- Die ZG wird häufiger pro Tag erreicht
- Die Werbebotschaft wird schneller gelernt
- ...

Nutzen
Das bedeutet für Sie
- Neukundengewinnung
- Bessere Besuchsauslastung
- Umsatzsteigerung

Anhang 7

DIE VERKAUFSPROZESSE

Der Termin

d) Suchen Sie bzw. provozieren Sie Kaufsignale!

Das ist doch genau Ihr Ziel,
nicht wahr?

Was halten Sie von dieser Lösung?

Wer ist
mein Ansprechpartner bei der
Werbemittelgestaltung?
(Frage nach dem „Danach")

Anhang 8

DIE VERKAUFSPROZESSE

Der Termin

e) Schließen Sie mit der Next-Step-Methode ab!

Also, das sind die
nächsten Schritte:

...

Wäre der Dienstagnachmittag
ok für den Besprechungstermin?

Dann lassen Sie uns kurz die
Papierarbeit hinter uns bringen.

Anhang 9

DIE VERKAUFSPROZESSE

Der Termin

f) Schließen Sie mit der AREA-Methode ab!

Aussage:
Das Angebot ist genau das Richtige für Sie.

Referenz:
Sie sagten mir, dass Sie dringend ...

Empfehlung:
Deshalb empfehle ich Ihnen diese Lösung ...

Abschluss:
Lassen Sie uns kurz die Papierarbeit machen und dann die nächsten Schritte besprechen.

Anhang 10

DIE VERKAUFSPROZESSE
Der Service

Finden Sie das Alleinstellungsmerkmal (USP) des Kunden!

„Dieses Merkmal ist nur bei mir erhältlich und bietet dem Käufer einen relevanten Nutzen und ist somit kaufentscheidend.
GENAU DAS muss meine Zielgruppe wissen."

Ermitteln Sie die Kernaussage der Werbebotschaft!

„Welche EINE Aussage möchte der Kunde transportieren?
Ist sie für die Zielgruppe auch relevant?"